AF561158

Klaus Zierer

Hattie für gestresste Lehrer 2.0

Kernbotschaften aus „Visible Learning"
mit über 2.100 Meta-Analysen

Schneider Verlag Hohengehren GmbH

wbv

wbv Media GmbH & Co. KG

Umschlagfoto: Big Data Visualization.
© arthead – Adobe Stock

Gedruckt auf umweltfreundlichem Papier (chlor- und säurefrei hergestellt).

Bibliografische Information der Deutschen Nationalbibliothek

Die Deutsche Nationalbibliothek verzeichnet diese Publikation in der Deutschen Nationalbibliografie; detaillierte bibliografische Daten sind im Internet über ›http://dnb.dnb.de‹ abrufbar.

ISBN: 978-3-8340-2222-6. **5. unveränderte Auflage**

Schneider Verlag Hohengehren, Wilhelmstr. 13, 73666 Baltmannsweiler

Homepage: www.paedagogik.de

wbv Media GmbH & Co. KG
Auf dem Esch 4, 33619 Bielefeld
service@wbv.de

Printed in Germany. Druck: Appel & Klinger, Schneckenlohe

Inhaltsverzeichnis

1 Warum Empirie wichtig ist: „Visible Learning" und sein Einfluss in Deutschland

Als John Hattie nach über 15-jähriger Forschungsarbeit „Visible Learning" 2008 veröffentlichte, war nicht absehbar, welchen Einfluss dieses Buch in kürzester Zeit erlangen würde. Denn „Visible Learning" ist kein Buch, das einfach zu lesen ist: Über mehrere hundert Seiten hinweg werden eine Unsumme an Statistiken präsentiert, Kernaussagen interpretiert und in einer wissenschaftlichen Sprache verdichtet. Es gleicht daher eher einem Forschungskompendium als einem Bestseller. Und dennoch schaffte die deutsche Ausgabe „Lernen sichtbar machen" kurz nach der Veröffentlichung 2013 eine TOP-20-Platzierung unter den meistverkauften Sachbüchern im Monat Mai.

Alsbald war John Hattie ein Mega-Star und sein Werk weltweit bekannt. Bis heute hält die Resonanz an: „Visible Learning" zählt zu den meist zitierten Büchern der empirischen Bildungsforschung und es wurden insgesamt über eine Millionen Exemplare verkauft. Eine entsprechende Anfrage bei Google Scholar liefert über 20.000 Zitationsnachweise. So besteht kein Zweifel, dass „Visible Learning" den erziehungswissenschaftlichen Diskurs in den letzten Jahren wie kaum ein anderes Werk beeinflusst hat – aber nicht nur die Erziehungswissenschaft: Der Einfluss geht weit über die fachlichen Grenzen hinaus und wird an der breiten Diskussion in allen Medien ersichtlich. So publizierte „Times Educational Supplement" zur Erscheinung von „Visible Learning" die Schlagzeile „Research reveals teachings' Holy Grail", „Die Zeit" druckte vor Erscheinen der deutschen Ausgabe den Beitrag „Ich bin superwichtig!", im „Stern" wurde John Hattie als der „Harry Potter der Pädagogen" bezeichnet und „Der Spiegel" titelte „Zurück zum Kerngeschäft". Selbst der damalige Bundespräsident Joachim Gauck erwähnte „Visible Learning" anlässlich einer Ordensverleihung.

Was war das Geheimnis des Erfolges von „Visible Learning"? Drei Gründe lassen sich nennen: Erstens das hehre Ziel, den großen Fundus der empirischen Bildungsforschung in einer Studie auszuwerten – ein Unterfangen, das vor John Hattie noch niemand angegangen ist. Zweitens die damit verbundene Statistik. Denn mit über 800 Meta-Analysen, die auf über 50.000 Einzelstudien und geschätzte 200 Millionen Lernende zurückgreifen, wirkt(e) selbst PISA mit geschätzten 9 Millionen Lernenden wie ein Zwerg. Und drittens die Aufbereitung der Forschung in Ranglisten, Barometern und Kernbotschaften, die den Zugang für ein breites Publikum erleichterte.

Der Ausgangspunkt von John Hattie war auf den ersten Blick einfach: Was wissen wir wirklich über die Wirksamkeit von Schule und Unterricht? Angesichts der kaum zu überblickenden Anzahl an Forschungsberichten, Promotionen und Artikeln, die beinahe täglich veröffentlicht werden, erscheint eine Beantwortung auf den zweiten Blick aber als schwierig.

So überrascht es nicht, dass häufig Ideologien die Diskussionen dominieren. Dabei ist es gerade die Empirie, die helfen kann, Mythen von Wahrheiten zu unterscheiden. Das Ziel von „Visible Learning“ war es also, den großen Fundus der empirischen Bildungsforschung zu sichten und auszuwerten.

Was nicht alle wissen: Die Arbeit an „Visible Learning“ geht weiter. Kaum ein Tag vergeht, an dem nicht eine neue Meta-Analyse veröffentlicht wird, ein neues Detail die Forschungslandschaft bereichert und den Fundus an erziehungswissenschaftlichen Erkenntnissen wachsen lässt. Heute umfasst der Datensatz über 2.000 Meta-Analysen, die Ergebnisse von ca. 100.000 Einzelstudien und geschätzten 400 Millionen Lernenden aggregieren. Das Resultat ist eine Rangliste von 360+ Faktoren – und damit knapp drei Mal so viele wie vor fünfzehn Jahren.

Es wäre an dieser Stelle verkürzend, nur den Blick auf den Erfolg von „Visible Learning“ zu lenken. Denn das Werk von John Hattie hat nicht nur Zustimmung erfahren, sondern auch Kritik provoziert. Von Anfang an hat John Hattie signalisiert, dass er dafür offen und dankbar ist. Denn sein Versuch der Synthese von Meta-Analysen hat Neuland betreten. Interessanterweise konzentriert sich der Großteil der Kritik weniger auf die Interpretation der Daten und damit auf das Kernanliegen von „Visible Learning“, als vielmehr auf die Statistik und damit auf ein bisher nicht normiertes und standardisiertes Verfahren. Allen Kritikerinnen und Kritikern sei an dieser Stelle für ihre Arbeit gedankt, weil sie einen wesentlichen Beitrag dafür leisten, dass Fehler sichtbar wurden und korrigiert werden konnten. Bis heute ist „Visible Learning“ also „work in progress“ und kein Tag vergeht, an dem nicht an der Optimierung der Statistik, der Überprüfung der Interpretationen und der Schärfung der Kernbotschaften gearbeitet wird.

Auch die Darstellung der Ergebnisse in „Visible Learning“ hat zahlreiche Verkürzungen und falsche Botschaften hervorgerufen, die als „Fast-Food-

Hattie“ bezeichnet werden können. Ein Beispiel hierzu: Kurz nach dem Erscheinen der deutschsprachigen Ausgabe „Lernen sichtbar machen“ sorgte ein Bundestagsabgeordneter für Schlagzeilen. Er forderte im Anschluss an „Visible Learning“, die Sommerferien zu verkürzen, weil diese für den Lernerfolg mit einer Effektstärke von d=0,03 nicht förderlich sind. Aber die Forderung findet sich in „Visible Learning“ nicht und sie ist auch zu pauschal, weil sie Wesentliches übersieht: Zum einen übersieht sie, dass die Datengrundlage für den Faktor „Sommerferien“ meist Meta-Analysen aus den USA sind. Dort wird in einzelnen Bundesstaaten die Dauer der Sommerferien an die Erntezeiten angepasst. Insofern können diese bis zu drei Monate umspannen. Die Übertragung der dort gewonnenen Ergebnisse ist somit auf Deutschland nicht so einfach, wo die Sommerferien ca. sechs Wochen dauern. Zum anderen übersieht sie, dass Sommerferien andere Ziele verfolgen: Zeit für Eltern, Geschwister und Freunde, Zeit zum Lesen, Zeit zum Faulenzen und Zeit zum Reisen. Niemand kommt beispielsweise auch auf die Idee, den Sonntag als schulfreien Tag abzuschaffen, nur weil übers Wochenende Sachen vergessen werden.

Die Gefahr der Verkürzung zeigt sich als weitreichendes Problem. Sie führt nicht nur dazu, dass einzelne Faktoren falsch interpretiert werden, sondern auch dazu, dass die Kernbotschaften von „Visible Learning“ nicht mehr wahrgenommen werden. Diesbezüglich ist der Titel „Visible Learning“ Programm und zieht sich wie ein roter Faden durch das Werk: Lernen sichtbar machen. Ohne dieses Sichtbarmachen des Lernens ist Pädagogik im Allgemeinen und Unterricht im Besonderen nicht denkbar. Dies liegt daran, dass echtes Lernen ohne Verstehen nicht möglich ist. Um verstehen zu können, müssen die Ziele und Motive des Lernens und Lehrens aber für alle transparent und sichtbar sein. Dies zeigt sich auch an der Lehrperson: Will sie erfolgreich lehren, so muss sie vom Lernenden ausgehen.

Einige haben angemerkt, dass nicht sichtbar ist, wie wir lernen. Aber der entscheidende Punkt ist vielmehr, dass ausgezeichnete Lehrpersonen in der Lage sind, zu erkennen, wie Schülerinnen und Schüler denken, Informationen verarbeiten und verstehen, Fehler machen und dadurch Missverständnisse beseitigen. So gelingt es ihnen, das Denken der Lernenden zu verstehen und somit „sichtbar“ zu machen. Sie tun dies, indem sie zuhören, zusehen, mitfühlen, wie sich Lernende entwickeln und Schritt für Schritt vorankommen.

War im Jahr 2008, als „Visible Learning“ erschienen ist, noch unklar, ob damit wirklich Schule verändert werden kann, liegen heute weltweit eine

Vielzahl an Beispielen, Projekten und Studien vor. Allen voran ist in diesem Zusammenhang das Programm „Visible Learning +“ zu nennen, das vom Corwin Verlag weltweit vermarktet wird. Auch in Deutschland hat es Bemühungen gegeben, die Kernbotschaften „Visible Learning“ in den Schulalltag zu bringen. Eine herausragende Stellung nimmt dabei das Projekt „Schulen zum Leben“ ein, das im Jahr 2014 in Mecklenburg-Vorpommern vom damaligen Bildungsminister Mathias Brodkorb initiiert und erfolgreich aufgesetzt wurde. Durchgeführt wurde es zwischen September 2016 und August 2018 vom Institut für Qualitätsentwicklung Mecklenburg-Vorpommern in Zusammenarbeit mit dem Lehrstuhl für Schulpädagogik der Universität Augsburg.
Ziel war der Aufbau eines Schulnetzwerkes, bestehend aus Projektschulen unterschiedlicher Schulzweige. Basierend auf den zehn Haltungen (vgl. Hattie/Zierer, 2023), die als Quintessenz von „Visible Learning“ gesehen werden können, sollte im Rahmen des Projektes ein Austausch über Schule und Unterricht erfolgen. Zu diesem Zweck wurden Fortbildungsmodule für die Lehrpersonen und Schulleitungen sowie Netzwerktreffen konzipiert und durchgeführt. Zusätzlich wurde eine Fülle an Professionalisierungs- und Unterrichtsmaterialien bereitgestellt. Die teilnehmenden Lehrpersonen der Projektschulen reflektierten das eigene Professionsverständnis zu den in einzelnen Fortbildungsmodulen vermittelten Haltungen und leiteten auf der Basis empirischer Befunde Strategien und Methoden zur evidenzbasierten Umsetzung der Haltungen im eigenen Unterricht ab. Lernen sollte so sichtbar gemacht und eine nachhaltige Unterrichtsentwicklung an ausgewählten Schulen in Mecklenburg-Vorpommern angeregt werden. Die Haltungsänderungen infolge der Umsetzung des Projektes mit dem Gesamtkollegium der beteiligten Projektschulen wurden evaluiert. Die so gewonnenen Daten wurden sowohl im Rahmen von Schulleitertreffen, als auch während der Fortbildungsmodule von den Kollegien interpretiert und zur Ableitung schulspezifischer und individueller Schritte zur Weiterarbeit genutzt.
Alle Fortbildungseinheiten wurden anschließend durch Befragung der Teilnehmerinnen und Teilnehmer evaluiert (vgl. Schatz, 2021 und Weckend, 2021). Dabei standen zwei Fragen im Mittelpunkt des Interesses:

1. Ist die Fortbildungsreihe „Schulen zum Leben“ geeignet, um die pädagogischen Kompetenzen von Lehrpersonen weiter zu entwickeln und ihre Haltungen in Bezug auf Lernen und Lehren zu verändern?
2. Wird die Veränderung von Kompetenzen und Haltungen der Lehrpersonen durch die Fortbildungsreihe „Schulen zum Leben“ in Schule und Unterricht sichtbar?

Die Ergebnisse der Evaluation der Fortbildungsreihe zeigen, dass die Module von den Teilnehmerinnen und Teilnehmern gut bis sehr gut aufgenommen wurden. Alle an den Projektschulen durchgeführten Module konnten dem vom internationalen Programm „Visible Learning +“ als Qualitätsstandard festgelegten Zustimmungsgrad von 80 % erreichen. Der Zustimmungswert der Lehrerinnen und Lehrer für die gesamte Fortbildungsreihe lag bei über 90 %.

Die Ergebnisse der Evaluation der Kompetenzen und Haltungen der Lehrpersonen zeigen eine im Projektverlauf zunehmend positivere Selbsteinschätzung der Lehrpersonen. Diese lässt sich sowohl auf einen Zuwachs an Kompetenzen als auch auf eine Veränderung der Haltungen zurückführen. Obschon die Selbsteinschätzung der Lehrpersonen höher ausfällt als die Fremdeinschätzung durch die Schulleitungen, bestätigt diese in der abschließenden Projektbeurteilung die Annahme, dass aufgrund des Projektes eine positive Veränderung der Kompetenzen und Haltungen in den Lehrerkollegien stattgefunden hat.

Zusammenfassend lässt sich feststellen, dass die Fortbildungsreihe „Schulen zum Leben“ geeignet ist, um die Kompetenzen von Lehrpersonen weiterzuentwickeln und ihre Haltungen in Bezug auf Lernen und Lehren positiv zu verändern. Die Fortbildungsmodule vermitteln die Kernbotschaft von „Visible Learning“ auf effektive und sinnvolle Weise. Neben dem Projekt „Schulen zum Leben“ in Mecklenburg-Vorpommern sei noch auf nachstehende erfolgreiche Projekte hingewiesen: „Streck deine Hand aus“ zur Schul- und Unterrichtsentwicklung sowie „LehrWerk“ als Quereinsteigerkurs (beide vom Schulwerk der Diözese Augsburg); „ProfiLe“ zur Weiterentwicklung der zweiten Phase der Lehrerbildung (Stiftung Bildungspakt Bayern) sowie die Hermann-Lietz-Schule auf Spiekeroog, die seit Jahren Kernelemente von „Visible Learning“ in der Schul- und Unterrichtsentwicklung umsetzt.

In das vorliegende Buch sind die Erfahrungen aus den genannten Projekten ebenso eingeflossen wie die zahlreichen zusätzlichen Meta-Analysen. Aus diesem Grund schien es angebracht, das Werk „Hattie für gestresste Lehrer“ umfassend zu überarbeiten. Das Ergebnis ist die Neuauflage von „Hattie für gestresste Lehrer“, die nachstehende Ziele verfolgt: Erstens will es eine einfach geschriebene und leicht verständliche Einführung in „Visible Learning“ bieten und dafür den Datensatz nutzen, wie er im Oktober 2022 vorliegt. Zweitens will es weniger einzelne Faktoren diskutieren, als vielmehr die

Kernbotschaften in den Mittelpunkt rücken und daraus praktische Konsequenzen für die alltägliche Arbeit von Lehrpersonen ableiten. Drittens will es die Datenbasis aus „Visible Learning“ so oft wie möglich mit Erkenntnissen aus dem deutschen Sprachraum untermauern. Und viertens will es „Visible Learning“ in einen größeren Kontext einordnen. Denn, auch wenn es einen Meilenstein der empirischen Bildungsforschung darstellt, es ist nicht allumfassend und muss durch andere Zugänge ergänzt werden. Vor diesem Hintergrund hat das Buch folgenden Aufbau:

1 Warum Empirie wichtig ist: „Visible Learning“ und sein Einfluss in Deutschland.
2 Was wird in „Visible Learning“ gemacht: Einblicke in 30 Jahre Forschung.
3 Was unhintergehbar ist: Lernende und ihr familiärer Hintergrund.
4 Was für sich alleine wenig wirkt: Strukturen, Rahmenbedingungen und curriculare Programme.
5 Wo Lernen sichtbar wird: Unterricht und Lehr-Lern-Prozesse.
6 Worauf es wirklich ankommt: Lehrpersonen und ihre Leidenschaft.
7 Wie lautet die Kernbotschaft: Strukturen schaffen, Menschen stärken, Unterricht professionalisieren.
8 Was nicht vergessen werden darf: Gute Schule ist mehr als effektive Schule.
9 Was können die nächsten Schritte sein: Handlungsempfehlungen für die Praxis.

Um das vorliegende Buch möglichst leserfreundlich zu gestalten, werden verschiedene didaktische Aufbereitungen vorgenommen:
Jedes Kapitel beginnt mit einer Reflexionsaufgabe. Damit soll eine Aktivierung des Vorwissens und der Vorerfahrungen erreicht werden. Danach folgen in jedem Kapitel die Angabe von Zielen und ein kurzer Inhaltsüberblick. Dies ist für die Klarheit auf Seiten der Leserinnen und Leser unabdingbar. Am Ende eines jeden Kapitels werden durch Wiederholung der wichtigsten Definitionen, Kernbotschaften und Handlungsempfehlungen im Rahmen einer Zusammmenfassung Übungsschleifen angeboten, die zur Sicherung des Wissens beitragen können. Und schließlich werden so oft wie möglich Beispiele angeführt, um die schwierige, aber notwendige Brücke zwischen Theorie und Praxis schlagen zu können. All diese Aspekte der didaktischen Aufbereitung erweisen sich angesichts der Ergebnisse von „Visible Learning“ als wirksam für den Lese- bzw. Lernprozess.

Reflexionsaufgabe:

Reflektieren Sie, was Sie bereits über „Visible Learning" wissen: Welchen Eindruck haben Sie von diesem Buch: Ist es alter Wein in neuen Schläuchen? Ist es eine Bereicherung für Sie? Oder ist es Ihnen gänzlich unbekannt?

Ziele und Inhalte:

In diesem Kapitel wird das Lebenswerk „Visible Learning" von John Hattie in seinen Grundzügen und seiner mittlerweile 15jährigen Geschichte vorgestellt. Dabei wird zunächts auf den methodischen Ansatz eingegangen, bevor die Systematik dargelegt wird und erste Ergebnisse daraus gewonnen werden. Wenn sie dieses Kapitel gelesen haben, dann sollten sie folgende Fragen beantworten können:

- Wie geht John Hattie in „Visible Learning" vor?
- Was ist eine Meta-Analyse?
- Was ist eine Effektstärke?
- Was ist eine Aussagekraft?
- Wie groß ist die Datengrundlage?
- Wie ist „Visible Learning" aufgebaut?
- Was ist bei der Interpretation von Faktoren zu beachten?

2 **Was wird in „Visible Learning" gemacht:** Einblicke in 30 Jahre Forschung

Meta-Analysen sind, anders als beispielsweise in der Medizin, in der deutschsprachigen Erziehungswissenschaft weniger bekannt. Sie zählen neben Beobachtung, Befragung, Test usw. zu den quantitativ-empirischen Forschungsmethoden. Diese zeichnen sich zum einen dadurch aus, dass sie Hypothesen überprüfen, und zum anderen dadurch, dass sie auf große Stichproben zurückgreifen. Im Gegensatz zu den genannten Forschungsmethoden liefern Meta-Analysen keine neuen Daten, sondern greifen bereits erhobene Daten aus Einzelstudien auf. Meta-Analysen kommen somit vor allem dann zum Einsatz, wenn ein Problemfeld bereits intensiv erforscht ist und eine Reihe von quantitativ-empirischen Ergebnissen dazu vorliegt. Häufig gibt es dann nicht nur übereinstimmende Ergebnisse, so dass sich die Frage stellt: Welche der vielen Einzelstudien ist richtig? Genau an dieser Stelle setzen Meta-Analysen an: Sie verfolgen das Ziel, diese Vielzahl an quantitativ-empirischen Einzelstudien zu einem Ergebnis zusammenzuführen und bedeutsame Variablen (so genannte Moderatoren), die das Ergebnis in die eine oder andere Richtung verändern können, herauszukristallisieren. Es geht also um eine allgemeine, differenzierende Botschaft, die aus den zahlreichen Einzelstudien gewonnen werden kann.

Definition:

Eine Meta-Analyse ist eine Zusammenführung bestehender Einzelstudien zu einem Problemfeld und eine Klärung der Unterschiedlichkeit ihrer Ergebnisse.

Angesichts einer Wissensexpansion in allen Bereichen dürfte die Bedeutung von Meta-Analysen in Zukunft steigen. In der Erziehungswissenschaft beispielsweise lässt sich feststellen, dass die Anzahl der Zeitschriftenartikel und Promotionen in den letzten Jahren stetig zugenommen hat. Es mangelt daher nicht an Erkenntnissen über Bildung, Erziehung und Unterricht. Vielmehr mangelt es an einer Zusammenschau und Systematisierung von Einzelergebnissen. Genau für dieses Ziel sind Meta-Analysen entwickelt worden.

In der englischsprachigen Erziehungswissenschaft haben Meta-Analysen eine längere Tradition. Als im Jahr 2008 „Visible Learning“ veröffentlicht wurde, dienten als Datenbasis ca. 800 Meta-Analysen, die gesammelt, gesichtet und ausgewertet wurden. Diese Meta-Analysen umfassten selbst über 50.000 Einzelstudien, an denen geschätzt 200 Millionen Lernende (weil die Anzahl in den Meta-Analysen nicht immer angegeben ist) teilgenommen haben. Bereits damit vereinte „Visible Learning“ die größte Datengrundlage der empirischen Bildungsforschung, die jemals in einer Studie ausgewertet wurde. Seitdem sind mehrere Jahre vergangen und die Arbeit an der Erweiterung und vor allem auch an der Aktualisierung des Datensatzes ging weiter: Als im Jahr 2013 „Visible Learning for Teachers“ veröffentlicht wurde, waren es bereits über 900 Meta-Analysen und heute, Stand Oktober 2022, sind es über 2.000 Meta-Analysen, die ca. 100.000 Einzelstudien und die Leistungsergebnisse von geschätzt 400 Millionen Lernende in sich vereinen.

Um die Ergebnisse von „Visible Learning“ richtig einordnen zu können, ist auf Vor- und Nachteile von Meta-Analysen hinzuweisen. Folgende Tabelle fasst die wichtigsten Aspekte zusammen:

Vorteile	**Nachteile**
✓ Zusammenfassung mehrerer Einzelstudien ✓ Erhöhung der Zuverlässigkeit (Validität) ✓ Klärung der Unterschiedlichkeit der Ergebnisse (Heterogenität und Varianz) ✓ Hinweise auf Forschungsdefizite	✓ Problem unterschiedlicher Qualitätsstandards von Einzelstudien im Hinblick auf Stichprobe und Untersuchungsdesign ✓ Problem des Unterschieds zwischen veröffentlichten und nicht-veröffentlichten Forschungsergebnissen (Graue-Literatur-Pro-blem) ✓ Problem der Vergleichbarkeit der Forschungsergebnisse aufgrund theoretischer oder kultureller Unterschiede

An dieser Stelle darf nicht vergessen werden, dass jede Forschungsmethode Vor- und Nachteile hat und ihr Nutzen im Hinblick auf das gesteckte Ziel zu bewerten ist. Vor diesem Hintergrund sind die angesprochenen Vor- und Nachteile von Meta-Analysen zu beachten.

Um die Frage beantworten zu können, welche allgemeinen Botschaften aus den zahlreichen Einzelstudien gewonnen werden können, muss eine Meta-Analyse die Einzelstudien vergleichbar machen. Dazu wird das statistische Maß der Effektstärke benutzt – meistens abgekürzt mit *d*. Die Berechnung einer Effektstärke setzt voraus, dass ein Zusammenhang zwischen zwei Variablen besteht – man spricht von einem signifikanten Ergebnis –, und sie gibt dann in Zahlen ausgedrückt die Bedeutsamkeit dieses Zusammenhangs an. In der Fachsprache wird die Bedeutsamkeit des Zusammenhangs als Evidenz bezeichnet. In „Visible Learning“ ist die eine Variable immer die schulische Leistung, meist gemessen anhand mathematischer, naturwissenschaftlicher und sprachlicher Kompetenzen, und die andere Variable ein Faktor, beispielsweise Hausaufgaben, Klassengröße oder Feedback.

Definition:

Die Effektstärke ist ein statistisches Maß zur Angabe der Bedeutsamkeit des Zusammenhangs zwischen zwei Faktoren.

So wird beispielsweise untersucht, welchen Einfluss die Klassengröße auf die mathematische Leistung der Lernenden hat. Dazu wird in einer Versuchsgruppe eine entsprechende Reduzierung vorgenommen, während in einer passenden Kontrollgruppe nichts verändert wird. Durch einen Vorher-Nachher-Test der mathematischen Leistung der Lernenden vor und vier Wochen nach der Reduzierung der Klassengröße kann durch einen entsprechenden Gruppenvergleich die Wirksamkeit der Klassengröße auf die mathematische Leistung angegeben werden. Hierzu misst man in beiden Gruppen jeweils vor und nach der Durchführung der Reduzierung der Klassengröße die mathematische Leistung der Schülerinnen und Schüler und ermittelt den Durchschnitt (Mittelwert). Nehmen wir also an, dass die Versuchsgruppe im Vorher-Test durchschnittlich 60 Punkte und im Nachher-Test durchschnittlich 65 Punkte erreicht. Nun nimmt man diese Werte und vergleicht sie mit den Werten in der Kontrollgruppe: Diese erzielt im Vorher-Test ebenfalls durchschnittlich 60 Punkte und im Nachher-Test durchschnittlich 62 Punkte. Da der Leistungszuwachs in der Versuchsgruppe stärker ausfällt als in der Kontrollgruppe, spricht viel dafür, dass ein Zusammenhang besteht zwischen der Reduzierung der Klassengröße und der mathematischen Leistung der Schülerinnen und Schüler.

Allerdings wäre es verfrüht, bereits aus dem Unterschied im durchschnittlichen Leistungszuwachs der Gruppen auf eine höhere Effektivität der eingeleiteten Maßnahme zu schlussfolgern. Das liegt vor allem daran, dass insbesondere bei kleinen Gruppen die Durchschnittswerte schnell verzerrt werden können, z. B. wenn ein Schüler bei der Leistungsüberprüfung einen schlechten Tag hatte. Dieses Problem versucht man statistisch mit der sogenannten „Standardabweichung“ zu lösen. Die Standardabweichung ist ein Maß dafür, wie weit die Werte einer Untersuchungsgruppe auseinanderfallen, also um den Mittelwert streuen. Es ist für diese Überlegungen nicht wichtig, dass Sie wissen, wie eine Standardabweichung berechnet wird. Sie sollten sich nur bewusst sein, dass ein Unterschied im Leistungszuwachs zweier kleiner Lerngruppen noch kein hinreichendes Kriterium für eine höhere Effektivität einer pädagogischen Maßnahme darstellt. Um dies festzustellen, muss in einer Art Korrekturrechnung auch die Standardabweichung einbezogen werden. In unserem Beispiel liegt die Standardabweichung der Versuchsgruppe bei 12 Punkten und der Kontrollgruppe bei 14 Punkten.

	Versuchsgruppe	**Kontrollgruppe**
Vorher-Test	60 Punkte	60 Punkte
Nachher-Test	65 Punkte	62 Punkte
Leistungszuwachs	5 Punkte	2 Punkte
Standardabweichung	12 Punkte	14 Punkte

Mit Hilfe dieser Daten und Überlegungen können wir nun die Effektstärke berechnen, die für „Visible Learning“ von ausschlaggebender Bedeutung ist:

$$\text{Effektstärke (d)} = \frac{\text{Leistungszuwachs}_{\text{Versuchsgruppe}} - \text{Leistungszuwachs}_{\text{Kontrollgruppe}}}{\text{Durchschnittliche Standardabweichung}}$$

Damit ergibt sich: $$d = \frac{(65-60)-(62-60)}{(12+14)/2} = \frac{3}{13} = 0{,}23$$

Mit dieser Berechnung der Effektstärke können sowohl positive als auch negative Werte ermittelt werden. Ein positiver Wert bedeutet dabei, dass der untersuchte Faktor zu einer Steigerung der schulischen Leistung beiträgt. Und ein negativer Wert bedeutet, dass der untersuchte Faktor zu einem Rückgang der schulischen Leistung führt. Allerdings reicht diese Einteilung für eine genauere Interpretation nicht, wie die errechnete Effektstärke im Beispiel zeigt: Was bedeutet 0,23 konkret?

Zur Lösung dieses Problems wird in „Visible Learning“ von dieser Einteilung ausgegangen und es werden alle Effektstärken aufsummiert, die in den über 2.000 Meta-Analysen gefunden wurden. Nachstehende Abbildung zeigt das Ergebnis graphisch:

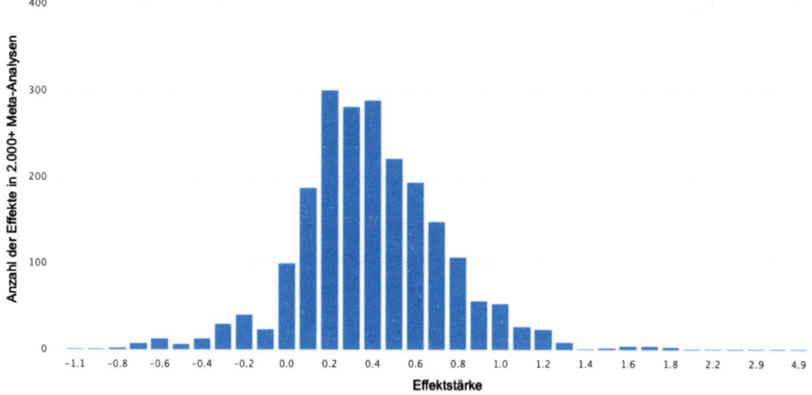

Betrachtet man dieses Ergebnis vor dem Hintergrund positiver Effektstärken, so lässt sich festhalten: Etwa 90 Prozent aller Einflüsse sind positiv. Insofern fördert nahezu alles, was in Schulen passiert, die schulische Leistung. Das könnte Lehrpersonen beruhigen, sollte es aber nicht. Denn kritischer formuliert lässt sich folgern: Lernen lässt sich nicht verhindern.

Infolgedessen lohnt die Frage „Was wirkt?" nicht, weil nahezu alles, was in Schule und Unterricht passiert, wirkt. Für die Unterrichtsentwicklung ist dieses Ergebnis häufig das größte Hindernis. Denn (fast) jede Lehrperson kann mit Fug und Recht für sich in Anspruch nehmen, dass sie erfolgreich ist. Folglich müssen die Daten anders interpretiert werden. Der entscheidende Schritt ist nun folgender:

In „Visible Learning" wird vorgeschlagen, den Nullpunkt zu verschieben, nämlich auf 0,4. Warum 0,4? Dieser Wert stellt den Durchschnitt aller erhobenen Effektstärken dar – 50 Prozent erreichen also mindestens diesen Wert. Von hier aus lassen sich die Daten auf einem anderen Weg deuten. Denn die entscheidende Frage lautet jetzt nicht mehr: Was wirkt? Sondern sie heißt: Was wirkt am besten? Dementsprechend lautet der Anspruch für eine Lehrperson nicht mehr, bloß erfolgreich zu sein, sondern den größtmöglichen Erfolg zu erzielen. Insofern lohnt in besonderer Weise ein Blick auf Faktoren, die Effekte jenseits von 0,4 zur Folge haben. Sie werden als „erwünschte Effekte" bezeichnet, die somit überdurchschnittlich positiv wirken. Der zugrundeliegende Anspruch ist einfach, aber überzeugend: Besser sein als der Durchschnitt! Und gleichzeitig verbirgt sich dahinter ein wichtiges Ergebnis: Die Hälfte der Lehrpersonen erfüllen bereits diesen Anspruch! Wir müssen also nicht neue Wege des Lernens und des Lehrens entdecken. Expertise ist bereits vorhanden – vermutlich an jeder Schule, an jedem Ort, in jedem Land, auf der ganzen Welt. Worum es gehen muss, ist: Expertise sichtbar zu machen, zum Gesprächsanlass zu nehmen und als Ansporn für alle zu nutzen. Damit lässt sich Schule und Unterricht nachhaltig verändern.

Diese Verschiebung des Nullpunktes auf 0,4 führt zu folgender Interpretation bei den „erwünschten Effekten": Bei Werten zwischen 0,4 und 0,6 wird von einer „guten" Wirkung gesprochen, zwischen 0,4 von 0,6 von einer „sehr guten" Wirkung und ab 0,8 von einer „hervorragenden" Wirkung. Letztere können nur zehn Prozent aller Faktoren für sich beanspruchen.

Bei Effektstärken von 0,2 bis 0,4 wird von „Schulbesuchseffekten" gesprochen. Sie treten auf bei durchschnittlichen Lernenden, einer durchschnittlichen Lehrperson, einem durchschnittlichen Unterricht, in dem nichts Besonderes geschieht. Eine entsprechende Maßnahme „wirkt wenig", gerade angesichts des Vergleiches zu Effektstärken jenseits von 0,4.

Liegen die Effektstärken zwischen 0 und 0,2, was für 15 Prozent der Faktoren der Fall ist, kann von „Entwicklungseffekten" gesprochen werden. Maßnahmen in diesem Bereich „wirken nicht", weil diese Effekte in der Regel von sich aus erzeugt werden, beispielsweise alleine dadurch, dass Lernende älter werden und sich in sozialen Kontexten bewegen.

Negative Werte – etwa 10 Prozent aller Faktoren – haben einen „Umkehrungseffekt“ und „schaden“. Folgende Tabelle fasst diese Überlegungen zusammen:

Effektstärkenbereich	**Bedeutsamkeit (Evidenz)**	**Anteil aller Faktoren**
$d \geq 0{,}8$	hervorragend	10 %
$0{,}4 \leq d < 0{,}8$	sehr gut	15 %
$0{,}4 \leq d < 0{,}6$	wirkt gut	25 %
$0{,}2 \leq d < 0{,}4$	wirkt wenig	25 %
$0 \leq d < 0{,}2$	wirkt kaum	15 %
$d < 0$	schadet	10 %

Das fiktive Beispiel zur Reduzierung der Klassengröße, um diesen Gedanken zu Ende zu führen, würde mit d = 0,23 nur einen gewöhnlichen Schulbesuchseffekt erzielen und somit wenig wirken. Angesichts der damit verbundenen Kosten ein Faktor, der eine differenzierte Betrachtung verdient. Tatsächlich wird in „Visible Learning“ eine Effektstärke von nur 0,13 bei einer Reduzierung der Klassengröße ermittelt – was immer wieder heftige Diskussionen hervorruft. Wie kommt dieser Wert zustande?

Es gibt verschiedene Möglichkeiten, Effektstärken mehrerer Meta-Analysen zusammenzuführen. In „Visible Learning“ aus dem Jahr 2008 wurde der einfachste Weg beschritten: Für jeden Faktor wurde der Mittelwert über alle Meta-Analysen hinweg genommen. Eine Reihe von Forscherinnen und Forschern kritisierten daran, dass dadurch kleinere Meta-Analysen (also Meta-Analysen mit einem kleinen Datensatz an Einzelstudien) genauso stark eingerechnet werden wie größere Meta-Analysen (also Meta-Analysen mit einem großen Datensatz an Einzelstudien). Dies kann ohne Zweifel den Gesamteffekt verfälschen – beispielsweise dann, wenn die größere Meta-Analyse zu einem deutlich anderen Ergebnis kommt als die kleinere Meta-Analyse. Sie schlugen daher vor, ähnlich wie bei der Zusammenführung von Einzelstudien selbst, eine Gewichtung der Meta-Analysen vorzunehmen. Da bei zahlreichen Meta-Analysen selbst nach intensiver Recherche nur eine begrenzte Anzahl an Kennwerten zu finden ist, erscheint der folgende Weg für eine Gewichtung der Meta-Analysen am besten: Die Gewichtung der

Meta-Analysen erfolgt über die Anzahl der einbezogenen Einzelstudien. Für das besprochene Beispiel der Klassengröße ergibt sich daraus folgende Übersicht:

Meta-Analyse	Jahr	N-Studien	d
Glass & Smith	1979	77	0,09
McGiverin et al.	1999	10	0,34
Goldstein, Yang, Omar & Thompson	2000	9	0,20
Shin & Chung	2009	17	0,20
Perlman, Fletcher, Falenchuk, Brunsek, McMullen, & Shah	2017	3	0,06
Bowne, Magnuson, Schindler, Duncan & Yoshikawa	2017	50	0,20
Filges, Sonne-Schmidt & Nielsen	2018	51	0,04
Leuven & Oosterbeek	2018	16	0,01
Ungewichtete Synthese			0,15
Gewichtete Synthese			0,13

Der Unterschied ist leicht erkennbar: Errechnet man den Gesamteffekt allein aus dem Mittelwert der Meta-Analysen (mithilfe der Formel $\bar{d} = \Sigma\, d_i / N_{Metas}$) ergibt sich ein Wert von 0,15. Berücksichtigt man demgegenüber die Anzahl an Einzelstudien (mithilfe der Formel $\bar{d} = \Sigma\, (N_i d_i) / \Sigma N_i$), so resultiert daraus ein Wert von 0,13 (weil vor allem die Meta-Analyse von Glass & Smith (1979) mit 77 Einzelstudien ein größeres Gewicht erhält). Statistisch gesehen ist dieses Verfahren genauer, weswegen es im vorliegenden Buch Anwendung findet.

Wie diese Weiterentwicklung der Berechnung der Effektstärken zeigt, hat „Visible Learning“ nicht nur hinsichtlich der Quantität des Datensatzes eine Weiterentwicklung erfahren, sondern auch hinsichtlich der Qualität der Synthese. Im Zug dieser Arbeit sind zwei weitere Neuerungen hinzugekommen, die im Folgenden erläutert werden:

Erstens wurde sowohl während der Übersetzung von „Visible Learning“ ins Deutsche als auch im Zug der Erweiterung des Datensatzes sichtbar, dass die Codierung der Meta-Analysen keine einfache Aufgabe ist. Um wissenschaftlichen Standards Rechnung zu tragen, wird deshalb ein Reliabilitätskoeffizient berechnet. Dieser dient dazu, die Zuverlässigkeit der Codierungen anzugeben – mit anderen Worten: zu überprüfen und sicherzustellen, dass die Aktualisierung des Datensatzes korrekt ist. Man nennt diese Zuverlässigkeit auch „Reliabilität“. Standardmäßig wird eine so genannte Intercoder-Reliabilitätsanalyse durchgeführt, in der zwei Personen (unabhängige Coder) mindestens zehn Prozent zufällig gezogener Fälle des Gesamtdatensatzes parallel codieren und anschließend anhand der Übereinstimmungen berechnet wird, wie zuverlässig die Codierung ist. Dieses Verfahren wurde für die Codierung der Autorennamen der Meta-Analyse, des Erscheinungsjahres der Meta-Analyse, der Anzahl der Primärstudien der Meta-Analyse und der berichteten Effektstärke der Meta-Analyse sowie für die Zuordnung der Meta-Analyse zu einem Faktor angewendet. Grundlage waren 347 Meta-Analysen. Die Berechnung erfolgt mittels Krippendorffs Alpha und liefert folgendes Ergebnis, das sich insgesamt im sehr guten Bereich ($\alpha > 0{,}9$) befindet:

Kategorie	**Zuverlässigkeit (Reliabilität)**
Autorennamen der Meta-Analyse	0.92
Erscheinungsjahr der Meta-Analyse	0.99
Anzahl der Primärstudien der Meta-Analyse	0.99
Effektstärke der Meta-Analyse	0.90
Zuordnung der Meta-Analyse zu einem Faktor	0.81
Reliabilitätskoeffizient	**0.92**

Zweitens wurde immer wieder Kritik an der Qualität der Synthese geäußert. Ohne Zweifel hängt diese von gewissen Bedingungen ab, so zum Beispiel von der Qualität der Meta-Analysen, von der Anzahl der Meta-Analysen, vom Alter der Meta-Analysen und auch von der Streuung der Effektstärke der Meta-Analysen um den errechneten Mittelwert. Mit diesen wenigen Beispielen ist die Komplexität des Problems bereits sichtbar gemacht. Zur Lösung führen wir die Aussagekraft q ein. Diese berechnet sich für jeden Faktor aus drei Teilen: erstens aus dem durchschnittlichen Alter der einbezogenen Meta-Analysen in Relation zu dem entsprechenden Mittelwert über alle Faktoren hinweg; zweitens aus der Anzahl der einbezogenen Meta-

Analysen in Relation zu dem entsprechenden Mittelwert über alle Faktoren hinweg und drittens aus dem Vertrauensbereiches der Effektstärken der einbezogenen Meta-Analysen in Relation zum größten Vertrauensbereich über alle Faktoren hinweg. Der Vertrauensbereich, auch Konfidenzintervall genannt, gibt den Streubereich an, in dem der errechnete Mittelwert liegt (in der Regel mit einer Wahrscheinlichkeit von 95 Prozent). Je kleiner der Vertrauensbereich ist, desto sicherer ist die zugrundeliegende Berechnung. Folgende Formel wird für q verwendet:

$$q = (CI_{max} - CI)\frac{N_{Meta}}{\bar{N}_{Meta}} + \frac{M_{Alter-Meta}}{\bar{M}_{Alter-Meta}}$$

Dabei gilt: Die Synthese ist umso aussagekräftiger, je aktueller die Meta-Analysen sind, je mehr Meta-Analysen zugrunde liegen und je geringer die Streuung der Effektstärken der Meta-Analysen um den errechneten Mittelwert ist.

Was bedeutet das Gesagte für unser Beispiel der Klassengröße? Grundlage für diesen Faktor sind acht Meta-Analysen, die ein mittleres Erscheinungsjahr von 2009,38 haben. Beides liegt über den entsprechenden Mittelwerten aller Faktoren von 5,98 und 2007,37. Der Vertrauensbereich des Faktors „Klassengröße“ liegt bei ± 0,07, was im Vergleich zum größten Wert von ± 1,07 auf eine sichere Berechnung hinweist. Führt man diese Werte entsprechend der Formel für die Aussagekraft q zusammen, erhält man den Wert 2,35.

Die Interpretation von q ähnelt dem Vorgehen bei der Interpretation von d. Bezugspunkt ist der Durchschnittswert über alle Synthesen hinweg: Liegt der Wert einer Synthese darüber, so kann von einer „hohen“ Aussagekraft gesprochen werden. Liefert die Berechnung einen Wert am oberen Ende, den nur 10 Prozent der Synthesen erreichen, ist von einer „sehr hohen“ Aussagekraft die Rede. Bei Werten unterhalb des Durchschnittswertes wird die Aussagekraft als „akzeptabel“ bezeichnet. Führt die Berechnung zu einem Wert am unteren Ende, den nur noch 10 Prozent der Synthesen erreichen, so hat dies eine „eher geringe“ Aussagekraft zur Folge. Da sich der Bezugspunkt mit jeder Aktualisierung des Datensatzes verändern kann, ist die Interpretation von q anders als d stetig anzupassen. Nachstehende Tabelle fasst diese Überlegungen für den Datensatz des vorliegenden Buches zusammen:

Aussagekraftbereich	Qualität	Anteil aller Faktoren
$q \geq 3{,}24$	sehr hoch	10 %
$1{,}50 \leq q < 3{,}24$	hoch	40 %
$1{,}18 \leq q < 1{,}55$	akzeptabel	40 %
$q < 1{,}18$	eher gering	10 %

Für unser Beispiel der Klassengröße lässt sich somit folgern: Die Synthese der Meta-Analysen und damit die berechnete Effektstärke von $d=0{,}13$ hat mit $q=2{,}35$ eine hohe Aussagekraft.

Das Ergebnis der angesprochenen Weiterentwicklungen findet seinen Niederschlag in einem aktualisierten Barometer, das neben der Domänenbezeichnung, dem Ranglistenplatz und dem Faktornamen noch folgende Kennwerte umfasst: die Effektstärke d und die Aussagekraft q mit den zugrundeliegenden Angaben zum Vertrauensbereich, zur Anzahl und zum Erscheinungsjahr der einbezogenen Meta-Analysen. Im Barometer selbst wird die Effektstärke als Wert mittels Pfeil angezeigt und die Aussagekraft dadurch, dass bei abnehmender Qualität der Synthese der Pfeil zitternd dargestellt wird.

Klassenraum

Klassengröße

Rang: 290/362

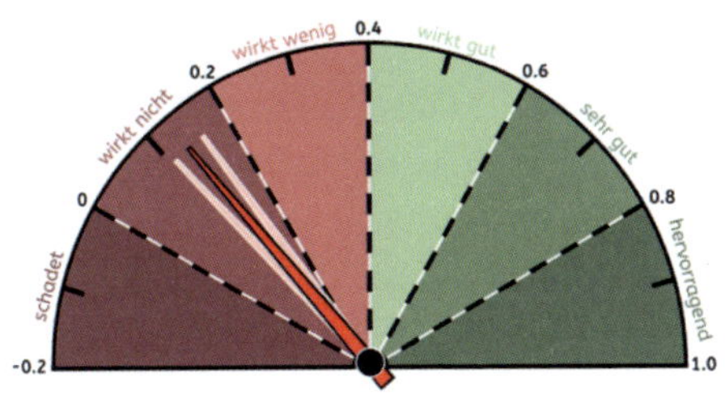

Aussagekraft:	**hoch**
Vertrauensbereich:	± 0.07
Anzahl:	8
Erscheinungsjahr:	2009.38

Effektstärke:

d = 0.13

Infolgedessen sind diejenigen Synthesen am qualitätsvollsten, die über ein hohes q verfügen. Sie liefern folglich eine Effektstärke, von der eine hohe wissenschaftliche Aussagekraft zu erwarten ist. Demgegenüber sind diejenigen Synthesen am kritischsten zu sehen, die ein geringes q vorweisen. Sie liefern folglich Effektstärken, die eine wissenschaftliche Aussagekraft mit geringerer Reichweite haben und daher umso genauer zu betrachten sind. Diese Ausführungen können gleichsam als eine Leseempfehlung und als eine Interpretationshilfe für die 360+ Faktoren gesehen werden, wie sie im Anhang abgedruckt sind. Da die meisten Meta-Analysen, die in „Visible Learning“ ausgewertet werden, sich auf den angloamerikanischen Raum beziehen, ist in jedem Fall eine begriffliche Reflexion unerlässlich: Wo sind die sprachlichen Wurzeln des Begriffes zu sehen? Ist es ein deutschsprachiger Fachbegriff oder nicht? Wenn nicht: Wie lässt er sich sinnvoll in den deutschsprachigen Diskurs integrieren? Wenn ja: Gibt es Nuancierungen, die folgenreich sein können? Hilfreich zur Beantwortung dieser Fragen kann die Einordung in die noch vorzustellenden Bereiche „Lernende“, „Elternhaus“, „Schule“, „Klassenraum“, „Curricula“, „Lehrperson“, „Lehrstrategien“, „Lernstrategien“ und „Implementation“ sein. Sind bereits an dieser Stelle größere Zweifel gegeben, so ist eine weitere Interpretation des Faktors nur mit größter Vorsicht und bedingter Reichweite möglich. Erinnert sei an das Beispiel zur Dauer der Sommerferien aus der Einleitung. Somit sind es drei Schritte, die notwendig sind, um mögliche Verkürzungen beim Umgang mit „Visible Learning“ zu vermeiden: erstens der Blick auf den Begriff des Faktors, zweitens der Blick auf die Effektstärke und drittens der Blick auf die Aussagekraft.

Ausgehend von diesen Überlegungen wird an der steten Weiterentwicklung der Datenbasis von „Visible Learning“ gearbeitet. Das Vorgehen wird vor diesem Hintergrund (und auch in Abgrenzung zu klassischen Meta-Analysen) als Zusammenführung (Synthese) von Meta-Analysen bezeichnet. Nimmt man wichtige Publikationen als Wegmarken, so lässt sich eine kleine Geschichte von „Visible Learning“ selbst nachzeichnen:

	Visible Learning (2008)	Visible Learning for Teachers (2013)	Hattie für gestresste Lehrer (2023)
Anzahl Meta-Analysen	816	931	2.166
Anzahl Einzelstudien	52.469	60.167	122.511
Anzahl Lernende	ca. 200 Millionen	ca. 240 Millionen	ca. 400 Millionen
Faktoren	138	150	362

Zur besseren Übersicht und zur differenzierten Betrachtung werden die 360+ Faktoren insgesamt neun Domänen zugeordnet, die sich folgendermaßen aufteilen:

1. **Lernende** mit . . . . 74 Faktoren
2. **Elternhaus** mit. . . . . 17 Faktoren
3. **Schule** mit . . . . 31 Faktoren
4. **Klassenraum** mit . . . . 27 Faktoren
5. **Curricula** mit . . . . 46 Faktoren
6. **Lehrstrategien** mit . . . . 39 Faktoren
7. **Implementation** mit . . . . 74 Faktoren
8. **Lernstrategien** mit . . . . 37 Faktoren
9. **Lehrperson** mit . . . . 17 Faktoren

Mit dieser Unterteilung gelingt es, einen systematischen Blick auf Lernleistungen zu werfen, der noch dazu wissenschaftshistorisch und –theoretisch anschlussfähig ist. So wird in der deutschsprachigen Didaktik seit jeher das didaktische Dreieck herangezogen, um die Komplexität von Bildung und Erziehung zu veranschaulichen: Ausgehend von den Protagonisten des Unterrichts – „Lehrperson", „Lernende" und „Curricula" – lassen sich drei dialogische Strukturen unterscheiden:

Erstens ein Dialog zwischen Lehrperson und Lernenden, in dem das Gespräch über die „Implementation" zu verorten ist. Zweitens ein Dialog zwischen Lernenden und Stoff, in dem es um die Frage der „Lernstrategien" geht. Und drittens ein Dialog zwischen Lehrperson und Stoff, in dem es allen voran um „Lehrstrategien" geht. Sodann ist an dieser Stelle darauf hinzuweisen, dass Unterricht immer eingebettet ist in eine gewisse Struktur. Folglich übt eine Vielzahl von weiteren Aspekten, die Unterricht ermöglichen, eine Wirkung auf diesen aus. Hierzu zählen äußere und innere Rahmenbedingungen von Schule, die unter den Bereichen „Schule" und „Klassenraum" zusammengefasst sind. Und schließlich sind familiäre und soziale Einflüsse zu nennen, also das „Elternhaus". Nachstehende Abbildung fasst das Gesagte in bekannter Weise zusammen:

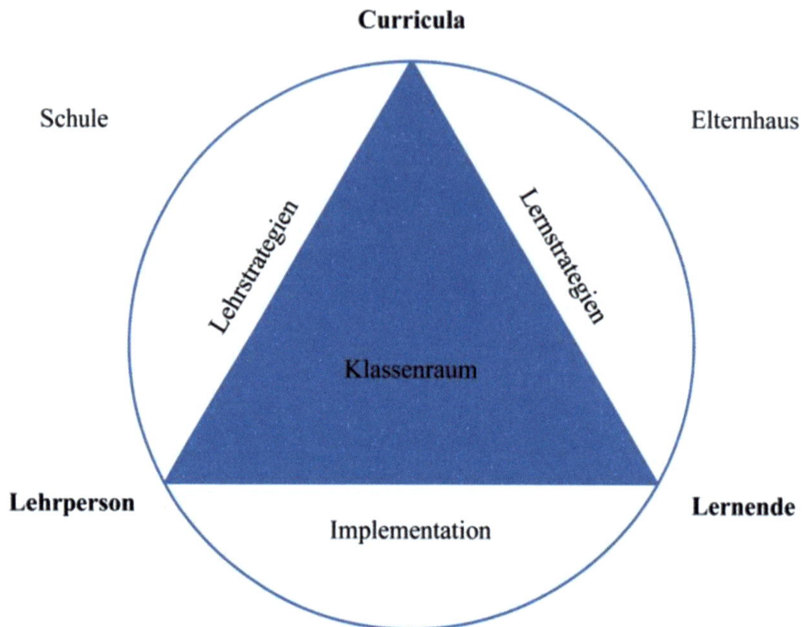

Betrachtet man für diese Bereiche die Datengrundlage und stellt sie gegenüber, so liefert „Visible Learning“ bereits ein wichtiges Ergebnis:

	N-Metas	Alter-MIN	Alter-MAX	N-Studien	Anzahl Faktoren	Vertrauens-bereich Domäne	d Domäne (gewichtet)
Lernende	358	1975	2022	24.675	74	±0,12	0,17
Elternhaus	103	1982	2021	6.062	17	±0,10	0,19
Schule	152	1980	2022	8.099	31	±0,08	0,24
Klassenraum	114	1980	2021	4.246	27	±0,15	0,27
Curricula	340	1978	2020	14.502	46	±0,16	0,48
Lehrstrategien	280	1976	2021	12.908	39	±0,17	0,54
Lernstrategien	201	1976	2020	11.300	37	±0,16	0,52
Implementation	544	1977	2022	36.935	74	±0,11	0,42
Lehrperson	74	1978	2021	3.784	17	±0,11	0,48
Gesamt	**2.166**	**1975**	**2022**	**122.511**	**362**	**±0,13**	**0,37**

Es gibt Bereiche, die mehr erforscht sind, beispielsweise die Implementation, und Bereiche, die weniger erforscht sind, beispielsweise die Lehrperson.

Damit ist ein Vorteil von Meta-Analysen angesprochen: Meta-Analysen können gut erforschte Bereiche ebenso sichtbar machen wie blinde Flecken der Forschung.

In den nachfolgenden Kapiteln wird in jeden Bereich ein Blick geworfen, um die darin enthaltenen Kernbotschaften herausfiltern zu können. Dazu werden entsprechend des eben vorgestellten Dreischrittes exemplarisch Faktoren herausgegriffen und diskutiert. Die Auswahl orientiert sich dabei zum einen an den Extremen mit Blick auf die Effektstärke und zum anderen an der Anschlussfähigkeit an den deutschsprachigen Bildungsdiskurs.

Den Anfang machen die Bereiche „Lernende“ und „Elternhaus“. Denn sie bilden die Grundlage für jeden Unterricht. Insofern macht es keinen Sinn, über diese Bereiche zu klagen oder sie gar auszuklammern. Kennzeichen von Professionalität von Lehrpersonen ist es vielmehr, diese Bereiche so gut wie möglich zu kennen.

ZUSAMMENFASSUNG:

Wie geht John Hattie in „Visible Learning“ vor?
John Hattie vollzieht eine Zusammenführung von Meta-Analysen, die ihrerseits bereits Einzelstudien zusammengeführt haben.

Was ist eine Meta-Analyse?
Eine Meta-Analyse ist eine Zusammenführung bestehender Einzelstudien zu einem Problemfeld und eine Klärung der Unterschiedlichkeit ihrer Ergebnisse.

Was ist eine Effektstärke?
Eine Effektstärke ist ein statistisches Maß zur Angabe der Bedeutsamkeit des Zusammenhangs zwischen zwei Faktoren.

Was ist eine Aussagekraft?
Eine Aussagekraft ist ein statistisches Maß zur Angabe der Qualität der Zusammenführung (Synthese) von Meta-Analysen.

Wie groß ist die Datengrundlage?
Als Datengrundlage dienen aktuell über 2.000 Meta-Analysen, die selbst auf ca. 100.000 Einzelstudien mit geschätzten 400 Millionen Lernenden zurückgreifen. Damit stellt „Visible Learning“ den größten Fundus der empirischen Bildungsforschung dar, der jemals in einer Studie veröffentlicht wurde.

Wie ist „Visible Learning“ aufgebaut?
„Visible Learning“ ist in neun Bereiche gegliedert: Lernende, Elternhaus, Schule, Klassenraum, Curricula, Lehrperson, Lehrstrategien, Implementation und Lernstrategien. Diesen Bereichen werden 360+ Faktoren zugeordnet und es wird beschrieben, welchen Einfluss sie auf schulischen Lernerfolg haben.

Was ist bei der Interpretation von Faktoren zu beachten?
Empfehlenswert ist ein Dreischritt, bestehend aus Begriffsreflexion, Interpretation der Effektstärke und Interpretation der Aussagekraft. Damit soll eine verkürzte und vorschnelle Interpretation vermieden werden.

Reflexionsaufgabe:

Reflektieren Sie, wie stark der Einfluss der genetischen Veranlagung, der Familie und der Freunde ist: Werden Mädchen bzw. Jungen bevorzugt oder benachteiligt? Oder spielt das Geschlecht der Lernenden im Unterricht und bei den Lehrpersonen keine Rolle? Welchen Einfluss haben Mutter oder Vater auf den schulischen Werdegang? Für wie wichtig halten Sie die finanzielle Absicherung und das Gehalt der Eltern?

Ziele und Inhalt:

In diesem Kapitel werden die Bereiche „Lernende" und „Elternhaus" näher betrachtet. Dazu werden exemplarisch Faktoren vorgestellt und diskutiert, um schließlich die Kernbotschaft für diese Bereiche herausfiltern zu können. Wenn Sie dieses Kapitel gelesen haben, dann sollten Sie folgende Fragen beantworten können:

- Worum geht es in den bereichen „Lernende" und „Elternhaus"?
- Welchen Einfluss hat die Orientierung an Erkenntnisstufen auf die schulische Leistung der Lernenden?
- Welchen Einfluss hat die Selbsteinschätzung des eigenen Leistungsniveaus auf die schulische Leistung der Lernenden?
- Welchen Einfluss hat das Selbstkonzept auf die schulische Leistung der Lernenden?
- Welchen Einfluss hat die Motivation auf die schulische Leistung der Lernenden?
- Welchen Einfluss hat das Geschlecht auf die schulische Leistung der Lernenden?
- Welchen Einfluss hat die außerschulische Smartphone-Nutzung auf die schulische Leistung der Lernenden?
- Welchen Einfluss hat der sozioökonomische Status der Eltern auf die schulische Leistung der Lernenden?
- Welchen Einfluss hat das häusliche Anregungsniveau auf die schulische Leistung der Lernenden?
- Welchen Einfluss hat die Familienstruktur auf die schulische Leistung der Lernenden?
- Welchen Einfluss hat Fernsehen auf die schulische Leistung der Lernenden?
- Welche Kernbotschaft lässt sich daraus im Hinblick auf individuelle und familiäre Gegebenheiten ableiten?

3 Was unhintergehbar ist: Lernende und ihr familiärer Hintergrund

Wenn man auf die Schülerinnen und Schüler blickt, um ihren Einfluss auf die schulische Leistung zu reflektieren, dann kann man zwei Bereiche aus „Visible Learning“ betrachten: Zum einen den Bereich „Lernende“, zu dem beispielsweise die Faktoren „ADHS“, „Erkenntnisstufen“, „Motivation“ und „Geschlecht (Gender)“ gehören. Zum anderen den Bereich „Elternhaus“, zu dem beispielsweise die Faktoren „Sozioökonomischer Status“, „Bezug von Transferleistungen“ und „Fernsehen“ zählen.

In diesem Kapitel werden beide Bereiche gemeinsam betrachtet, weil beide zur selben Kernbotschaft führen: Sowohl der Bereich „Lernende“ als auch der Bereich „Elternhaus“ bringen Einflüsse hervor, die für die schulische Leistung weitreichend sind. Viele dieser Einflüsse können von der Lehrperson nicht (unmittelbar) gelenkt werden. Die Folge liegt auf der Hand: Lehrpersonen sind zwar wichtig im Bildungsprozess, sie sind aber nicht für alles verantwortlich und können auch nicht für alles verantwortlich gemacht werden. Und dennoch: Über Kooperationen lässt sich auch in diesem Bereich vieles bewegen.

Zunächst zum Bereich „**Lernende**“:

Definition:

Unter dem Bereich „Lernende“ werden all jene Faktoren zusammengefasst, die die körperlichen, seelischen und geistigen Voraussetzungen von Schülerinnen und Schülern in den Blick nehmen.

Im Folgenden werden exemplarisch sechs Faktoren erläutert, die vor allem für den Unterricht folgenreich sind:

Erkenntnisstufen

Dieser Faktor hat die dritthöchste Effektstärke, die in „Visible Learning" errechnet wurde: 1,28. Grundlage ist das Stufenmodell der kognitiven Entwicklung von Jean Piaget. Darin macht er deutlich, dass sich Entwicklung in typischen Stufen vollzieht, die vergleichbar sind mit den Stadien eines Anfängers, eines Fortgeschrittenen und eines Experten. Dieses Stufenmodell ist international anerkannt und somit ohne Probleme auf Deutschland übertragbar. Es wurde beispielsweise auch im Bereich der moralischen, der sozialen und der religiösen Entwicklung nachgewiesen. Kritisch zu sehen ist die Aussagekraft: Die ermittelte Effektstärke basiert auf einer einzigen Meta-Analyse, die 1981 auf einem Kongress in den USA vorgestellt wurde. Insofern ist Vorsicht geboten. Allerdings greifen neuere Forschungen die darin formulierten Befunde auf (vgl. Bolton & Hattie, 2017). Worum geht es in diesen Studien? Zentral ist die Frage, wie das Gehirn wächst und sich im Alter von null bis 20 Jahren verändert. Dabei zeigen sich viele Parallelen und Übereinstimmungen zu dem, was Jean Piaget vor vielen Jahrzehnten herausgefunden hat. Die Kernbotschaft ist, dass Kinder verschiedene Phasen durchlaufen, wie sie denken, und somit verschiedene Erkenntnisstufen im Lernprozess unterschieden werden können – vielleicht nicht so geordnet und bühnenhaft, wie Jean Piaget es beschrieben hat, aber dennoch: In der sensomotorischen Phase sammelt das Kind seine Erfahrungen über Bewegungen

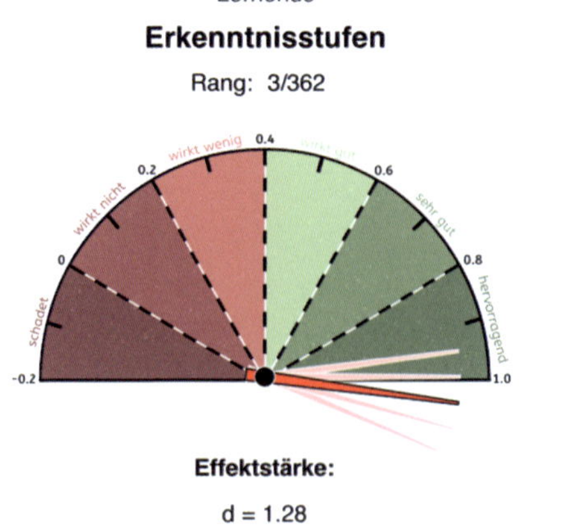

Aussagekraft:	eher gering
Vertrauensbereich:	± 0
Anzahl:	1
Erscheinungsjahr:	1981

und mit seinen Sinnesorganen. Häufig sind sinnliche Reize Auslöser für motorische Aktivität. In der präoperationalen Phase beginnt das Kind,

Menschen von Objekten zu trennen, und erkennt beispielsweise, dass zwischen dem eigenen Handeln und der Welt um sich herum eine Verbindung besteht. Allerdings dominiert die Wahrnehmung des Kindes über seine Logik, so dass viele Irrtümer vorherrschen. In der konkret-operationalen Phase tritt logisches Denken immer stärker in den Vordergrund und Kinder sind zunehmend in der Lage, komplexere Zusammenhänge zu verstehen. Rechnen und Schreiben können grundlegend erlernt werden. In der formal-operationalen Phase ist das Kind mehr und mehr in der Lage, abstrakt zu denken. Komplexere Probleme können systematisch und umfassend gelöst werden. Die Hauptbotschaft für Lehrpersonen daraus ist, dass sie verstehen müssen, wie Lernenden denken und Informationen verarbeiten. Es ist für sie wichtig zu wissen, auf welcher Erkenntnisstufe sich die Lernenden befinden. Denn diese Erkenntnisstufe ist entscheidend, um lernwirksame Aufgaben formulieren zu können und Lernende somit in die nächsthöhere Erkenntnisstufe zu führen.

Beurteilung des eigenen Leistungsniveaus

Dieser Faktor ist mit Blick auf die Effektstärke von 1,10 einer der Spitzenreiter unter allen Faktoren: die Beurteilung des eigenen Leistungsniveaus.

Lernende

Beurteilung des eigenen Leistungsniveaus

Rang: 7/362

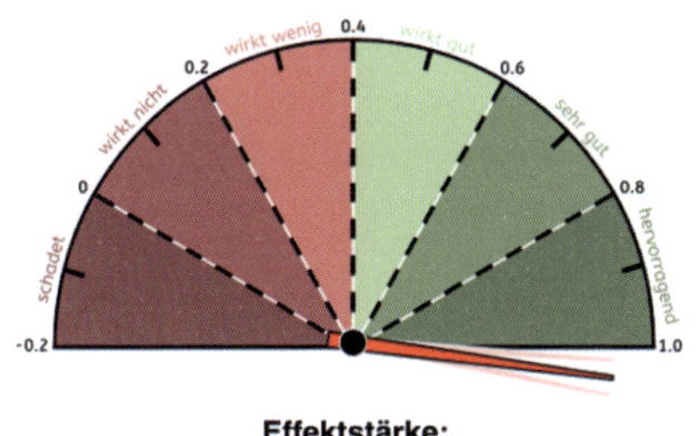

Effektstärke:

d = 1.1

Aussagekraft:	**hoch**
Vertrauensbereich:	± 0.57
Anzahl:	9
Erscheinungsjahr:	2002.89

Die Aussagekraft ist als hoch zu bewerten, weil mehrere Meta-Analysen über Jahre hinweg zu ähnlichen Ergebnissen kommen. Die Übertragbarkeit dieses Faktors ist angesichts der Datengrundlage auf den deutschen Sprachraum ohne Probleme möglich. Die Kernaussage lautet: Lernende wissen ziemlich genau, wo ihre Stärken und Schwächen liegen, was sie gut können und was nicht. Daraus resultiert die Forderung, Unterricht als Dialog zu sehen und so oft es möglich ist, ihre Rückmeldung zum Lernprozess einzuholen. Die Vielzahl an Tests, die derzeit das deutsche Bildungssystem kennzeichnen, ist vor diesem Hintergrund kritisch zu sehen. Für den Lernerfolg bringen sie häufig wenig. Wichtiger als Tests erscheint die Selbstwirksamkeitserwartung der Lernenden (d=0,62), die häufig nicht mit der Beurteilung des eigenen Leistungsniveaus übereinstimmt: Ist diese zu niedrig und fehlt das Vertrauen in die eigene Leistungsfähigkeit, ist ein zögerliches, zurückhaltendes und unsicheres Handeln die Folge. Fehler werden demgemäß als Bestätigung für die eigenen Schwächen gesehen und nicht als Chance, um an sich zu arbeiten. Und genau an dieser Stelle ist die Lehrperson gefordert: Ihre Aufgabe muss es sein, die Beurteilung des eigenen Leistungsniveaus der Lernenden mit ihrer Selbstwirksamkeitserwartung in Einklang zu bringen.

Selbstkonzept

In „Visible Learning" wird für diesen Faktor eine Effektstärke von 0,51 angegeben – mit einer hohen Aussagekraft, was die Bedeutsamkeit der Ergebnisse unterstreicht. Was ist unter Selbstkonzept zu verstehen? Zur Beantwortung dieser Frage wird häufig die Seil-Metapher zitiert (vgl. Hattie 1992). Sie soll betonen, dass es keinen einzelnen Faden gibt, der dem Selbstkonzept zugrunde liegt, sondern dass es viele einander überlappende Selbstkonzepte gibt und dass die Stärke des Seils nicht in einer Faser liegt, die sich über die gesamte Länge hindurchzieht, sondern in der Verflechtung vieler Fasern. Diese vielen Fasern beziehen sich auf die Prozesse des Selbstkonzepts, wie zum Beispiel die eben angesprochene Selbstwirksamkeitserwartung oder die Motivation, auf die im Folgenden zur Verdeutlichung näher eingegangen wird.

Zunächst zur Selbstwirksamkeitserwartung (als eigener Faktor mit einer Effektstärke von 0,62): Es gibt Lernende, die ihren Lernerfolg mehr dem Glück zuschreiben, das sie womöglich hatten, und ihren Misserfolg als Scheitern ihrer Persönlichkeit interpretieren, was sich negativ auf das Selbstvertrauen auswirkt. Und es gibt Lernende, die ihren Lernerfolg mehr dem Einsatz zuschreiben, den sie aufbrachten, und ihren Misserfolg damit zu erklären versuchen, dass womöglich äußere Umstände hinderlich waren und beim nächsten Mal mehr Einsatz zu zeigen ist. Während die erste Gruppe von Lernenden eine geringe Selbstwirksamkeitserwartung hat, zeichnet sich die zweite Gruppe von Lernenden durch eine hohe Selbstwirksamkeitserwartung aus. Längerfristig betrachtet sind Lernende mit einer hohen Selbstwirksamkeitserwartung erfolgreicher als Lernende mit einer geringen Selbstwirksamkeitserwartung. Denn sie suchen die Herausforderung, scheuen schwierige Aufgaben nicht, bringen Einsatz und zeigen Lerneifer. Und vielleicht noch wichtiger: Sie sehen Fehler als Chance! Das bedeutet, dass sich Lehrpersonen um das Vertrauen der Lernenden und deren Ängste kümmern müssen, da diese große Hindernisse für das Lernen sein können. Indem man zum Beispiel Erfolgskriterien teilt, sie entsprechend herausfordernd formuliert (nicht zu einfach, aber auch nicht zu schwer) und Lernenden zeigt, dass man für sie da ist, kann man Vertrauen stärken, Risikobereitschaft wecken und Angst nehmen.

Lernende

Selbstkonzept

Rang: 111/362

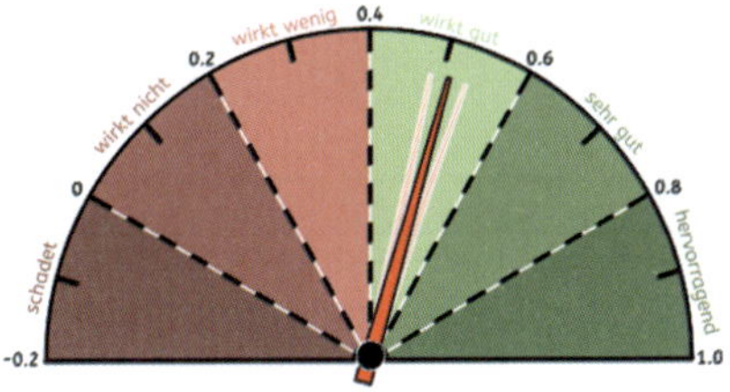

Aussagekraft:	**hoch**
Vertrauensbereich:	± 0.1
Anzahl:	9
Erscheinungsjahr:	2004.56

Effektstärke:

d = 0.51

Lehrpersonen müssen demzufolge wissen, wie Schülerinnen und Schüler Informationen über ihr Selbst verarbeiten. So können sie das Vertrauen der Lernenden in die Bewältigung herausfordernder Aufgaben, die Ausdauer angesichts von Fehlern und Versagen, die Offenheit und Bereitschaft bei der Interaktion mit Peers und Lernfreude bei Zielerreichung entwickeln und verbessern. Infolgedessen ist es wichtig, vor der Steigerung der Lernleistung nicht nur das Vorwissen und die Vorerfahrungen zu erheben, sondern auch eine intensive Analyse des Selbstkonzeptes vorzunehmen.

Motivation

Jeder wird bestätigen, dass Motivation für Lernen bedeutsam ist. Vor diesem Hintergrund überrascht die Effektstärke von 0,37 ein wenig, die in „Visible

Learning“ mit hoher Aussagekraft errechnet wird. Sie macht damit darauf aufmerksam, dass die Frage der Motivation nicht so einfach ist, wie sie im ersten Moment erscheint. Zweifelsfrei ist, dass Lernen Motivation braucht und ohne Motivation Lernprozesse nur schwer anzustoßen sind. Aber zu unterscheiden ist die Art der Motivation: Liegt eine sachbezogene (intrinsische) oder sachfremde (extrinsische) Motivation vor? In beiden Fällen ist zwar ein hoher Einsatz möglich, allerdings zeigt sich auf den zweiten Blick ein wichtiger Unterschied im Hinblick auf die Intensität des Lernens und seine Nachhaltigkeit: Während sachfremd-motiviertes Lernen häufig auf einem Oberflächenverständnis verharrt und nur zu einem kurzfristigen Kompetenzaufbau führt – Stichwort: Bulimie-Lernen –, führt ein sachbezogen-motiviertes Lernen zu einem Tiefenverständnis und ermöglicht dadurch einen langfristigen Kompetenzaufbau. Insofern ist eine sachbezogene Motivation einer sachfremden Motivation vorzuziehen. Ausgehend von dieser psychologischen Einsicht ist für Lehrpersonen die Frage entscheidend: Wie

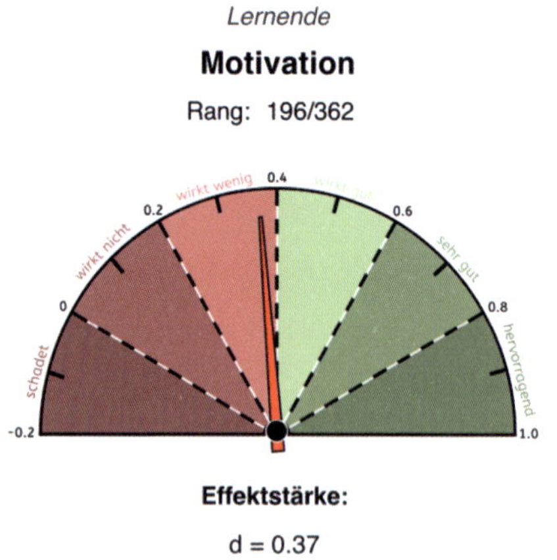

Aussagekraft: sehr hoch

Vertrauensbereich:	± 0.09
Anzahl:	17
Erscheinungsjahr:	2005

lässt sich eine entsprechende Motivation erzeugen? Oder didaktisch formuliert: Welche Möglichkeiten der Motivierung bieten sich? Diese Ergebnisse werden in zahlreichen Studien bis heute bestätigt. Zu nennen ist hier vor allem die Selbstbestimmungstheorie von Edward L. Deci und Richard M. Ryan. Dementsprechend ist nicht die Höhe der Motivation ausschlaggebend, sondern die Qualität – mit anderen Worten: Wie kommt die Motivation zustande? Die Qualität ist dann am besten, wenn der Lernprozess erstens durch Selbstbestimmung, zweitens durch lohnende Ziele (siehe Faktor „Subjektiver Aufgabenwert“ mit einer Effektstärke von d=0,46) und drittens durch soziale Einbindung, insbesondere durch Rückmeldung von anderen, gekennzeichnet ist. Die Herausforderung für die Lehrperson in diesem Zusammenhang ist: Es ist leichter, jemanden zu demotivieren als zu motivieren. Zu vermeiden sind daher Demütigungen, Überforderungen und Fremdsteuerung.

Geschlecht

Die Frage, welchen Einfluss das Geschlecht auf die schulische Leistung hat, wird immer wieder diskutiert – sowohl national als auch international. Es überrascht daher nicht, dass dieser Faktor einer der am meisten untersuchten überhaupt ist: 38 Meta-Analysen mit über 3.000 Einzelstudien bilden den Datensatz. Das Ergebnis ist mit einer Effektstärke von 0,00 ein Nulleffekt, die Aussagekraft angesichts der breiten Forschungslage sehr hoch: Die Unterschiede zwischen weiblichen und männlichen Lernenden sind im Hinblick auf mathematische, naturwissenschaftliche und sprachliche Kompetenzen zu vernachlässigen. Häufig lässt sich sogar feststellen, dass die Unterschiede innerhalb der beiden Gruppen größer sind als zwischen diesen. Die Geschlechter ähneln sich im Hinblick auf Lernleistung mehr als sie sich unterscheiden. Weder sind Männer die besseren Mathematiker und Naturwissenschaftler, noch Frauen die besseren Zuhörerinnen und Fremdsprachensprecherinnen. Wie lässt sich dieses Ergebnis mit PISA vereinen, das

Lernende

Geschlecht

Rang: 330/362

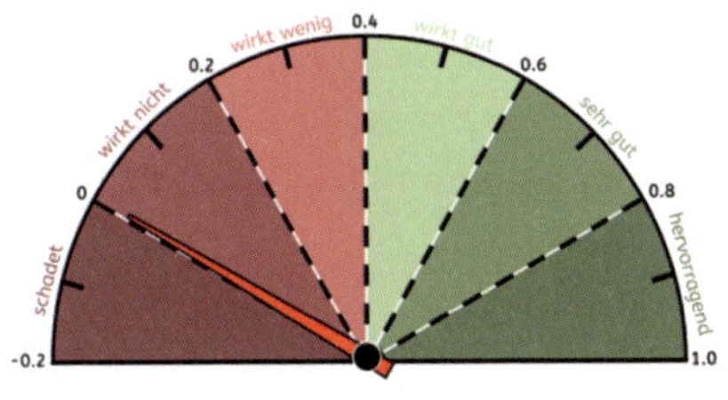

Aussagekraft:	**sehr hoch**
Vertrauensbereich:	± 0.08
Anzahl:	38
Erscheinungsjahr:	1997.39

Effektstärke:

d = 0

immer wieder damit Schlagzeilen macht, dass Mädchen schlechter in Mathematik sind als Jungen? Hier scheint ein Widerspruch zu bestehen. Bei näherer Betrachtung löst sich dieser aber auf: Die Ergebnisse aus PISA weisen zwar einen statistisch nachweisbaren (signifikanten) Leistungsunterschied zwischen Mädchen und Jungen nach, der bei fast allen Ländern jedoch unter fünf Prozent liegt. Das ist gering. Die Unterschiede innerhalb der Gruppen sind auch hier größer. Stellt man darauf aufbauend die Frage nach der Bedeutsamkeit dieser Unterschiede und insofern nach der Evidenz, so berichtet auch PISA nur geringe Effekte. Insofern untermauert PISA die oben genannten Ergebnisse. Es kommt somit darauf an, wie man mit den Zahlen umgeht: Will man Aufmerksamkeit erhaschen oder will man Ergebnisse wissenschaftlich präsentieren? Beachtenswerter als dieses Zahlenspiel ist: Das Sozialverhalten von Mädchen und Jungen ist verschieden und Lehrpersonen behandeln Geschlechter nicht immer gleich. So werden beispielsweise Mädchen zu anderen Aufgaben ermuntert als Jungen und auch Sanktionen werden abhängig vom Geschlecht verhängt. Lehrpersonen sollten daher ihr Verhalten gegenüber Mädchen und Jungen reflektieren. Sie sollten nicht kategorisieren, was Lernende in Abhängigkeit von ihrem Geschlecht tun können oder nicht, und erkennen, dass jeder Lernende Erfolg haben kann – unabhängig von seinem Geschlecht.

Smartphones (außerschulisch)

Sie zählen mit Sicherheit zu den Geräten, die derzeit den größten Einfluss auf das Verhalten von Menschen haben, egal ob jung oder alt: Smartphones. Egal welche Befragung herangezogen wird, der Anteil an Jugendlichen, die ein Smartphone besitzen, liegt bei über 90 Prozent. Vor diesem Hintergrund gehen erziehungswissenschaftliche Studien der Frage nach, welchen Einfluss die außerschulische Nutzung von Smartphones auf die schulische Lernleistung hat. Die zentrale Variable dabei ist die Dauer der Nutzung. Die Synthese in „Visible Learning" liefert bei einer akzeptablen Aussagekraft einen Wert von d=-0,32. Angesichts der wenigen Faktoren mit negativen Effektstärken muss dieses Ergebnis aufhorchen lassen: Je länger sich Kinder und Jugendliche in ihrer Freizeit mit ihren Smartphones beschäftigen, desto geringer ist die schulische Lernleistung. Ein zentraler Grund dafür ist das Ablenkungspotenzial. Dabei ist Technik weder gut, noch schlecht. Menschen müssen lernen, sinnvoll mit der Technik umzugehen. So lautet die medienpädagogische Quintessenz. Übrigens gleicht das Argument, Kinder und Jugendliche aus bildungsfernen Milieus können mithilfe digitaler Medien ihre Benachteiligung ausgleichen, aus empirischer Sicht einer Dichtung. Die

Wahrheit ist, dass digitale Medien derzeit diese Benachteiligung weiter verschärfen. Der Grund ist entscheidend: Kinder und Jugendliche aus bildungsfernen Milieus nutzen digitale Medien unreflektierter und damit auch lernhemmender als Kinder und Jugendliche aus bildungsnahen Milieus.

Lernende

Smartphones (außerschulisch)

Rang: 352/362

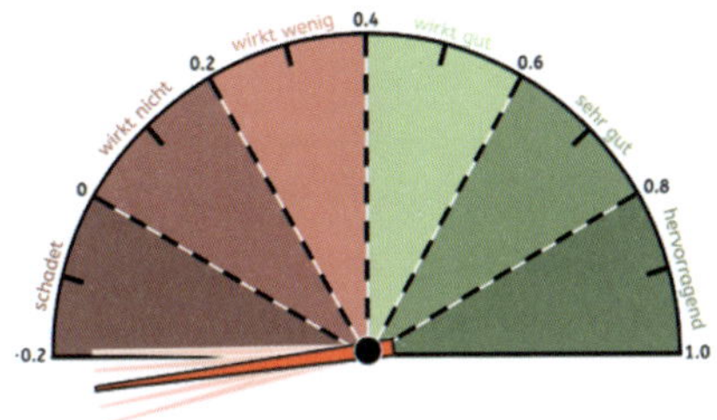

Aussagekraft:	**akzeptabel**
Vertrauensbereich:	± 0
Anzahl:	1
Erscheinungsjahr:	2018

Effektstärke:

d = -0.32

Fasst man die bisherigen Überlegungen zum Bereich „Lernende“ zusammen, so ergeben sich zwei Schlussfolgerungen: Erstens gibt es eine Reihe von Eigenschaften und Merkmalen der Lernenden, die nicht oder kaum beeinflussbar, aber durchaus beachtenswert sind: „Geschlecht“, „Smartphones (außerschulisch)“ usw. Zweitens gibt es eine Reihe von Eigenschaften und Merkmalen der Lernenden, die beeinflussbar sind. Und nahezu alle haben eine große Wirkung auf die schulische Lernleistung: „Erkenntnisstufen“, „Selbstkonzept“ usw. Die Kernbotschaft, die sich daraus ableiten lässt, lautet: Ein Schlüssel für erfolgreiches Lernen liegt in der Kenntnis der Lernvoraussetzungen. Die Lehrperson muss versuchen, Vorwissen und Vorerfahrungen der Schülerinnen und Schüler genau zu kennen, um den Unterricht darauf abstimmen zu können. Erst dann ist sie in der Lage, passende Ziele zu formulieren, passende Inhalte auszuwählen, passende Methoden einzusetzen und passende Medien zur Verfügung zu stellen. Dass es bei den Zielen schließlich darauf ankommt, diese auf unterschiedlichen Niveaus zu definieren, zeigt der Faktor „Erkenntnisstufen“. In einem der nächsten Kapitel wird darauf nochmals explizit eingegangen.

Kernbotschaft:

Die Lernenden bringen sowohl beeinflussbare als auch nicht-beeinflussbare Voraussetzungen mit. Insbesondere die beeinflussbaren Voraussetzungen, wie zum Beispiel Vorwissen, Vorerfahrung und Selbstkonzept, sind für schulische Leistung wichtig. Deren Kenntnis und die Kompetenz der Lehrperson, darauf entsprechend zu reagieren, sind wesentlich für Lernerfolg.

Nun zum Bereich „**Elternhaus**":

Definition:

Unter dem Bereich „Elternhaus" werden all jene Faktoren zusammengefasst, die familiäre Strukturen, häusliche Begebenheiten und familiäre Rahmenbedingungen betreffen.

Im Folgenden werden vier Faktoren daraus erläutert, die vor allem für den deutschsprachigen Bildungsdiskurs wichtig erscheinen:

Fernsehen

Dass Fernsehen schädlich sein kann, ist hinlänglich bekannt. In „Visible Learning" ergibt sich eine negative Effektstärke von -0,17 (mit einer hohen Aussagekraft). Wichtig an dieser Stelle ist der Hinweis, dass es sich nicht um eine Ursache-Wirkungs-Kette handelt nach dem Motto: Wenn jemand viel fernsieht, dann hat er schlechte schulische Leistungen. Das ist nicht die Aussage. Vielmehr handelt es sich um Zusammenhänge: Je mehr jemand fernsieht, desto schlechter sind seine schulischen Leistungen – allein schon deswegen, weil Zeit fürs Lernen, für den häuslichen Austausch und die familiäre Interaktion fehlt. Vor allem Lernende mit geringerer Leistung neigen dazu, viel mehr fernzusehen, aber auch passiv den Tag zu verbringen. Es lohnt sich also, sich mehr darum kümmern, Kinder und Jugendlichen in Lernaktivitäten einzubinden.

Lernende

Fernsehen

Rang: 340/362

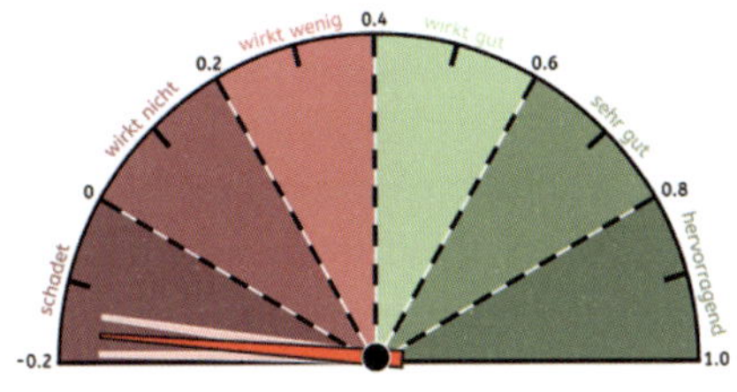

Aussagekraft:	hoch
Vertrauensbereich:	± 0.05
Anzahl:	4
Erscheinungsjahr:	1997

Effektstärke:

d = -0.17

Sozioökonomischer Status

Unter dem Begriff des sozioökonomischen Status werden verschiedene Aspekte des Elternhauses zusammengefasst – in der Regel Einkommen, Beruf und Bildung.

Elternhaus

Sozioökonomischer Status

Rang: 78/362

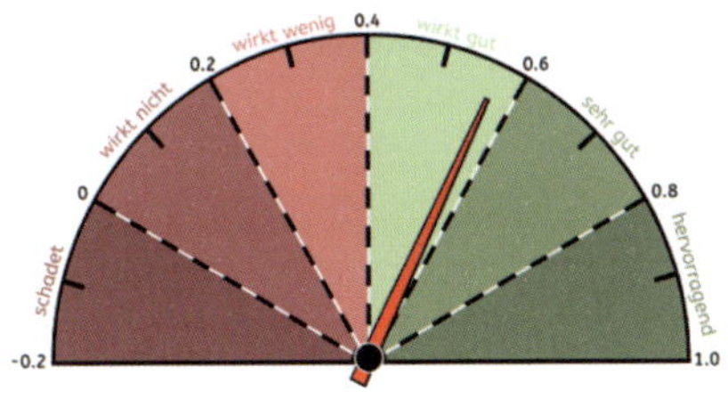

Aussagekraft:	sehr hoch
Vertrauensbereich:	± 0.13
Anzahl:	16
Erscheinungsjahr:	2008.94

Effektstärke:

d = 0.57

In Anlehnung an den Soziologen Pierre Bourdieu wird auch von „kulturellem“ und „ökonomischem Kapital“ gesprochen. In Deutschland wird über diesen Faktor in vielfältiger Weise diskutiert, beispielsweise wenn es um Bildungsgerechtigkeit geht. Der Einfluss des sozioökonomischen Status auf die schulische Leistung ist in „Visible Learning“ sehr hoch und weist eine Effektstärke von 0,57 auf, mit einer hohen Aussagekraft. Vor diesem Hintergrund erscheinen „Sonntagsreden“ von Politikern und Funktionären realitätsfern, in denen sie sich empört darüber zeigen, dass schulische Leistung vom sozioökonomischen Status der Eltern abhängt – wovon soll sie denn sonst abhängen? Das ist der sogenannte Matthäus-Effekt, ein nicht umgehbares „Naturgesetz“: Die Reichen werden reicher und die Armen werden ärmer oder bleiben arm. Wenn ein Kind bis zum Alter von 8 Jahren nicht über ausreichende Lesefähigkeiten verfügt, dann gibt es viele Hinweise darauf, dass es diese Defizite nie mehr aufholen wird. Folglich kann Benachteiligung, schlechter Unterricht oder Mangel an Ressourcen bedeuten, dass sich die Lebenschancen eines Kindes verringern. Schulische Bildung setzt sich das Ziel, jedem Kind – und zwar unabhängig von seinen elterlichen Ressourcen – eine bestmögliche Förderung zuteil werden zu lassen. Versperrt wird durch die erwähnten „Sonntagsreden“ das eigentliche Problem, nämlich dass Leistungsunterschiede infolge des sozioökonomischen Status in der Schule noch weiter verhärtet werden. Ein Kind aus einem bildungsfernen Milieu muss beispielsweise eine bessere schulische Leistung erzielen, um ein Übertrittszeugnis auf das Gymnasium zu erhalten, als ein Kind aus einem bildungsnahen Milieu. Dieses Problem aber strukturell zu lösen, funktioniert nicht, wie eine Reihe von deutschsprachigen Studien nachweisen: In der Studie „Lebensläufe ins frühe Erwachsenenalter“ (LifE) wird aufgezeigt, dass es einer Gesamtschule im Vergleich zum dreigliedrigen Schulsystem nicht besser gelingt, für mehr Bildungsgerechtigkeit zu sorgen. In beiden Fällen nämlich besteht ein hoher Zusammenhang zwischen sozioökonomischem Status und Schulabschluss. Gleiches lässt sich für Ganztagsschulen beobachten, die ebenfalls mit dem Ziel antreten, eine bessere Bildung für alle zu ermöglichen, die unabhängig vom sozioökonomischen Status der Eltern ist: Kinder aus bildungsnahen Milieus können Ganztagsangebote besser nutzen als Kinder aus bildungsfernen Milieus. Einen Grund dafür benennt eine Kernbotschaft von „Visible Learning“: Strukturveränderungen alleine bewirken wenig. Lehrpersonen müssen sie vielmehr mit Leben füllen. Hat eine Lehrperson beispielsweise Vorurteile gegenüber Migranten, dann wird sie diese nicht fallen lassen, nur weil sie diese den ganzen Tag in der Schule unterrichten muss. Auf einen weiteren Grund wird in „Visible Learning“ ebenfalls aufmerksam gemacht, wenn von der „Sprache der Bildung“ die Rede ist: Viele Eltern sind aufgrund ihres kulturellen Kapitals nicht in der Lage, ihren Kindern die Unterstützung zu geben, die sie bräuchten. Manchmal sind sie gar nicht in der Lage, mit den Lehrpersonen über Erziehung und Unterricht zu sprechen. Konsequenz: Lehrpersonen müssen erstens versuchen, die

„Sprache der Eltern“ zu sprechen. Zweitens müssen alle Eltern stärker unterstützt und in die Verantwortung genommen werden. Und drittens lässt sich Bildungsgerechtigkeit nicht strukturell verordnen. Nur die Akteure, vor allem die Lehrpersonen, können dafür sorgen, wenn ihre Haltungen entsprechend sind.

Häusliches Anregungsniveau

Die Frage, welche Rolle die elterliche Erziehung auf die Lernleistung von Kindern und Jugendlichen hat, wird seit jeher leidenschaftlich diskutiert. Denn für viele ist die Familie nicht die Quelle einer erfolgreichen Bildung, sondern die Quelle für Bildungsungerechtigkeit. In „Visible Learning“ findet sich neben dem bereits angesprochenen Faktor „Sozioökonomischer Status“ noch der Faktor „Häusliches Anregungsniveau“, der in diesem Zusammenhang mit einer Effektstärke von 0,40 und einer hohen Aussagekraft Beachtung verdient. Während der Faktor „Sozioökonomischer Status“ den Bildungsabschluss der Eltern, ihr Einkommen und ihren Beruf im Hinblick auf den Bildungserfolg von Kindern analysiert, lenkt der Faktor „Häusliches Anregungsniveau“ den Blick stärker auf soziopsychologische Aspekte, wie beispielsweise die Qualität der Interaktion zwischen Kindern und Eltern, die Qualität und Quantität der Spiele und Spielsachen. Bisher ist es in den Meta-Analysen nicht gelungen, die Grenzen zwischen beiden Faktoren klar zu ziehen, so dass Überschneidungen und Wechselwirkungen wahrscheinlich sind. Unstrittig ist aber der Einfluss des Elternhauses auf die Kinder, der umso positiver ist, je positiver der soziopsychologische Status ist. Wichtig an dieser Stelle erscheint der Hinweis, dass daran auch schulische Strukturen nichts ändern – obschon das viele gerne hätten und immer wieder propagieren. Egal also, ob Lernende eine Gesamtschule oder ein dreigliedriges Schulsystem besuchen, egal also, ob Lernende in eine Ganztagsschule oder eine Halbtagsschule gehen, die Effekte des Elternhauses bleiben konstant. Demzufolge ist die einzig sinnvolle Schlussfolgerung, Eltern nicht aus der Bildungsarbeit auszuschließen, sondern sie mit allen Mitteln als Partner in den Bildungsprozess hineinzuholen. Denn der Ort der Bildung ist nicht die Struktur. Der Ort der Bildung ist die Interaktion zwischen allen Beteiligten – und die Eltern spielen hier eine zentrale Rolle.

Elternhaus

Häusliches Anregungsniveau

Rang: 182/362

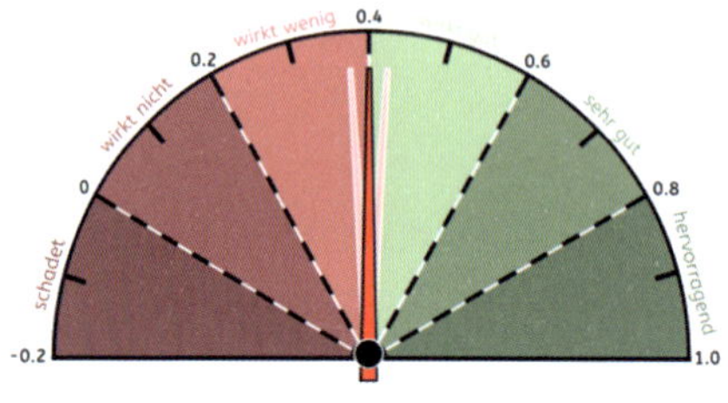

Effektstärke:

d = 0.4

Aussagekraft:	**hoch**
Vertrauensbereich:	± 0.2
Anzahl:	4
Erscheinungsjahr:	1998

Andere Familienstrukturen

Auch bei der Frage, welche familiäre Struktur die beste für die Lernleistung von Schülerinnen und Schülern ist, greift das Argument, dass die Struktur alleine nicht entscheidend ist. So findet sich in „Visible Learning" für den Faktor „Andere Familienstruktur" eine Effektstärke von 0,15, für den Faktor „getrennt – geschieden – wiederverheiratet" eine Effektstärke von 0,28 und für den Faktor „Klassische Familienstruktur" eine Effektstärke von 0,31 – in allen Fällen mit einer hohen Aussagekraft. In den zugrundeliegenden Analysen wird aufgezeigt, dass Ein-Kind-Familien im Vergleich zu Mehr-Kind-Familien, klassische Familienkonstellationen im Vergleich zu Patchwork-Familien oder die Berufstätigkeit der Mutter zu vernachlässigende Effekte hat. Der Grund ist ähnlich wie bei schulischen Strukturdebatten: Die familiäre Struktur ist nicht für sich alleine wirksam, sondern sie bedarf der Menschen. Und hier zeigt sich, dass in nahezu jeder vorfindbaren Familienkonstellation erfolgreiche und nicht-erfolgreiche Erziehung geleistet wird. Wichtiger als die Struktur ist somit die Kompetenz und Haltung der Eltern hinsichtlich der Erziehung. Besonders der angesprochene Aspekt der „Sprache der Bildung" (der nicht nur schulische Bildung meint) erweist sich vor diesem Hintergrund als zentraler Aspekt und zeigt sich im bereits angesprochenen Faktor „Häusliches Anregungsniveau" (d=0,40) ebenso wie im Faktor „Elternunterstützung beim Lernen" (d=0,38).

Elternhaus

Andere Familienstrukturen

Rang: 283/362

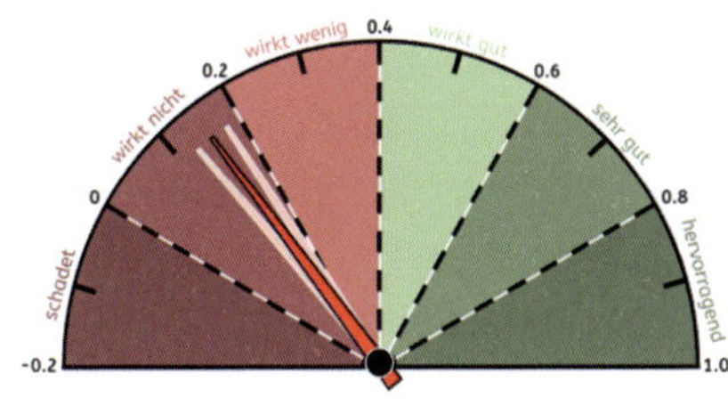

Aussagekraft:	**hoch**
Vertrauensbereich:	± 0.09
Anzahl:	6
Erscheinungsjahr:	2004.67

Effektstärke:

d = 0.15

Fasst man die bisherigen Überlegungen zum Bereich „Elternhaus“ zusammen, so ergeben sich zwei Schlussfolgerungen: Erstens sind es weniger die familiären Strukturen und familiäre Rahmenbedingungen, die wirken. Die Überlegungen zum sozioökonomischen Status und zur Familienstruktur belegen dies. Entscheidend sind vielmehr die Akteure, wie sie über das denken, was sie tun, und wie sie die Zeit, die sie zur Verfügung haben, sinnvoll nutzen. Das kann in vielfältigen familiären Strukturen und familiären Rahmenbedingungen geschehen und ist nie ein Selbstläufer. Daraus ergibt sich zweitens, dass Eltern in der Lage sein müssen, ihren Einfluss, den sie in jedem Fall haben, möglichst positiv auf ihre Kinder zu übertragen – das unreflektierte Parken der Kinder vor Fernsehgeräten zählt nicht dazu. Aktiv, nicht passiv beteiligt zu sein, bedeutet zu lernen, neugierig zu sein, hohe Erwartungen zu haben und eine sichere und faire Umgebung zu schaffen, in der man erkunden, Fehler machen und kreativ sein kann. Wenn dies der Fall ist, dann zeigt sich ein funktionierendes Elternhaus als Grundbedingung für schulischen Erfolg.

Eine optimale Förderung der Lernenden kann daher nur gelingen, wenn Eltern und Lehrpersonen kooperieren. Häufig wird sogar zuerst bei den Eltern anzusetzen sein, um deren Kinder erreichen zu können.

KERNBOTSCHAFT:

Das Elternhaus hat einen großen Einfluss auf schulische Leistungen. Eine intensive Kooperation auf Augenhöhe ist daher unerlässlich. Lehrpersonen sind folglich nicht für alles verantwortlich, können aber viel bewirken.

Zusammenfassung:

Worum geht es in den Bereichen „Lernende“ und „Elternhaus“?
In diesen Bereichen werden Faktoren betrachtet, die beeinflussbare und nicht-beeinflussbare Voraussetzungen auf Seiten der Lernenden und ihrer Familien in den Blick nehmen. Hierzu zählen „Selbstkonzept“, „Erkenntnisstufen“ und „Geschlecht“ sowie beispielsweise „sozioökonomischer Status“, „(andere) Familienstrukturen“ und „Fernsehen“.

Welchen Einfluss hat die Orientierung an Erkenntnisstufen auf die schulische Leistung der Lernenden?
Das Niveau des Vorwissens und die Art und Weise, wie Lernende denken, ist entscheidend für die schulische Leistung. Insofern ist deren Kenntnis und eine entsprechende Passung des Unterrichts darauf eine Grundbedingung für erfolgreiches Lernen.

Welchen Einfluss hat die Selbsteinschätzung des eigenen Leistungsniveaus auf die schulische Leistung der Lernenden?
Der Faktor „Selbsteinschätzung des eigenen Leistungsniveaus“ zeigt: Lernende wissen in der Regel ganz genau, wo ihre Stärken und Schwächen liegen. Allein deshalb erscheint es notwendig, Unterricht als Dialog zu sehen.

Welchen Einfluss hat das Selbstkonzept auf die schulische Leistung der Lernenden?
Lernende haben konkrete Vorstellungen über sich als Lernende. Dies zeigt sich beispielsweise daran, wie sie mit Scheitern umgehen. Diese Vorstellungen haben einen großen Einfluss auf die schulische Leistung und es lohnt sich, darüber intensiv mit Lernenden zu sprechen.

Welchen Einfluss hat die Motivation auf die schulische Leistung?
Die Motivation der Lernenden ist zentral für schulische Leistung, wobei die Qualität maßgeblich für nachhaltigen Lernerfolg ist und insofern eine sachbezogene (intrinsische) Motivation anzustreben ist. Selbstbestimmung, lohnende Ziele und soziale Einbindung sind diesbezüglich wichtige Aspekte.

Welchen Einfluss hat das Geschlecht auf die schulische Leistung?
Richtet man den Blick auf mathematische, naturwissenschaftliche und sprachliche Kompetenzen, so lässt sich festhalten, dass der Einfluss des Geschlechtes gering ist und weiterführende Überlegungen dazu wenig Wirkung erzielen können. Bedeutsamer ist der geschlechterabhängige Umgang der Lehrpersonen mit dem geschlechterabhängigen Sozialverhalten der Lernenden, der zu Benachteiligung und Bevorzugung führen kann.

Welchen Einfluss hat die außerschulische Smartphone-Nutzung auf die schulische Leistung?
Die außerschulische Smartphone-Nutzung kann die schulischen Leistungen negativ beeinflussen. Ausschlaggebend dafür ist neben der Bildschirmzeit vor allem die Art und Weise der Nutzung. Hier zeigen sich Unterschiede im familiären Milieu als besonders bedeutsam.

Welchen Einfluss hat der sozioökonomische Status der Eltern auf die schulische Leistung der Lernenden?
Der sozioökonomische Status der Eltern hat einen großen Einfluss auf die schulische Leistung der Lernenden. Er lässt sich über strukturelle Veränderungen von Schule kaum beeinflussen.

Welchen Einfluss hat das häusliche Anregungsniveau auf die schulische Leistung der Lernenden?
Das häusliche Anregungsniveau ist für die schulischen Leistungen wichtig. Es bestimmt sich in erster Linie durch die Qualität der Interaktion zwischen Kindern und Eltern. Durch konsequente Elternarbeit lässt sich von Seiten der Schule darauf Einfluss nehmen.

Welchen Einfluss hat die Familienstruktur auf die schulische Leistung der Lernenden?
Die Familienstruktur hat einen geringen Einfluss auf die schulische Leistung der Lernenden. Wichtiger als diese zeigt sich die Art und Weise der Interaktion innerhalb der Familie und das damit verbundene Vertrauen und Anregungsniveau.

Welchen Einfluss hat Fernsehen auf die schulische Leistung der Lernenden?
Es besteht ein Zusammenhang zwischen dem Fernsehkonsum und der schulischen Leistung: Je höher der Fernsehkonsum ist, desto schlechter ist die schulische Leistung.

Welche Kernbotschaft lässt sich daraus im Hinblick auf individuelle und familiäre Gegebenheiten ableiten?
Mit Blick auf die Lernenden lässt sich festhalten, dass vor allem die beeinflussbaren Voraussetzungen einen großen Einfluss auf die schulische Leistung haben. Demgegenüber sind nicht-beeinflussbare Voraussetzungen weniger bedeutsam. Je besser es der Lehrperson gelingt, die beeinflussbaren Voraussetzungen zu erheben und den Unterricht darauf abzustimmen, desto erfolgreicher ist das Lernen. Mit Blick auf das Elternhaus lässt sich festhalten, dass es einen großen Einfluss auf die schulische Leistung hat, die mit strukturellen Veränderungen von Schule nicht maßgeblich beeinflusst werden kann. Insofern ist eine intensive Kooperation auf Augenhöhe zwischen Lehrpersonen und Eltern unerlässlich. Dort, wo sich diese Kooperation zum Wohl des Kindes nicht herstellen lässt, stößt auch die Arbeit von Lehrpersonen an Grenzen.

Reflexionsaufgabe:

Reflektieren Sie, wie Sie strukturelle und curriculare Veränderungen wahrnehmen – beispielsweise die Ausweitung des Ganztagsangebotes, die Einführung der Gesamtschule, die Abschaffung der Hauptschule, die Verlängerung der Grundschulzeit, die Umgestaltung des Klassenzimmers bis hin zur Einführung von neuen Lehrplänen oder gar neuen Schulfächern: Welchen Einfluss haben diese strukturellen und curricularen Reformen aus Ihrer Sicht auf die schulische Leistung? Wenn Sie der Meinung sind, dass der Einfluss groß ist: Warum? Wenn Sie der Meinung sind, dass er klein ist: Warum?

Ziele und Inhalte:

In diesem Kapitel werden die Bereiche „Schule", „Klassenraum" und „Curricula" näher betrachtet. Dazu werden exemplarisch Faktoren vorgestellt und diskutiert, um schließlich die Kernbotschaft für diese Bereiche herausfiltern zu können. Wenn Sie dieses Kapitel gelesen haben, dann sollten Sie folgende Fragen beantworten können:

- Worum geht es in den Bereichen „Schule", „Klassenraum" und „Curricula"?
- Welchen Einfluss hat die finanzielle Ausstattung auf die schulische Leistung der Lernenden?
- Welchen Einfluss hat die Schulgröße auf die schulische Leistung der Lernenden?
- Welche Rolle spielt die Schulleitung und welche Bedeutung kommt der gemeinsamen Vision über gute Schule und guten Unterricht zu?
- Welchen Einfluss hat die Nicht-Versetzung auf die schulische Leistung der Lernenden?
- Welchen Einfluss hat die Öffnung des Klassenzimmers auf die schulische Leistung der Lernenden?
- Welchen Einfluss hat eine inklusive Beschulung auf die schulische Leistung der Lernenden?
- Welchen Einfluss hat die Reduzierung der Klassengröße auf die schulische Leistung der Lernenden?
- Welchen Einfluss hat die Nutzung von Taschenrechnern auf die schulische Leistung der Lernenden?
- Welchen Einfluss haben erlebnispädagogische Maßnahmen auf die schulische Leistung der Lernenden?
- Welchen Einfluss hat umfangreiches didaktisches Lese-Begleitmaterial auf die schulische Leistung der Lernenden?
- Welche Kernbotschaft lässt sich daraus im Hinblick auf strukturelle Veränderungen, Rahmenbedingungen und curriculare Programme ableiten?

4 Was für sich alleine wenig wirkt: Strukturen, Rahmenbedingungen und curriculare Programme

Unter den Bereichen „Schule“, „Klassenraum“ und „Curricula“ werden im aktuellen Datensatz von „Visible Learning“ 31, 27 bzw. 46 Faktoren versammelt – unter anderem „Finanzielle Ausstattung“, „Schulgröße“, „Schulwechsel“, „Klassengröße“, „Offene Klassenzimmer“, „Überspringen einer Klasse (Akzeleration)“, „Dauer der Sommerferien“, „Nicht-Versetzung“, „Nutzung von Taschenrechnern“, „Erlebnispädagogik“ und „Umfangreiches didaktisches Lese-Begleitmaterial“. Die Spannbreite der Effekte ist groß und reicht von -0,30 bis 1,34. Die Kernbotschaft ist demgegenüber klar: Strukturelle und curriculare Reformen alleine bewirken wenig. Zieht man hierzu auch eine Aufwand-Nutzen-Kalkulation hinzu, erscheinen viele strukturelle und curriculare Maßnahmen sinnlos, solange sie nicht von Menschen zum Leben erweckt werden. Dies lässt sich exemplarisch am Bereich „Schule“ mithilfe der Faktoren „Finanzielle Ausstattung“, „Schulgröße“ und „Schulleitung“, am Bereich „Klassenraum“ mithilfe der Faktoren „Nicht-Versetzung“, „Offene Klassenzimmer“, „Inklusive Beschulung“ und „Klassengröße“ sowie am Bereich „Curricula“ mithilfe der Faktoren „Nutzung von Taschenrechnern“, „Erlebnispädagogik“ und „Umfangreiches didaktisches Lese-Begleitmaterial“ verdeutlichen – allesamt Faktoren, über die auch in Deutschland leidenschaftlich diskutiert wird.

Zunächst zum Bereich „**Schule**“:

Definition:

Unter dem Bereich „Schule“ werden all jene Faktoren zusammengefasst, die strukturelle und formale Merkmale auf Schulebene beschreiben.

Im Folgenden werden drei Faktoren daraus skizziert, die in bildungspolitischen Diskussionen für größere Resonanz sorgen:

Finanzielle Ausstattung

Es ist eine der beständigsten Wahlkampfforderungen und auch -versprechen weltweit, dass mehr Geld in Bildung zu investieren sei. Kaum eine Schulleitung oder eine Lehrperson ist zu finden, die nicht dafür ist, dass mehr Geld in die Schulen fließt. Insofern ist dieser Faktor für die deutsche Bildungslandschaft aktuell. Die Effektstärke, die in „Visible Learning“ errechnet wird, ist mit 0,19 allerdings gering bei hoher Aussagekraft. Bestätigt wird dieses Ergebnis durch die internationalen Vergleichsstudien, wie zum Beispiel TIMSS und PISA: Dort wird im Ländervergleich deutlich, dass kein verallgemeinerbarer Zusammenhang besteht zwischen der Höhe der Ausgaben und dem Lernerfolg. Dennoch wäre es verkehrt, zu behaupten: Die finanzielle Ausstattung spielt keine oder nur eine geringe Rolle. Zunächst ist festzuhalten, dass eine finanzielle Grundsicherung unabdingbar ist. Mit dieser müssen Gehälter, Schulgebäude, Beleuchtung, Heizung, Sanitäranlagen und dergleichen einem einheitlichen Standard entsprechen. Dies ist in Deutschland (fast) überall gegeben. Entscheidend ist dann vor allem, wofür das weitere Geld ausgegeben wird – und darauf weist schon der große Vertrauensbereich hin. Wir schätzen, dass etwa 10 % für Gebäude, 10 % für staatliche und nationale Unterstützung, 9 % für Transport und Ernährung, 7 % für schülerbezogene Dienstleistungen (z. B. im Bereich Gesundheit oder Ernährung), 60 % für Löhne und Gehälter sowie 4 % für pädagogisches und didaktisches Material sowie professionelle Lehrerfortbildung ausgegeben werden.

Schule

Finanzielle Ausstattung

Rang: 268/362

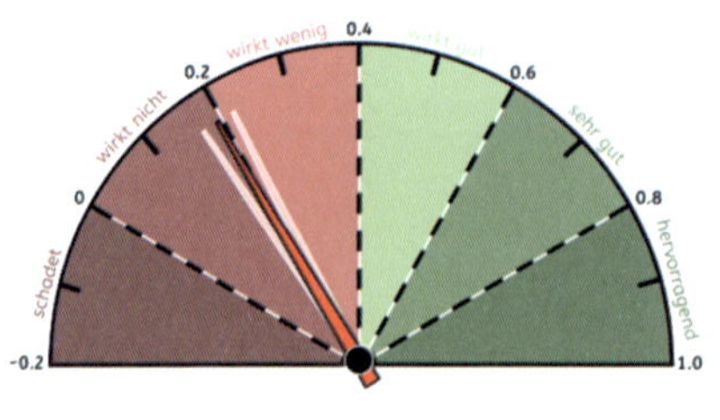

Effektstärke:

d = 0.19

Aussagekraft:	**hoch**
Vertrauensbereich:	± 0.18
Anzahl:	6
Erscheinungsjahr:	1998.67

Problematisch ist sicherlich, dass dieses Geld häufig den Schulen ausschließlich als Sachmittel zugutekommt und die ebenso wichtige Investition in Personen fehlt. Sachmittel dominieren somit über Personalmittel im weitesten Sinn. Der Digitalpakt ist so ein Beispiel: Was nützt es schon, wenn alle Klassenzimmer mit kostspieliger Technik ausgestattet werden ohne die Kollegien entsprechend zu schulen? Wenig. Der Unterricht wird sich dadurch nicht ändern. Auch hier zeigt sich also: Investitionen in Personen sind immer mitzurechnen, wenn weiteres Geld zur Verfügung steht. Nicht umsonst haben erlebnispädagogische Maßnahmen eine Effektstärke von 0,49 und Lehrerfort- und -weiterbildungen eine Effektstärke von 0,48 – auf beide wird weiter unten noch genauer eingegangen.

Schulgröße

Immer wieder führt die Schließung kleiner Schulen zu Diskussionen und immer wieder werden Klagen über zu große Schulen laut. Die Frage, ob es eine ideale Schulgröße gibt, liegt demnach auf der Hand. In „Visible Learning" findet sich für die „Schulgröße" eine Effektstärke von 0,43. Obschon die Aussagekraft aufgrund weniger Studien gering ist, zeigen sich die Schlussfolgerungen interessant: Auf der Suche nach der optimalen Schulgröße wird von einem kritischen Wert gesprochen, der bei ca. 800 Lernenden liegt. Welche Gründe sind hier zu nennen? In erster Linie lässt sich dieser Wert auf bildungsökonomische Berechnungen zurückführen, wonach eine gewisse Mindestgröße vorhanden sein muss, damit die Kosten des Gesamtapparates in einem sinnvollen Verhältnis zu den Lernleistungen stehen: Ist die Schule zu klein, verschlingen die Organisationskosten zu viele Ressourcen.

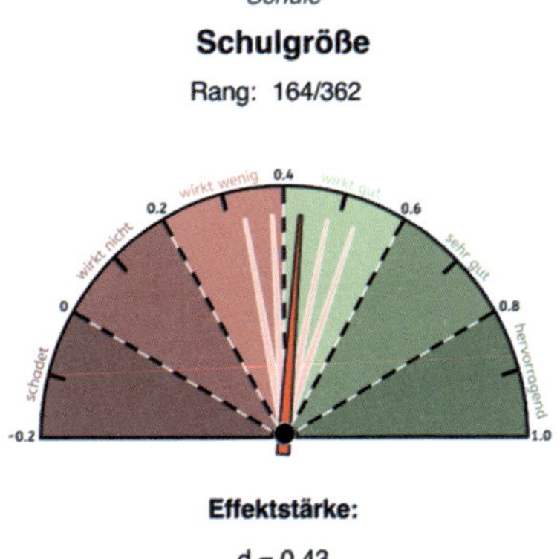

Aussagekraft: eher gering	
Vertrauensbereich:	± 0
Anzahl:	1
Erscheinungsjahr:	1991

Und ab einer gewissen Größe erreicht dieses Verhältnis einen optimalen Wert, der auch bei weiterer Vergrößerung der Schule nicht mehr verbessert werden kann. Obschon diese Berechnungen eine Relevanz haben, sie verlieren die eigentliche Frage aus dem Blick. Denn es geht bei der Schulgröße in erster Linie doch nicht darum, was wie viel kostet und wie viel bringt, sondern allen voran darum, welche Strukturen die Lernleistung von Schülerinnen und Schülern optimal fordern und fördern. Insofern gibt es noch einen weiteren wichtigen Faktor, warum ca. 800 Lernende als Optimum angesehen wird: Unter 800 Lernende ist es häufig nicht möglich, ein umfassendes und umspannendes Curriculum anzubieten. Lediglich ein Angebot an Wahlfächern ist möglich, das dann aber oft nur bestimmte Schülergruppen erreicht. Infolgedessen zeigt sich ähnlich wie beim Faktor „Klassengröße“: Die Größe alleine ist nicht entscheidend. Vielmehr finden sich zahlreiche Belege, dass die Qualität des Unterrichts und insbesondere auch die Qualität der Zusammenarbeit zwischen Lehrpersonen viel wichtiger sind. So lassen sich Lernleistungen weder in besonders kleinen Schulen überdurchschnittlich fördern, noch leiden sie in besonders großen Schulen in nennenswerter Weise. Stattdessen konnte nachgewiesen werden, dass in erfolgreichen Schulen verstärkte Formen des Austausches und der Kooperation zwischen Lehrpersonen zu beobachten waren und diese nicht unmittelbar mit der Schulgröße zusammenhängen. Einzig und allein wirklich belastbar ist, dass in diesem Zusammenhang der Gedanke „Je kleiner, desto besser.“ nicht trägt. Ein entscheidendes Kennzeichen erfolgreicher Schulen ist somit nicht ihre Größe, sondern der Grad der Zusammenarbeit zwischen Lehrpersonen, ihre Professionalität und die daraus resultierende Lehrer-Schüler-Beziehung.

Schulleitung

Schulleitungen werden in der Literatur häufig als Schlüsselrolle genannt. Dennoch erreicht der dazugehörige Faktor nur eine Effektstärke von 0,34. Angesichts einer Vielzahl an Studien in diesem Bereich ist die Aussagekraft sehr hoch. Dennoch lohnt ein genauer Blick auf die Daten: So gibt es Schulleitungen, die maßgeblich der Motor von Schul- und Unterrichtsentwicklung sind. Es gibt aber auch Schulleitungen, die buchstäblich als stärkste Bremse jeglichen Reformstrebens an einer Schule auftreten. Folglich liegt es nicht an der Position selbst, die einem Menschen erliehen wird, sondern es ist der Mensch, der diese Position füllt und damit Wirkung erzeugt. Und genau das belegen die Meta-Analysen. Dabei zeigen sich jene Schulleitungen besonders erfolgreich, die in sich zwei spannungsreiche Haltungen vereinen: Zum einen sorgen sie dafür, dass sich alle Beteiligten an der Schule wohlfühlen, sie spenden Vertrauen, sie legen einen wertschätzenden Umgang an den Tag (transformationale Schulleitung). Zum anderen setzen sie gezielt die Herausforderung, bringen Kolleginnen und Kollegen immer wieder aus der Komfortzone, fordern und fördern Zusammenarbeit (instruktionale Schulleitung). Aber es sind die zuletzt Genannten, die instruktionalen Schulleitungen, die bei weitem den größeren Einfluss haben, während die zuerst Genannten, die transformationalen Schulleitungen, fast keine Effekte haben!

Schule

Schulleitung

Rang: 202/362

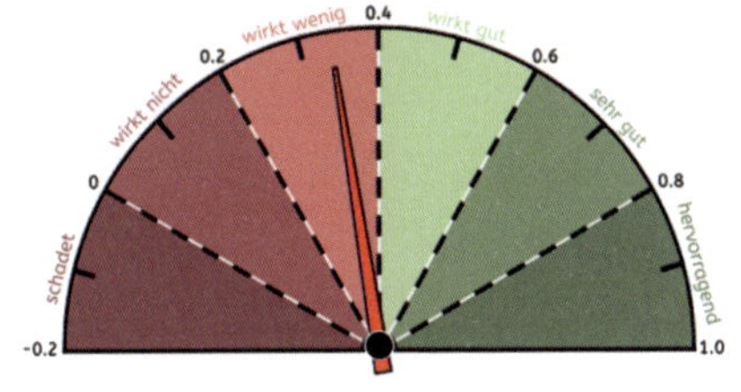

Aussagekraft:	**sehr hoch**
Vertrauensbereich:	± 0.12
Anzahl:	27
Erscheinungsjahr:	2010.48

Effektstärke:

d = 0.34

Nochmals: Es ist nicht die Position, sondern die Art und Weise, wie diese Position mit Leben gefüllt wird. Um eine erfolgreiche instruktionale Schulleitung zu sein, ist es sicherlich auch wichtig, Elemente einer transformationalen Schulleitung vorzuleben. Beide Perspektiven sind folglich miteinander zu verbinden: ein Klima des Vertrauens und der Zusammenarbeit einerseits und ein Klima der Herausforderung und der Rückmeldung andererseits. Wir sprechen daher auch von einer „kollaborativ-evaluativen Schulleitung". Gelingt es einer Schulleitung, durch ihr Agieren für eine gemeinsame Vision zu sorgen, für ein gemeinsames Verständnis von einer guten Schule, für ein gemeinsames Verständnis von Unterrichtsqualität, dann entsteht ein Wir-Gefühl, das in der Forschung als „Kollektive Wirksamkeitserwartung" bezeichnet wird. In „Visible Learning" erreicht dieser Faktor mit 1,34 eine der höchsten Effektstärken. Er führt vor Augen, wie wichtig es ist, dass sich Kolleginnen und Kollegen nicht nur darüber austauschen, was sie tun. Viel wichtiger ist danach zu fragen, wie und warum sie das, was sie tun, machen, und gemeinsam darüber zu diskutieren, was sie unter Wirksamkeit verstehen (z.B. die Frage klären, was der Lernfortschritt eines Jahres in Relation zu dem Lernaufwand sein soll, wer diese Fortschritte macht und wer nicht, und was das für Bildungsprozesse bedeutet). Es geht folglich darum, die Gründe für das eigene Denken und Tun sichtbar zu machen, sich auf eine gemeinsame Zielsetzung zu verständigen und jeden Tag, in jedem Unterricht, bei jedem Lehrer-Schüler-Gespräch diesen gemeinsamen Wertekosmos zu leben, zu überprüfen und weiterzuentwickeln. Bei der in der Praxis häufig gestellten Frage, wie viele Lehrpersonen im Kollegium anfänglich zu gewinnen sind, um Schule und Unterricht weiterzuentwickeln, liefert die Forschung ein ermutigendes Ergebnis: Nicht 100 Prozent! Es reicht die kritische Masse, die deutlich darunter liegt, in der Regel bei 50+ Prozent. Entscheidend ist die Rolle der Befürworter im Kollegium. Hat eine Schulleitung die wichtigen Gruppensprecher für eine Innovation gewonnen, läuft die Sache meist von alleine.

Fasst man die bisherigen Überlegungen zum Bereich „Schule" zusammen, so zeigt sich ein klarer Befund: Strukturelle Veränderungen allein bewirken wenig. Sie bedürfen der Umsetzung durch die Lehrpersonen und bleiben ohne diese wenig wirkungsvoll.

Kernbotschaft:

Strukturelle Veränderungen auf der Ebene der Schule alleine bewirken wenig. Sie können erst ihre Wirkung erzielen, wenn die Lehrpersonen die Strukturen zum Leben erwecken und ihr Handeln darauf abstimmen. Schulleitungen nehmen im Hinblick auf die Belebung von Strukturen eine Schlüsselrolle ein: Von ihnen hängt es ab, wie strukturelle Maßnahmen in ein Kollegium getragen werden. Sie können durch Impulse die Entwicklung von Haltung und Einstellung anregen. Und ihr Leitungsstil hat großen Einfluss auf das Klima, das an einer Schule herrscht.

Nun zum Bereich „**Klassenraum**“:

Definition:

Unter dem Bereich „Klassenraum“ werden all jene Faktoren zusammengefasst, die strukturelle und formale Merkmale auf der Klassenebene beschreiben.

Im Folgenden werden drei Faktoren näher erläutert, die bildungspolitisch immer wieder Kontroversen hervorrufen:

Nicht-Versetzung

Nicht-Versetzung ist ein Faktor mit einem bemerkenswerten negativen Effekt: -0,30 bei hoher Aussagekraft. Sie ist in vielen Ländern verankert und wird schon lange praktiziert. Insofern sind aus begrifflicher Sicht keine Bedenken gegenüber einer Übertragung der Ergebnisse auf den deutschen Sprachraum anzustellen. Zweifelsfrei führt das Zurückhalten eines Schülers in der Regel zu einer geringeren Leistung und erhöht die Wahrscheinlichkeit, dass der Schüler die Schule verlässt. Was diese Lernenden brauchen, ist nicht mehr von den gleichen Lehrplänen, den gleichen Aufgaben und den gleichen Erfahrungen. Was sie brauchen, muss etwas anderes sein! Sie brauchen einen

Klassenraum

Nicht-Versetzung

Rang: 351/362

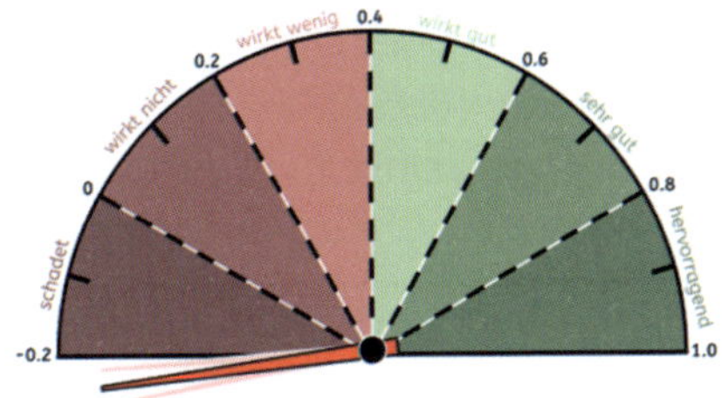

Effektstärke:

d = -0.3

Aussagekraft:	**hoch**
Vertrauensbereich:	± 0.14
Anzahl:	9
Erscheinungsjahr:	1993.78

Unterricht, der ihnen Lernerfolge ermöglicht, der sie motiviert, herausfordert und immer wieder anspornt, sich anzustrengen und einzubringen. Es geht nicht nur darum, sie fachlich zu fordern und fördern, sondern auch darum ihre Haltung zum Lernen zu verändern. Sie zurückzuhalten, lädt sie oft nur ein, die Arbeit erneut zu erledigen – mit den gleichen Ergebnissen.

Die öffentlichen Bildungsdiskussionen laufen daher regelmäßig quer und der Kern der Ergebnisse bleibt somit häufig verschlossen: Strukturelle Maßnahmen müssen durch konkrete Handlungen aller Beteiligten begleitet werden. Anschaulich wird dies am komplementären Faktor: „Akzeleration". In Studien zu diesem Faktor wird untersucht, welchen Einfluss beispielsweise das Überspringen einer Klasse auf die schulische Leistung begabter Schülerinnen und Schüler hat. Dieses Verfahren gibt es auch in Deutschland, wird jedoch selten eingesetzt. Der Effekt ist allerdings mit 0,53 sehr hoch. Was ist der Grund für diesen Leistungszuwachs? Auf den ersten Blick scheint eine strukturelle Maßnahme den erwünschten Erfolg herbeigeführt zu haben. Auf den zweiten Blick wird jedoch ersichtlich, dass es nicht die strukturelle Maßnahme alleine war, sondern der daraus folgende Unterricht: Begabte Schülerinnen und Schüler können durch das Überspringen einer Klasse einen Unterricht erhalten, der besser zu ihrer Leistungsfähigkeit passt, der sie besser motiviert und der sie besser herausfordert – wohlgemerkt können, was der große Vertrauensbereich von ± 0,27 vor Augen führt. Insofern bleibt auch hier der Schluss entscheidend: Das Überspringen einer Klasse ist eine strukturelle Maßnahme, die erst von Menschen zum Leben erweckt und optimal genutzt werden kann.

Offene Klassenzimmer

Viele sehen in diesem Faktor die Entsprechung zum deutschsprachigen Begriff des offenen Unterrichts. Das ist falsch. Nicht umsonst werden in „Visible Learning" die „offenen Klassenzimmer" dem Bereich „Klassenraum" zugeordnet. Es geht in diesem Faktor vornehmlich um strukturelle Veränderungen. Beispielsweise wurde untersucht, was passiert, wenn in Klassenzimmern die frontale Sitzordnung zugunsten von Gruppenarbeitstischen aufgelöst wird oder wenn Lese-, Arbeits- und Erholungsecken eingerichtet werden. Auch wenn die empirische Grundlage im Vergleich zu anderen Faktoren älter ist, das Ergebnis mit einer Effektstärke von 0,02 basiert auf einer hohen Aussagekraft und ist eindeutig: All diese Maßnahmen haben keinen Einfluss auf die schulische Leistung der Lernenden, weil Lehrpersonen allein durch diese Veränderung der äußeren Rahmenbedingungen nicht automatisch ihren Unterrichtsstil ändern. Sie unterrichten also unabhängig von den räumlichen Gegebenheiten nach ihren Gewohnheiten weiter. Lassen sich Lehrpersonen demgegenüber auf diese neuen Rahmenbedingungen ein und beginnen, ihren Unterricht „neu" zu denken, so können viele Innovationen den Unterricht bereichern.

Klassenraum

Offene Klassenzimmer

Rang: 324/362

Aussagekraft:	**hoch**
Vertrauensbereich:	± 0.09
Anzahl:	4
Erscheinungsjahr:	1980.5

Effektstärke:

d = 0.02

Inklusive Beschulung

Mit dem Inkrafttreten des Übereinkommens über die Rechte von Menschen mit Behinderung im Jahr 2008 hat die Frage nach einer inklusiven Schule weltweit an Beachtung gewonnen. Zwar gab es bereits vor diesem Datum Versuche und Bemühungen, Schule und Unterricht inklusiv zu denken, aber erst mit dieser UN-Konvention mussten die Unterzeichnerländer aktiv werden. Bis heute halten die Diskussionen dazu an. Diese umspannen rechtliche Fragen ebenso wie begriffliche Überlegungen und gesamtgesellschaftliche Forderungen nach sozialer Gerechtigkeit. So überrascht es nicht, dass empirische Forschungsergebnisse ebenfalls diskutiert werden. In „Visible Learning" erreicht der Faktor „Inklusive Beschulung" eine Effektstärke von 0,26 bei einer hohen Aussagekraft – insgesamt liegen mittlerweile elf Meta-Analysen vor, die über 300 Studien aus den letzten 40 Jahren umfassen. Trotz der damit verbundenen Vielzahl an Forschungsergebnissen sind nicht alle Fragen geklärt, zumal der Begriff „Inklusion" eine große Bandbreite an Förderbedarfen, Unterstützungsansätzen und Zieldimensionen mit sich bringt. Blickt man allein auf die Lernleistungen der Schülerinnen und Schüler, so ist festzuhalten, dass Lernende mit Förderbedarf ebenso wie Lernende ohne Förderbedarf von einer inklusiven Beschulung profitieren können. Voraussetzung dafür ist neben den personellen Ressourcen vor allem ein durchdachtes pädagogisches Konzept, wie es beispielsweise im Faktor „Reaktion auf Intervention“ mit einer Effektstärke von 1,12 angedacht ist.

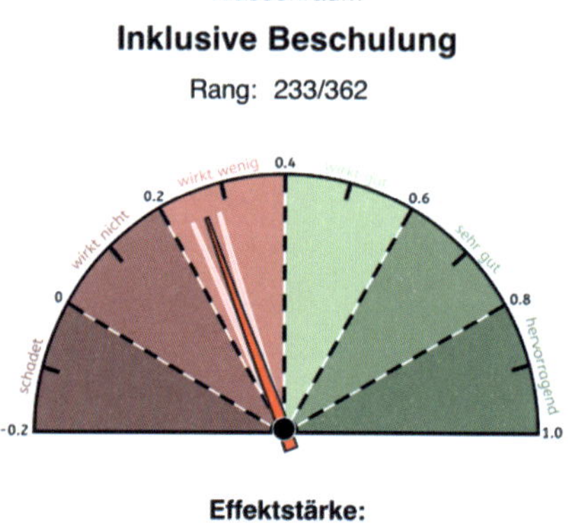

Aussagekraft:	hoch
Vertrauensbereich:	± 0.12
Anzahl:	11
Erscheinungsjahr:	2004.55

Klassengröße

In den meisten Studien zu diesem Faktor werden die Effekte der Reduzierung der Klassengröße, beispielsweise um 5 oder 10 Lernende, auf die schulische Leistung untersucht. Vom Begriff her gesehen, ist damit eine Übertragung der Ergebnisse auf den deutschsprachigen Raum möglich. Die Datengrundlage ist mittlerweile groß und ermöglicht eine hohe Aussagekraft. Insbesondere liegt eine Reihe von deutschsprachigen Studien vor, die zu ähnlichen Resultaten kommen. Die Effektstärke von 0,13 ist gering und überrascht. Denn fast jeder, den man diesbezüglich fragen würde, würde die Antwort geben: Die Reduzierung der Klassengröße wirkt sich positiv auf die Lernleistung aus. Wie kommt das Ergebnis zustande? In den Untersuchungen wurde mit hoher Übereinstimmung festgestellt, dass allein die Reduzierung der Klassengröße nur einen geringen Unterschied ausmacht, weil Lehrpersonen durch diese Maßnahme ihr Handeln nicht automatisch ändern. Sie nutzen beispielsweise die kleinere Schüleranzahl nicht von selbst, um besseres Feedback zu geben, um mehr Gespräche mit den Lernenden zu suchen, um die Lernenden stärker in den Unterrichtsprozess miteinzubeziehen. Der Schluss aus diesen Überlegungen ist nicht, dass eine Reduzierung der Klassengröße nichts bringt – der Effekt ist gering, aber positiv. Ebenso wenig erscheint es sinnvoll, zu folgern, die Klassengröße erhöhen zu wollen. Vielmehr wird deutlich: Solange Lehrpersonen veränderte Strukturen nicht aufgreifen, bleiben diese nahezu wirkungslos.

Klassenraum

Klassengröße

Rang: 290/362

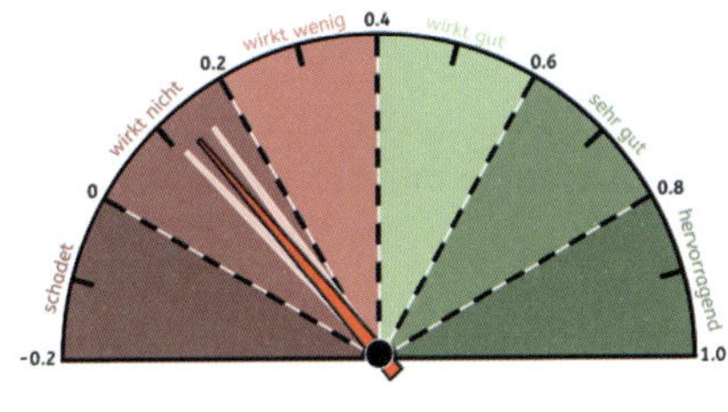

Aussagekraft:	**hoch**
Vertrauensbereich:	± 0.07
Anzahl:	8
Erscheinungsjahr:	2009.38

Effektstärke:

d = 0.13

Folgt man diesen Überlegungen und zieht daraus eine Schlussfolgerung, so lässt sich formulieren:

KERNBOTSCHAFT:

Strukturelle Veränderungen auf der Ebene des Klassenraumes alleine bewirken wenig. Sie können erst ihre Wirkung erzielen, wenn die Lehrpersonen die Strukturen zum Leben erwecken und ihr Handeln darauf abstimmen.

Abschließend zum Bereich „**Curricula**“:

Definition:

Unter dem Bereich „Curricula“ werden all jene Faktoren zusammengefasst, die auf fachlicher Ebene didaktisch-methodische Programme zur Förderung der Lernleistung umsetzen.

An drei Faktoren wird nachstehend erläutert, worauf bei curricularen Programmen zu achten ist:

Nutzung von Taschenrechnern

Als die ersten Taschenrechner auf den Markt kamen und sich damit die Möglichkeit eröffnete, auch den Mathematikunterricht zu verändern, vielleicht sogar zu revolutionieren, gab es große Diskussionen, die zwischen Euphorie und Apokalypse anzusiedeln waren – ähnlich der Auseinandersetzung hinsichtlich einer Digitalisierung im Bildungsbereich. Rückblickend könnten Skeptiker für sich in Anspruch nehmen, Recht gehabt zu haben: Eine Effektstärke von 0,23 basiert auf einer hohen Aussagekraft und bleibt deutlich unter dem Umschlagpunkt von 0,4. Allerdings lohnt ein detaillierter Blick auf die Daten.

Curricula

Nutzung von Taschenrechnern

Rang: 245/362

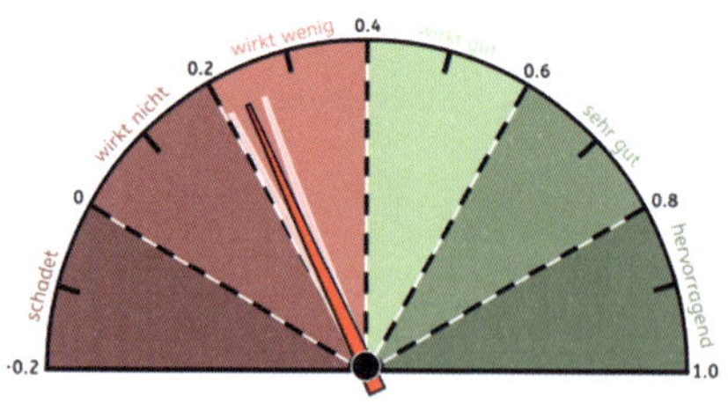

Aussagekraft:	**hoch**
Vertrauensbereich:	± 0.11
Anzahl:	5
Erscheinungsjahr:	1997.8

Effektstärke:

d = 0.23

Denn es zeigt sich, dass Taschenrechner durchaus ihren Sinn und Zweck erfüllen können. Dies ist beispielsweise dann der Fall, wenn durch ihren Einsatz die kognitive Belastung auf Seiten der Lernenden reduziert wird, um sich stärker dem eigentlichen Problem zu widmen und es dann auch erfolgreich zu lösen, oder wenn sie im Rahmen einer Selbstkontrolle zur Anwendung kommen. Beides zusammen führt nachweislich zu einer positiveren Einstellung gegenüber Mathematik. Als reines Ersatzangebot für ein rechnerisches, logisches und räumliches Denken zeigt sich die Nutzung von Taschenrechnern als problematisch.

Erlebnispädagogik

Programme, die zu diesem Faktor gezählt werden, sind beispielsweise mehrtägige Zeltlager und Schullandheimaufenthalte. Sie erreichen mit einem Wert von 0,49 eine hohe Effektstärke. Die vier Meta-Analysen, die in „Visible Learning" ausgewertet werden, nehmen zwar nur Studien aus den USA und Australien in den Blick, dennoch ist die Aussagekraft hoch und eine Übertragung der Ergebnisse auf Deutschland erscheint möglich, weil es auch hier entsprechende Programme gibt. Die Effekte sind auf alle untersuchten Bereiche positiv: auf mathematische, naturwissenschaftliche und sprachliche Kompetenzen, auf soziale Kompetenzen, auf das Selbstkonzept und auf die Motivation. Und noch eine Besonderheit von erlebnispädagogischen Maßnahmen: Sie haben so genannte Nachläufer-Effekte und können ihren Einfluss über die Maßnahme hinaus beibehalten.

Curricula

Erlebnispädagogik

Rang: 121/362

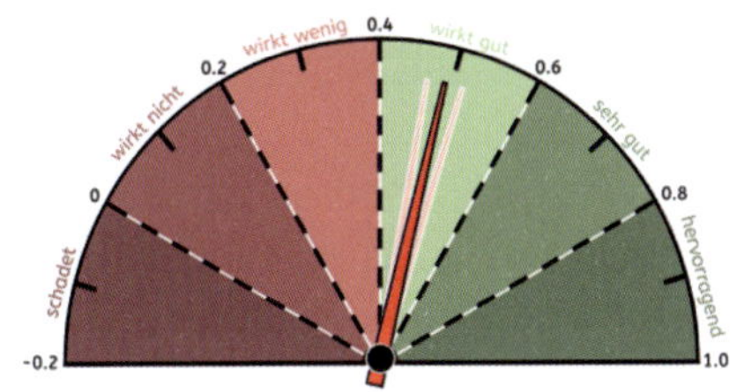

Aussagekraft:	**hoch**
Vertrauensbereich:	± 0.17
Anzahl:	4
Erscheinungsjahr:	2000.25

Effektstärke:

d = 0.49

Das ist in der Erziehungswissenschaft selten. Meistens tritt ein so genannter Verwaschungseffekt ein, demzufolge nach einer gewissen Zeit der Einfluss einer Maßnahme nicht mehr nachgewiesen werden kann. Dieser Verwaschungseffekt lässt sich beispielsweise beim Faktor „Frühkindliche Förderung" feststellen: Am Ende der vierten Jahrgangsstufe kann man nicht mehr sagen, wer von den Kindern in einer KiTa war. Was sind die Gründe für die nachhaltigen Effekte erlebnispädagogischer Maßnahmen? Ein Grund ist in der Klarheit zu sehen: Erfolgreiche Programme in diesem Bereich zeichnen sich dadurch aus, dass sowohl für die Lernenden als auch für die Lehrpersonen die Ziele, die Inhalte, die Methoden und die Medien bewusst und nachvollziehbar, konkret und umsetzbar sind. Ein zweiter Grund ist in der Lehrer-

Schüler- und Schüler-Schüler-Beziehung zu sehen, die durch gemeinsame Aktivitäten in einem anregungsreichen Umfeld gefördert werden. Kooperationen sind notwendig und Vertrauen wird aufgebaut. Zwei Schlussfolgerungen hieraus: Erstens sind diese beiden Gründe auf alle strukturellen, curricularen und unterrichtlichen Aspekte übertragbar. Sie sind unabdingbar für erfolgreiches Lernen. Zweitens ist der Vergleich dieses Faktors mit strukturellen Maßnahmen, wie beispielsweise der weiter oben angesprochenen Ganztagsschule, interessant. Zieht man eine Aufwand-Nutzen-Kalkulation hinzu, so ist das Ergebnis eindeutig: Erlebnispädagogische Maßnahmen erzielen weitaus größere Effekte und sind noch dazu um einiges kostengünstiger.

Umfangreiches didaktisches Lese-Begleitmaterial

Dieser Faktor ist allein schon wegen seiner Statistik spannend: Auf der einen Seite erreicht er mit einer Effektstärke von 0,85 einen der höchsten Werte in „Visible Learning" und lässt aufhorchen. Auf der anderen Seite sind es 18 Meta-Analysen aus über 30 Jahren, die für eine sehr hohe Aussagekraft der Synthese sorgen. Was ist unter diesem Faktor zu verstehen und was sind seine Gelingensbedingungen? Im Zentrum dieses curricularen Programms stehen kommentierte Lehrpläne, detaillierte Unterrichtsverläufe und vielfältiges Begleitmaterial, beispielsweise Arbeitsblätter für den Unterricht oder Leistungserhebungen zur Evaluation. Allerdings kann dieses Ergebnis nur so gut sein wie der Prozess – und hierbei trennt sich die Spreu vom Weizen:

Sind es Teams, die intensiv diskutieren, die Wirksamkeit der eigenen Entwürfe ins Zentrum rücken und immer wieder hinterfragen, so wird das Ergebnis von einer Evidenzbasierung einerseits und einer gemeinsamen Vision von Unterrichtsqualität andererseits getragen. Sind es demgegenüber Teams, die die Entwicklung dieser Materialien als lästige Pflicht empfinden, die zu erfüllen ist, so wird das Resultat die notwendige Tiefe im didaktischen und empirischen Durchdringen vermissen lassen. Insofern zeigt sich an diesem Faktor, dass curriculare Programme für sich alleine genommen wenig Wirkung erzeugen können. Wenn es dank ihnen aber gelingt, Menschen ins Gespräch zu bringen, den Austausch über Unterrichtsqualität anzuregen und das Suchen nach Evidenz für das eigene Denken und Handeln zu initiieren, dann können sie einflussreich sein.

Curricula

Umfangreiches didaktisches Lese-Begleitmaterial

Rang: 24/362

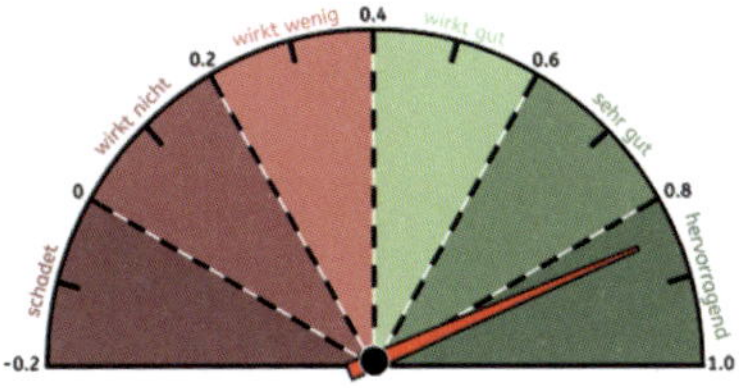

Aussagekraft: sehr hoch

Vertrauensbereich: ± 0.27

Anzahl: 18

Erscheinungsjahr: 2008.61

Effektstärke:

d = 0.85

Welche Kernbotschaft lässt sich daraus für den Bereich „Curricula“ ableiten und in welchem Zusammenhang steht diese mit der Lehrperson? Der Erfolg curricularer Programme hängt in entscheidendem Maß vom Grad der Strukturierung und Klarheit ab und den daraus resultierenden Möglichkeiten der Umsetzung für die Lehrpersonen. Dies gilt unabhängig vom Inhalt, so dass gefolgert werden kann: Das Wie ist hier wichtiger als das Was. Für sich alleine genommen bewirken curriculare Programme also wenig. Sie müssen durch Lehrpersonen zum Leben erweckt werden.

KERNBOTSCHAFT:

Der Einfluss curricularer Programme auf die schulische Leistung der Lernenden kann groß sein. Er ist abhängig von der Möglichkeit, wie Lehrpersonen damit arbeiten können. Das gilt: Je strukturierter und klarer curriculare Programme sind, desto erfolgreicher lassen sie sich durch Lehrpersonen umsetzen. Das bedeutet nicht, dass Lehrpersonen Sklaven curricularer Programme sein müssen. Aber sie können die Wirksamkeit besser anpassen und überwachen, wenn ausgezeichnete curriculare Programme verfügbar sind.

Besonders deutlich wird dieser Zusammenhang an der Bewertung neuer Lehrpläne durch Lehrpersonen. Diese werden häufig als ein Verwaltungsakt wahrgenommen, der kaum einen Einfluss auf die tägliche Unterrichtsarbeit hat. Um wirksamer zu sein, müssten neue Lehrpläne flankiert werden von konkreteren Handlungsempfehlungen und von Fortbildungen, die die neuen Botschaften bewusst und nachvollziehbar machen. Derzeit gelingt der damit beabsichtigte Wandel allerdings erst, wenn neue Schulbücher auf den Markt kommen. Diese sind konkret genug, beantworten Wie-Fragen, bieten einen klaren unterrichtlichen Rahmen und – was am wichtigsten ist – sie regen die Diskussion über gutes Lehren und erfolgreiches Lernen auf der Basis von Evidenz an.

ZUSAMMENFASSUNG:

Worum geht es in den Bereichen „Schule“, „Klassenraum“ und „Curricula“?
In diesen Bereichen werden schwerpunktmäßig strukturelle und curriculare Maßnahmen untersucht. Dazu gehören beispielsweise auf der Schulebene „Finanzielle Ausstattung“, „Schulgröße“ und „Schulleitung“, auf der Klassenraumebene „Nicht-Versetzung“, „Offene Klassenzimmer“ und „Klassengröße“ sowie auf der Ebene der Curricula „Nutzung von Taschenrechner“, „Erlebnispädagogische Maßnahmen“ und „Umfangreiches didaktisches Lese-Begleitmaterial (Comprehensive Instructional Program)“.

Welchen Einfluss hat die finanzielle Ausstattung auf die schulische Leistung der Lernenden?
Eine finanzielle Grundsicherung ist unabdingbar. Bei allen weiteren Investitionen ist entscheidend, wofür das Geld ausgegeben wird. Dabei sind personengebundene Ausgaben in der Regel wirksamer als Sachausgaben.

Welchen Einfluss hat die Schulgröße auf die schulische Leistung der Lernenden?
Die Schulgröße besitzt bildungsökonomische Relevanz. Aber im Hinblick auf die schulische Leistung der Lernenden ist bedeutsamer als die Schulgröße, wie es einem Kollegium gelingt, innerhalb der bestehenden Strukturen zusammenzuarbeiten. Dies kann in größeren und kleineren Schulen gleichermaßen gelingen.

Welche Rolle spielt die Schulleitung und welche Bedeutung kommt der gemeinsamen Vision von Schule und guten Unterricht zu?
Die Schulleitung spielt eine zentrale Rolle – aber nicht, weil einem Menschen diese Position verliehen wird, sondern wie der Mensch diese Position mit Leben füllt. Kompetenz und Haltung, Menschen zu führen, ist folglich wesentlich und zeigt sich vor allem darin, dass es erfolgreichen Schulleitungen gelingt, eine gemeinsame Vision von Schule und Unterricht oder – anders ausgedrückt – eine kollektive Wirksamkeitserwartung zu entwickeln.

Welchen Einfluss hat die Nicht-Versetzung auf die schulische Leistung der Lernenden?
Sitzenbleiben hat meistens negative Folgen. Der Grund hierfür ist vor allem im Ausbleiben von notwendigen Fördermaßnahmen zu sehen.

Welchen Einfluss hat die Öffnung des Klassenzimmers auf die schulische Leistung der Lernenden?
Die Öffnung des Klassenzimmers hat einen geringen Effekt, weil sich dadurch nicht zwangsläufig das Lehrerhandeln verändert.

Welchen Einfluss hat eine inklusive Beschulung auf die schulische Leistung der Lernenden?
Eine inklusive Beschulung kann einen geringen Effekt auf die Lernleistung von Schülerinnen und Schülern mit und ohne Förderbedarf haben. Voraussetzung dafür sind die nötigen personellen Ressourcen und ein durchdachtes pädagogisches Konzept.

Welchen Einfluss hat die Reduzierung der Klassengröße auf die schulische Leistung der Lernenden?
Die Reduzierung der Klassengröße hat einen gewöhnlichen Schulbesuchseffekt zur Folge. Lernende profitieren davon, aber nicht sehr stark.

Welchen Einfluss hat die Nutzung von Taschenrechnern auf die schulische Leistung der Lernenden?
Die Nutzung von Taschenrechnern hat einen geringen Effekt auf die schulische Leistung der Lernenden. Entscheidend ist in diesem Zusammenhang weniger die Technik als vielmehr die didaktischen Überlegungen, warum der Taschenrechner genutzt werden soll.

Welchen Einfluss haben erlebnispädagogische Maßnahmen auf die schulische Leistung der Lernenden?
Erlebnispädagogische Programme haben einen großen Effekt auf die schulische Leistung der Lernenden. Sie zeichnen sich in der Regel durch Klarheit im Hinblick auf Ziele, Inhalte, Methoden und Medien aus, was einen zentralen Grund für die Wirksamkeit entsprechender Interventionen darstellt.

Welchen Einfluss hat umfangreiches didaktisches Lese-Begleitmaterial auf die schulische Leistung der Lernenden?
Umfangreiches didaktisches Lese-Begleitmaterial kann einen großen Effekt auf die schulische Leistung der Lernenden haben. Tritt dieser ein, dann zeichnen sich diese curricularen Programme durch Klarheit und Strukturiertheit aus und führen dazu, dass sich Lehrpersonen vertieft, reflektiert und evidenzbasiert über ihren Unterricht austauschen.

Welche Kernbotschaft lässt sich daraus im Hinblick auf strukturelle und curriculare Veränderungen ableiten?
Strukturelle und curriculare Veränderungen alleine bewirken wenig. Sie können erst ihre Wirkung erzielen, wenn die Lehrpersonen die Strukturen zum Leben erwecken und ihr Handeln darauf abstimmen. Schulleitungen spielen dabei eine entscheidende Rolle.

Reflexionsaufgabe:

Reflektieren Sie, welcher Unterricht Ihnen am meisten gebracht hat: Waren es offene oder geschlossene Lernformen? Oder war ausschlaggebend, wie es der Lehrperson gelungen ist, den Unterricht zu organisieren und durchzuführen? Oder aber lag der Erfolg einer Unterrichtsstunde darin begründet, wie Sie als Lernender agieren mussten und durften?

Ziele und Inhalte:

In diesem Kapitel werden der Bereich „Unterrichten" anhand der Teilbereiche „Lehrstrategien", „Implementation" und „Lernstrategien" näher betrachtet. Dazu werden exemplarisch Faktoren vorgestellt und diskutiert, um schließlich die Kernbotschaft für diese Bereiche herausfiltern zu können. Wenn Sie dieses Kapitel gelesen haben, dann sollten Sie folgende Fragen beantworten können:

- Worum geht es in den Teilbereichen „Lehrstrategien", „Implementation" und „Lernstrategien"?
- Welchen Einfluss hat Rückmeldung (Feedback) auf die schulische Leistung der Lernenden?
- Welchen Einfluss haben Noten auf die schulische Leistung der Lernenden?
- Welchen Einfluss haben Ziele auf die schulische Leistung der Lernenden?
- Welchen Einfluss hat die Bewertung des Unterrichtsprozesses (Formative Evaluation) auf die schulische Leistung der Lernenden?
- Welchen Einfluss hat Direkte Instruktion auf die schulische Leistung der Lernenden?
- Welchen Einfluss hat Scaffolding auf die schulische Leistung der Lernenden?
- Welchen Einfluss hat Lernen durch Engagement (Service Learning) auf die schulische Leistung der Lernenden?
- Welchen Einfluss hat kooperatives Lernen auf die schulische Leistung der Lernenden?
- Welchen Einfluss hat problembasiertes Lernen auf die schulische Leistung der Lernenden?
- Welchen Einfluss hat der Einsatz von Smartphones und Tablets im Unterricht auf die schulische Leistung der Lernenden?
- Welchen Einfluss hat Flipped Classroom auf die schulische Leistung der Lernenden?
- Welchen Einfluss hat bewusstes Üben auf die schulische Leistung der Lernenden?
- Welchen Einfluss hat die Passung von Lernmethoden und Lernstilen auf die schulische Leistung der Lernenden?
- Welchen Einfluss hat Individualisierung auf die schulische Leistung der Lernenden?
- Welchen Einfluss haben meta-kognitive Strategien auf die schulische Leistung der Lernenden?
- Welche Kernbotschaften lassen sich daraus im Hinblick auf Lehrpersonen und den Bereich „Unterrichten" ableiten?

5 **Wo Lernen sichtbar wird:** Unterricht und Lehr-Lern-Prozesse

Wie schon in „Visible Learning“ aus dem Jahr 2008 ist der Bereich „Unterrichten“ nach wie vor mit Blick auf die Anzahl der Meta-Analysen der am besten erforschte Bereich. Waren es damals 412 Meta-Analysen, sind es heute bereits 1.023. Es überrascht daher nicht, dass auch die Anzahl der Faktoren mit 150 die größte im Vergleich ist. Damit wird sowohl der Überblick über diesen Bereich als auch die exemplarische Auswahl von Faktoren schwierig, aber nicht unmöglich. Hilfreich dafür ist, den Bereich „Unterrichten“ zu unterteilen – was im Zuge der Erweiterung des Datensatzes auf über 2.000 Meta-Analysen geschehen ist – und zwar in folgende drei Teilbereiche:

Erstens der Teilbereich „Lehrstrategien“, unter dem beispielsweise die Faktoren „Feedback (Allgemein)“, „Ziele“ und „Bewertung des Lernprozesses (Formative Evaluation)“ zusammengefasst sind. Infolgedessen geht es hier um Maßnahmen, die aus Sicht der Lehrperson ergriffen werden können, mit dem Ziel, Lehr-Lern-Prozesse zu optimieren. Diese Methoden sind in der Regel unabhängig von Fächern einsetzbar.

Zweitens der Teilbereich „Implementation“, zu dem beispielsweise die Faktoren „Direkte Instruktion“, „Kooperatives Lernen“, „Problembasiertes Lernen“ und „Einsatz von Smartphones und Tablets im Unterricht“ gehören. Folglich stehen Maßnahmen im Fokus, die auf die unmittelbare Interaktion zwischen Lernenden und Lehrperson abzielen.

Und drittens der Teilbereich „Lernstrategien“, unter anderem mit den Faktoren „Bewusstes Üben“, „Passung von Lernmethoden und Lernstilen“ und „Meta-kognitive Strategien“. Diese richten sich im Rahmen des Unterrichts vornehmlich auf die Lernenden und können von hier aus Lernerfolg ermöglichen.

Im Folgenden werden diese drei Teilbereiche vorgestellt, bevor abschließend nochmals umfassend auf den Bereich „Unterrichten“ geblickt wird.

Zunächst zum Teilbereich „**Lehrstrategien**":

Definition:

Unter dem Teilbereich „Lehrstrategien" werden all jene Faktoren zusammengefasst, die aus Sicht der Lehrperson ergriffen werden, um Lehr-Lern-Prozesse zu optimieren.

Im Folgenden werden exemplarisch Faktoren erläutert, die vor allem für den Unterricht folgenreich sind:

Feedback (Allgemein)

Feedback, alltagssprachlich oft als Rückmeldung bezeichnet, ist ohne Schwierigkeiten in den deutschen Sprachraum übertragbar und ohne Zweifel ein besonderer Faktor – nicht nur wegen des starken Effektes von 0,52 bei einer sehr hohen Aussagekraft. Interessant ist darüber hinaus, dass diesem Faktor mit 47 Meta-Analysen und 1.918 Einzelstudien eine der größten Datenmengen zugrunde liegt. Damit zeigt sich Feedback als einer der am besten erforschten Faktoren überhaupt. Dies darf jedoch nicht darüber hinwegtäuschen, dass es durchaus unterschiedliche Forschungsresultate gibt und nicht jede Rückmeldung automatisch wirksam ist.

Lehrstrategien

Feedback (Allgemein)

Rang: 103/362

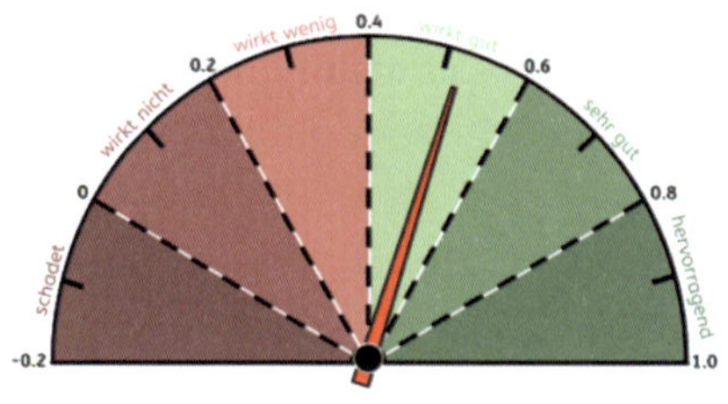

Effektstärke:

d = 0.52

Aussagekraft:	**sehr hoch**
Vertrauensbereich:	± 0.08
Anzahl:	47
Erscheinungsjahr:	1998.64

Welche Art von Feedback hat folglich die starken Effekte auf die schulische Leistung? Lob und Tadel nach dem Motto „Das hast du gut gemacht!“ oder „Das hast du schlecht gemacht!“ sind es nicht. Beide bleiben in ihrer Wirksamkeit begrenzt, weil sie nur auf das Selbst fokussieren und keine näheren Informationen zu den Lernzielen und zum Lernprozess enthalten. Insofern gehören sie zu den schwächsten Formen von Feedback, weil es sogar dem Feedback zur geleisteten Arbeit im Weg stehen kann: Wir erinnern uns an das Lob und ignorieren das Feedback zur geleisteten Arbeit! Auch fehlen Hinweise, wie Schülerinnen und Schüler ihr Lernen selbst steuern und regulieren können. Aber genau diese Informationen sind wichtig und werden von Lernenden am meisten gewünscht. Allerdings gilt auch hier, was bereits allgemein für Feedback festgestellt wurde: Die Auswirkungen von Feedback sind insgesamt zwar groß, aber es gibt eine große Streuung. Die Spreu vom Weizen zu trennen, das ist entscheidend.

Hierfür ist es hilfreich, Rückmeldungen auf vier Stufen zu unterscheiden: Aufgabe, Prozess, Selbstregulation und Selbst. Auch wenn Lehrpersonen häufig Feedback geben, wichtig ist, dieses zu differenzieren. Wenn die Herausforderung auf der Aufgabenebene (z. B. Lerninhalte und Schülervorstellungen) liegt, ist Feedback dort anzusiedeln. Wenn die Herausforderung auf der Prozessebene liegt (z. B. Lehrpersonen, die den Lernenden helfen, Fehler zu beheben, neue Lernmethoden auszuprobieren), dann muss sich Feedback darauf beziehen. Und wenn sich die Herausforderung auf der Ebene der Selbstregulierung befindet (z. B. Lernende, die selbst Fehler erkennen, ihre Arbeit selbst regulieren), dann ist Feedback am besten auf dieser Ebene zu geben. Demgegenüber ist es wenig sinnvoll, Feedback auf das Selbst (z. B. Lob) zu konzentrieren. Des Weiteren zeichnet sich eine erfolgreiche Rückmeldung dadurch aus, dass es auf jeder der dargestellten Ebenen Antworten auf die Fragen gibt: Wohin gehst du? Wie kommst du voran? Wohin geht es als nächstes? In „Visible Learning“ wird in diesem Zusammenhang von „Feed Up“, „Feed Back“ und „Feed Forward“ gesprochen und folgendes Modell abgedruckt:

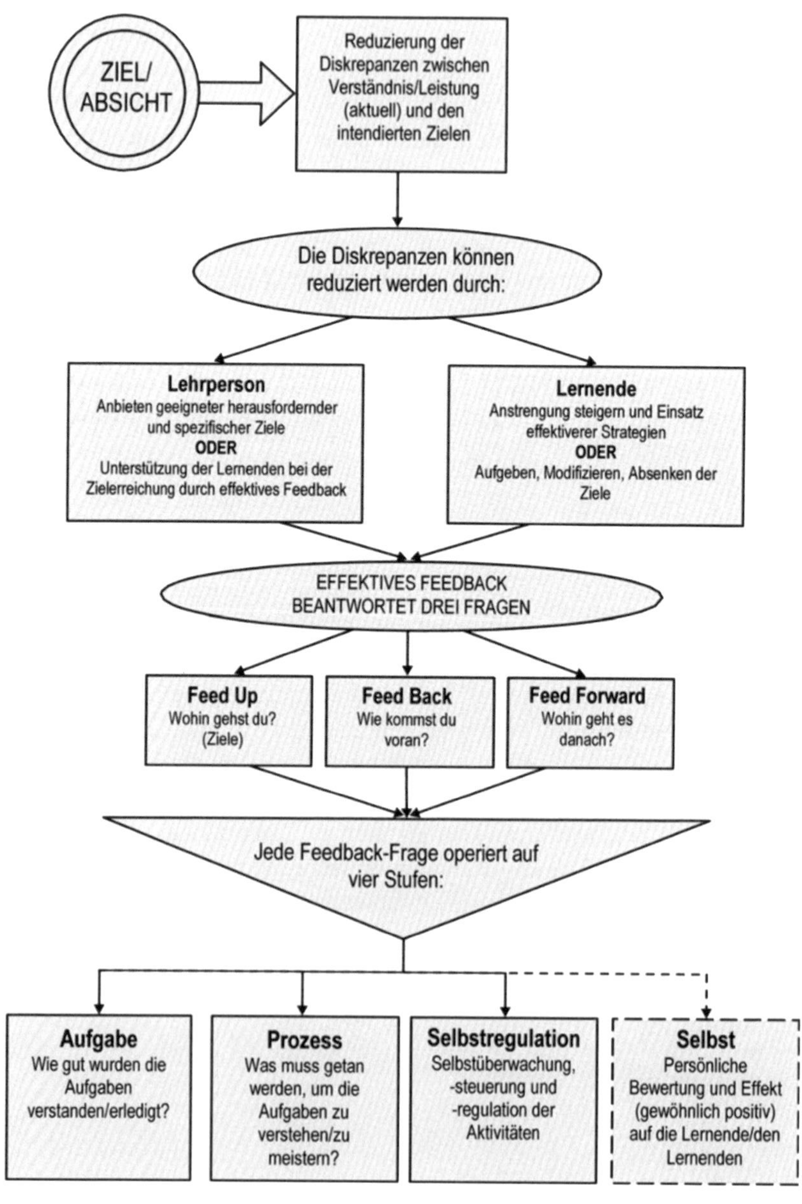
ZIEL/
ABSICHT
Reduzierung der Diskrepanzen zwischen Verständnis/Leistung (aktuell) und den intendierten Zielen
Die Diskrepanzen können reduziert werden durch:
Lehrperson
Anbieten geeigneter herausfordernder und spezifischer Ziele
ODER
Unterstützung der Lernenden bei der Zielerreichung durch effektives Feedback
Lernende
Anstrengung steigern und Einsatz effektiverer Strategien
ODER
Aufgeben, Modifizieren, Absenken der Ziele
EFFEKTIVES FEEDBACK
BEANTWORTET DREI FRAGEN
Feed Up
Wohin gehst du? (Ziele)
Feed Back
Wie kommst du voran?
Feed Forward
Wohin geht es danach?
Jede Feedback-Frage operiert auf vier Stufen:
Aufgabe
Wie gut wurden die Aufgaben verstanden/erledigt?
Prozess
Was muss getan werden, um die Aufgaben zu verstehen/zu meistern?
Selbstregulation
Selbstüberwachung, -steuerung und -regulation der Aktivitäten
Selbst
Persönliche Bewertung und Effekt (gewöhnlich positiv) auf die Lernende/den Lernenden

Rückmeldungen bringen ein großes Potenzial an Veränderung und Verbesserung des Unterrichts mit sich, das mit Blick auf die Aufwand-Nutzen-Relation äußerst günstig ist. Mit kaum einem Faktor lässt sich bei einem vergleichsweise geringen finanziellen Einsatz so viel bewirken. Entscheidend dabei ist, Fehler nicht als etwas Schlechtes oder als etwas zu Vermeidendes zu sehen. Fehler gehören zum Lernen dazu und enthalten wichtige Informationen darüber, wie künftige Lernerfolge erreicht werden können. Und Fehler gehören auch zum Lehren! Rückmeldungen leben von Fehlern! Hält man sich die Evaluation des Unterrichts vor Augen, so zeigt sich, dass ohne Rückmeldung der Schüler diese Aufgabe nicht zu lösen ist: Nur der Schüler kann mitteilen, ob er die Ziele erreicht hat, ob er den Inhalt verstanden hat, ob er die Methoden anwenden konnte, ob er mit den Medien arbeiten konnte, ob die Zeit ausgereicht hat und ob der Raum förderlich gestaltet war. Erst wenn die Lehrperson diese Informationen hat, kann sie die nächste Sitzung sinnvoll planen. Hat sie diese Informationen nicht, läuft sie Gefahr, den Unterricht über die Köpfe der Lernenden hinweg zu planen. Dabei ist die eigene Einschätzung als Lehrperson zum Ablauf und Erfolg des Unterrichts nicht ausreichend. Sie kann vielmehr in die Irre führen: Schülerinnen und Schüler haben gelernt, im Unterricht zu funktionieren und das Spiel zu spielen – sie geben sich umtriebig, zeigen sich interessiert und gaukeln vor, aufmerksam zu sein. Sie machen mit, auch wenn sie nicht mitdenken. Der Grund ist einfach: Sie entgehen damit „Bestrafungen“. Insofern kann ein Unterricht aus Sicht der Lehrperson hervorragend laufen. Aus Sicht der Schüler aber herrscht Langeweile. Damit wird deutlich: Rückmeldungen sind sowohl für die Lernenden als auch für die Lehrpersonen wichtig. Sie sind, genau betrachtet, auf beiden Seiten sogar die wichtigsten Motoren des Lernens und des Lehrens. Nicht nur Schülerinnen und Schüler, sondern auch Lehrpersonen brauchen eine öffentliche und schulische Lernkultur, in der die produktive Rolle von Fehlern genutzt werden kann. Der Umgang mit Fehlern ist als Ausdruck pädagogischer Professionalität zu bewerten – und nicht als Makel. Fehler zu begehen ist kein Problem, sondern im Lernen und Lehren ganz normal. Problematisch hingegen wird es, wenn Fehler nicht reflektiert und insofern wiederholt werden. Am eindrücklichsten hat einer der weltbesten und erfolgreichsten Basketballspieler aller Zeiten, Michael Jordan, den Zusammenhang zwischen Fehlern und Erfolg auf den Punkt gebracht: „Mehr als neuntausend Würfe in meiner Karriere gingen daneben. Ich habe fast dreihundert Spiele verloren. Sechsundzwanzig Mal lag es an mir, den spielentscheidenden Wurf zu machen, und ich habe versagt. Immer und immer und immer wieder bin ich in meinem Leben gescheitert. Und deswegen habe ich Erfolg.“

An dieser Stelle ist noch vor einer Fehlinterpretation zu warnen: Nur weil Lob und Tadel direkt wenig Einfluss auf die schulische Leistung nehmen, sind sie nicht wertlos. Sie haben ihre Berechtigung auf einer anderen Ebene – nämlich dort, wo es um den Aufbau einer Lehrer-Schüler-Beziehung und einer Atmosphäre des Vertrauens und der Geborgenheit geht. Dabei ist wichtig: Sie müssen wohldosiert, also nicht zu oft und nicht zu selten, also zur richtigen Zeit und für den richtigen Zweck eingesetzt werden – aber lassen Sie sich nicht von Lob davon abhalten, den Lernenden auch und vor allem Rückmeldung zu deren Leistung zu geben und sicherzugehen, dass diese auch ankommt und verstanden wird.

Aufgrund der großen Datenlage zum Faktor „Feedback (Allgemein)“ wurde in der aktuellen Fassung von „Visible Learning“ eine Unterteilung in mehrere Einzelfaktoren vorgenommen, die sich an den angestellten Überlegungen orientiert. Dadurch ist ein differenzierterer Blick auf verschiedene Formen von Feedback und daraus resultierende Effekte möglich. Im Detail sind es nachstehende Faktoren:

Rang	Faktor	d	Interpretation	q	Interpretation
23	Feedback (Selbstregulation)	0,86	hervorragend	2,57	hoch
69	Feedback (Kollegen)	0,58	wirkt gut	1,18	eher gering
88	Feedback (Timing)	0,55	wirkt gut	1,47	akzeptabel
103	*Feedback (Allgemein)*	*0,52*	*wirkt gut*	*8,84*	*sehr hoch*
105	Feedback (Lehrperson)	0,52	wirkt gut	5,14	sehr hoch
122	Feedback (Lernende)	0,49	wirkt gut	2,64	hoch
139	Feedback (Technikunterstützung)	0,47	wirkt gut	1,78	hoch
170	Feedback (Formative Evaluation)	0,42	wirkt gut	1,93	hoch
173	Feedback (Aufgabe & Prozess)	0,41	wirkt gut	2,66	hoch
176	Feedback (Peers)	0,41	wirkt gut	1,30	akzeptabel
237	Feedback (Selbst)	0,24	wirkt wenig	1,73	hoch

Der Faktor „Feedback (Formative Evaluation)“ wird im Folgenden näher beleuchtet, weil die Bewertung des Unterrichtsprozesses mithilfe von Schulaufgaben (leider heißen sie nicht in jedem Bundesland so, sondern es ist auch von Klassenarbeiten oder Tests die Rede) immer wieder für Kontroversen in der öffentlichen Bildungsdebatte sorgt.

Feedback (Formative Evaluation)

Die Bewertung des Unterrichtsprozesses (Formative Evaluation) ist eine besondere Form der Rückmeldung. Sie ist von der Bewertung des Unterrichtsergebnisses (Summative Evaluation) im Hinblick auf ihren Nutzen zu unterscheiden: Während die Bewertung des Unterrichtsprozesses versucht, Informationen zu sammeln, um an der konkreten Situation etwas zu verändern, nimmt die Bewertung des Unterrichtsergebnisses das Bildungssystem insgesamt in den Blick, um mittel- und langfristig Veränderungen zu ermöglichen. Beispielsweise lassen sich Schularbeiten als eine Bewertung des Unterrichtsprozesses sehen und PISA & Co. als Bewertung des Unterrichtsergebnisses. Ein Transfer dieses Faktors auf den deutschsprachigen Raum ist somit möglich.

Lehrstrategien

Feedback (Formative Evaluation)

Rang: 170/362

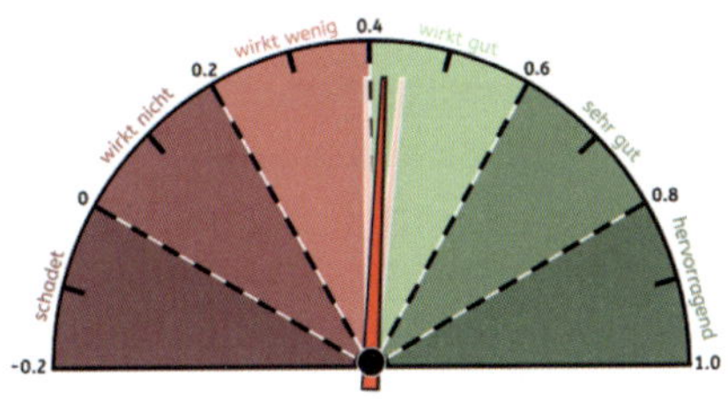

Aussagekraft:	**hoch**
Vertrauensbereich:	± 0.15
Anzahl:	6
Erscheinungsjahr:	2011.17

Effektstärke:

d = 0.42

Die Datengrundlage ist dank einer hohen Aussagekraft eindeutig: Die Bewertung des Unterrichtsprozesses erreicht eine große Effektstärke von 0,42. Am Beispiel der eben angesprochenen Schularbeiten lässt sich dieser Sachverhalt verdeutlichen: Schularbeiten enthalten Informationen über den Lernstand der Schülerinnen und Schüler nach einer gewissen Zeit des Unterrichts. Sie geben damit Auskunft, was die Schülerinnen und Schüler gelernt haben und was nicht, wo Nachholbedarf und Vertiefung notwendig ist und welche Art von Unterricht funktioniert hat. Die Bewertung des Unterrichtsprozesses macht in diesem Sinn Lernen sichtbar.

Schriftliche Bewertung vs. Noten vs. kein Feedback

Ähnlich emotional aufgeladen und gespalten wie die Debatte über den Sinn und Unsinn von Schulaufgaben zeigt sich die Debatte über Sinn und Unsinn von Noten: Auf der einen Seite gibt es Kritiker, die Noten völlig ablehnen und sie für das Grundübel von Schule sehen. Auf der anderen Seite stehen Befürworter, die an der Notengebung festhalten und diese verteidigen, weil sie zur Schule gehören wie die Kinder selbst. Schulpädagogisch betrachtet liegt die Wahrheit wie so oft zwischen den Extremen. Denn aus schultheoretischer Sicht gehört Selektion und Allokation zu den Aufgaben von Schule, junge Menschen also auszuwählen und bestimmten Bereichen zuzuweisen. Gerade eine Leistungsgesellschaft lebt davon und basiert darauf, dass über Arbeitsteilung Prozesse zum Wohl aller optimiert werden.

Wie kann Schule diese Aufgaben nun erfüllen? Noten sind eine Möglichkeit. Dies schließt mit ein, dass man darüber streiten kann, ob Noten, so wie sie gegeben werden, sinnvoll sind. Hier hilft die Empirie, die aufzeigt, dass einiges optimiert werden kann, ohne alles über Bord werfen zu müssen. Zu diesem Zweck wurde die Wirksamkeit von Noten im Vergleich zu schriftlichen Rückmeldungen und keinem Feedback untersucht. Das Ergebnis ist zunächst, dass Noten auf die Lernleistung im Vergleich zu keinen Noten und keinem Feedback mit einer Effektstärke von d=0,25 gering, aber positiv wirken. Zudem konnte gezeigt werden, dass schriftliche Rückmeldungen, die lernzielorientiert sind (nicht Pauschalaussagen oder vorgefertigte Verbalbewertungen wie man sie an Schulen häufig findet!), noch besser wirken. Sie erreichen eine Effektstärke von d=0,30 im Vergleich zu Noten. Aufgrund der Datenlage ist die Aussagekraft der Synthese akzeptabel. Interessant sind die Effekte, wenn Noten mit solchen lernzielorientierten Rückmeldungen kombiniert werden. Findet das gleichzeitlich statt, verhindern Noten die positiven Effekte der schriftlichen Rückmeldung. Findet beides zeitlich versetzt statt, so können beide positiv wirken.

Lehrstrategien

Noten vs. kein Feedback

Rang: 237/362

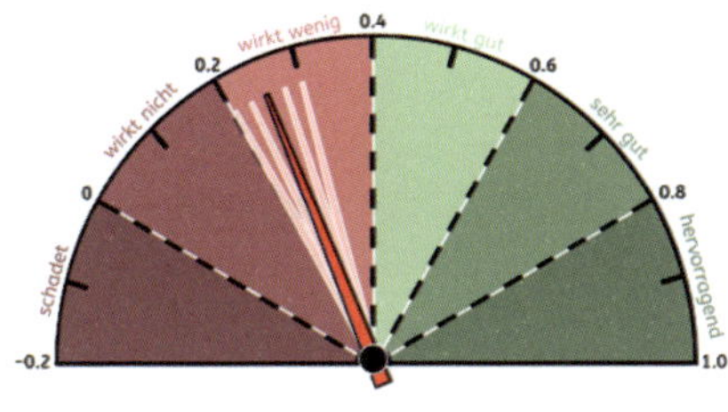

Effektstärke:

d = 0.25

Aussagekraft:	**akzeptabel**
Vertrauensbereich:	± 0
Anzahl:	1
Erscheinungsjahr:	2019

Lehrstrategien

Schriftliche Bewertung vs. Noten

Rang: 221/362

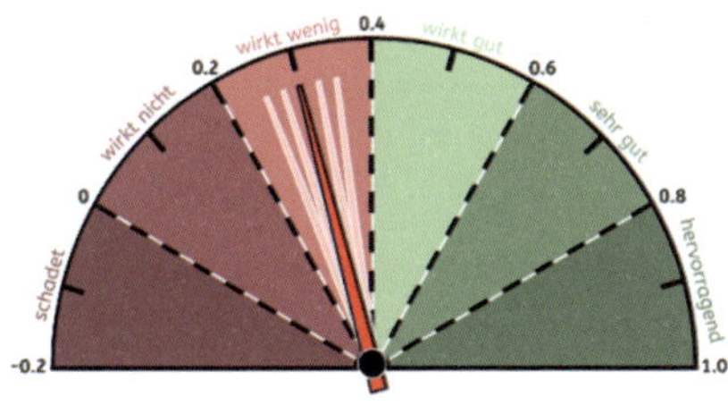

Effektstärke:

d = 0.3

Aussagekraft:	**akzeptabel**
Vertrauensbereich:	± 0
Anzahl:	1
Erscheinungsjahr:	2019

Die Schlussfolgerung liegt auf der Hand: Noten sind wichtig, sie sollten aber nicht das einzige Instrument sein. Noch wirksamer für den Lernprozess des Einzelnen sind lernzielorientierte Rückmeldungen. Diese brauchen Zeit und vor allem Professionalität aufseiten der Lehrpersonen. Eine Verordnung von oben ohne Fortbildung wird nichts bringen. Noten und Rückmeldungen sollten voneinander getrennt eingesetzt werden – dann sind die Effekte für Lernleistung und Lernmotivation am größten. Eine Verteufelung von Noten ist weder aus schultheoretischer Sicht sinnvoll, noch aus empirischer Sicht einfach so zu fordern. Nicht Noten sind das Problem, sondern das, was aus den Noten gemacht wird – von Lehrpersonen, von Eltern und schließlich auch von Lernenden. Dabei ist auch darüber zu diskutieren, ob die Vielzahl an Noten sinnvoll ist oder nicht. Eine Entideologisierung der Debatte hin zu schulpädagogischen Erkenntnissen aus Theorie und Empirie ist wünschenswert.

Ziele

Lehrstrategien

Ziele

Rang: 89/362

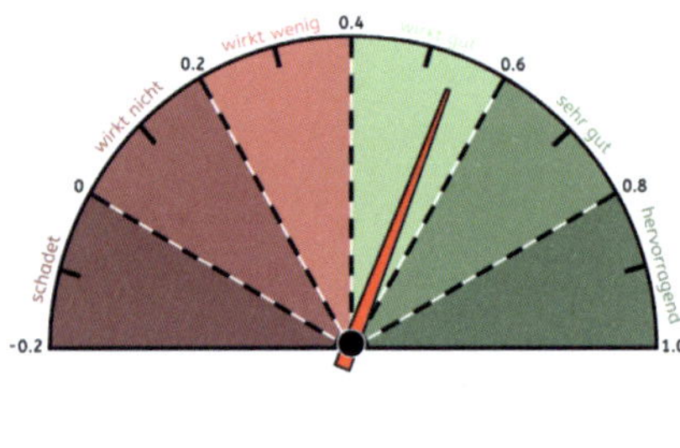

Aussagekraft:	**sehr hoch**
Vertrauensbereich:	± 0.12
Anzahl:	19
Erscheinungsjahr:	1997.68

Effektstärke:

d = 0.54

In „Visible Learning“ erreicht der Faktor „Ziele“ eine Effektstärke von 0,54, die aufgrund jahrzehntelanger Forschung eine sehr hohe Aussagekraft vorweisen kann. Die Ziele des Unterrichts stehen in unmittelbarer Beziehung zu einer Reihe von anderen Faktoren. Allen voran ist der Faktor „Erkenntnisstufen“ zu nennen, der weiter oben erläutert wurde. Dort wurde darauf aufmerksam gemacht, dass Lernprozesse umso erfolgreicher sind, je besser es gelingt, das Vorwissen und die Vorerfahrungen der Lernenden aufzugreifen und als Grundlage für den Unterricht zu nehmen. Insofern sind Ziele auf unterschiedlichen Niveaus zu definieren, worauf weiter unten noch näher eingegangen wird. Wichtig in diesem Zusammenhang ist außerdem, dass mit diesen Zielen nicht die Ziele gemeint sind, die in Lehrplänen zu finden sind. Diese sind nämlich viel zu weit weg von den Lernenden und der konkreten Unterrichtssituation, als dass sie all das, was von guten Zielen erwartet werden muss, erfüllen können – darauf verweist der bei diesem Faktor große Vertrauensbereich. Vor allem die Überlegungen von Robert F. Mager geben Hinweise, was unter guten Zielen zu verstehen ist. Dieser definiert folgende drei Kriterien (vgl. Mager, 1997):

1. Es müssen beobachtbare Verhaltensweisen der Lernenden beschrieben werden, die diese nach Ablauf des Unterrichts beherrschen sollen (z. B. aufschreiben, berechnen, ablesen).
2. Es müssen die Bedingungen genannt werden, unter denen das Verhalten der Lernenden kontrolliert werden soll (z. B. die zugestandene Bearbeitungszeit, die erlaubten oder verbotenen Hilfsmittel, die zugelassene Zusammenarbeit mit anderen Lernenden).
3. Es muss ein Bewertungsmaßstab angegeben werden, nach dem entschieden werden kann, ob und in welchem Ausmaß die Lernenden das Ziel erreicht haben (z. B. die Angabe, wie viele Aufgaben aus der Gesamtmenge richtig gelöst sein müssen).

Dazu fügen wir einen vierten Punkt hinzu: Und es hilft, sie mit den Lernenden gemeinsam zu konstruieren, unter klarer und professioneller Anleitung der Lehrperson.

Damit wird auch deutlich, warum die in pädagogischen Kontexten so häufig zu findende Botschaft „Gib dein Bestes!“ für den Lernprozess wenig hilfreich ist. Viele Lernende leiden sogar darunter, weil sie feststellen müssen, dass „das Beste“ eben nicht gut genug war. „Gib dein Bestes!“ ist viel zu vage, viel zu ungenau und viel zu beliebig, um eine detaillierte und eindringliche Analyse zuzulassen. Wenn beispielsweise ein Läufer sich vornimmt, bei seiner 10-Kilometer-Strecke das Beste zu geben, wie soll er seinen Lauf dann bewerten? Besser wird es sein, wenn er sich eine konkrete Zeit als Ziel setzt und versucht, diese zu erreichen – beispielsweise die zehn Kilometer in weniger als 60 Minuten zu laufen. Infolgedessen zeigt sich auch bei diesem Faktor: Es geht um die Herausforderung, die Schülerinnen und Schüler brauchen, um erfolgreich zu lernen. Und damit ist einer der entscheidenden Punkte von erfolgreichen Zielen angesprochen: Es reicht nicht aus, wenn Lehrpersonen sich Klarheit über die Ziele des Unterrichts verschafft haben. So wichtig diese ist, sie ist nur der erste Schritt. Der zweite Schritt liegt darin, dass diese Klarheit auch auf Seiten der Lernenden besteht und in diesem Sinn sowohl ein Einvernehmen über das weitere Vorgehen erzielt wird als auch die Erfolgskriterien für das Lernen sichtbar gemacht werden. Viele Lernende verstehen schnell den Begriff des „persönlichen Besten“ und er ist ein wirkungsvoller Weg, um ihnen die notwendige Herausforderung bei Zielen näher zu bringen.

Fasst man die bisherigen Überlegungen zum Teilbereich „Lehrstrategien“ zusammen, so zeigt sich, dass keiner der angesprochenen Faktoren von sich aus und immer wirkt. Immer kommt es darauf an, dass Lehrpersonen aus der Kenntnis der Klassensituation und der Lernausgangslage entscheiden, welche Maßnahme zu welchem Zeitpunkt für welche Lernenden im Hinblick auf welches Lernziel zu ergreifen ist – und diese Maßnahme dann auch stetig reflektieren und überprüfen.

Kernbotschaft:

„Lehrstrategien" wirken nicht von sich aus. Sie können erst ihre Wirkung erzielen, wenn Lehrpersonen sowohl die Kompetenz als auch die Haltung haben, passende Methoden vor dem Hintergrund auszuwählen und zu überprüfen, ob sie Lernen vertrauensvoll und wertschätzend, dialogisch und kommunikativ, herausfordernd und anregend sowie im Licht einer positiven Fehlerkultur gestalten.

Nun zum Teilbereich „**Implementation**":

Definition:

Unter dem Teilbereich „Implementation" werden jene Faktoren zusammengefasst, die auf die unmittelbare Interaktion zwischen Lernenden und Lehrperson abzielen.

Erneut werden im Folgenden exemplarisch sieben Faktoren erläutert, die Lernen nachhaltig unterstützen und somit den Unterricht bildungswirksam werden lassen:

Direkte Instruktion

Direkte Instruktion, also eine Form des Unterrichts, in der die Lehrperson klare Ziele verfolgt und die Schülerinnen und Schüler bewusst zur Zielerreichung hinführt, erreicht in „Visible Learning" eine überdurchschnittliche Effektstärke von 0,45 bei einer hohen Aussagekraft. Dieser Faktor hat rückblickend zu einigen Fehlinterpretationen geführt, die allen voran auf begrifflicher Ebene ihre Gründe hatten. Viele setzten ihn mit Frontalunterricht gleich und glaubten, dass „Visible Learning" den Nachweis erbracht hat:

Frontalunterricht ist besser als offener Unterricht. Das ist so nicht richtig und wird deutlich, wenn man den Begriff „direkte Instruktion“ näher betrachtet. Dieser kommt aus dem US-amerikanischen Raum und ist nicht gleichzusetzen mit dem deutschsprachigen Begriff „Frontalunterricht“. Insofern ist eine begriffliche Schwierigkeit gegeben, die geklärt werden muss, bevor eine Übertragung der Ergebnisse aus „Visible Learning“ auf den deutschsprachigen Raum möglich ist. Was ist unter „direkter Instruktion“ zu verstehen? Im Wesentlichen zeichnet sich diese Methode dadurch aus, dass auf Seiten der Lehrperson Klarheit im Hinblick auf Ziele, Inhalte, Methoden und Medien besteht und es der Lehrperson gelingt, ihre Klarheit zur Klarheit der Lernenden werden zu lassen. Letztendlich ist damit ein Unterricht beschrieben, indem sowohl die Lehrpersonen als auch die Lernenden genau wissen, wer was, wann, warum, wie, wo und mit wem zu tun hat. Die Lehrperson „führt“ also auf didaktisch geschickte Weise durch den Unterricht, ohne deshalb die Eigenaktivität der Schülerinnen und Schüler gering zu achten. Von dieser Form des Unterrichts profitieren nicht zuletzt lernschwache Schülerinnen

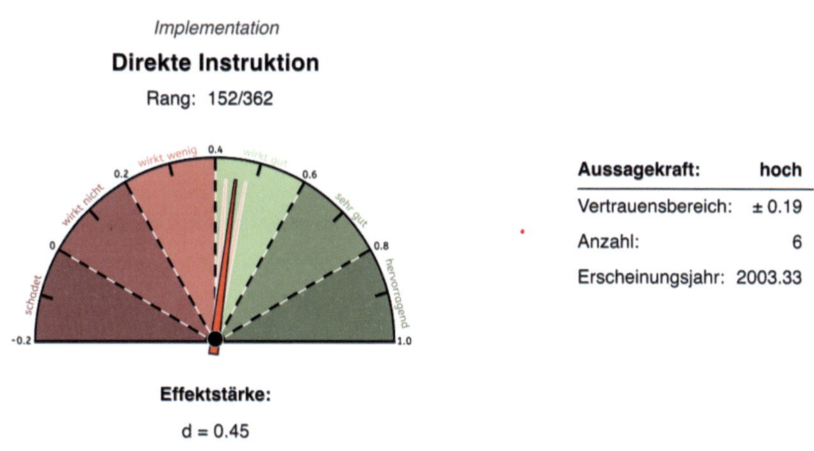

und Schüler, die mehr als andere auf eine klare Orientierung angewiesen sind. All dies kann in einem gut gemachten Frontalunterricht der Fall sein – muss es aber nicht. Und in gleicher Weise kann dies der Fall sein in der Phase einer erfolgreichen Gruppenarbeit. Damit wird deutlich: Es geht nicht um die Auflösung des vor allem in Deutschland leidenschaftlich geführten Methodenstreits zwischen geschlossenen und offenen Unterrichtsformen. Vielmehr geht es um Evidenz: Welche Wirkung hat die Methode auf die Lernleistung und wie kann ich diese Wirkung sichtbar machen? Bei der direkten Instruktion lässt sich beides gut beantworten: Direkte Instruktion ist eine Methode, die große Effekte auf die schulische Leistung ausübt. Sie kann sowohl in geschlossenen als auch in offenen Unterrichtsformen eingesetzt werden und zeichnet sich vor allem durch Klarheit im Hinblick auf Ziele, Inhalte, Methoden, Medien, Raum und Zeit sowohl auf Seiten der Lehrpersonen als auch auf Seiten der Lernenden aus.

Scaffolding

Ähnlich wie der eben besprochene Faktor „Direkte Instruktion" stammt der Faktor „Scaffolding" aus dem englischsprachigen Forschungskontext. Er meint im Kern die Bereitstellung möglichst umfangreicher Hilfestellungen auf der Ziel-, Inhalts-, Methoden- und Medienebene. In diesem Sinn geht es beim Scaffolding darum, Lernenden ein Gerüst („scaffold") zur Verfügung zu stellen, entlang dessen sie erfolgreich lernen können. Die Forschungslage ermöglicht eine akzeptable Aussagekraft und führt in „Visible Learning" bei einer Effektstärke von 0,50 zu einer guten Wirksamkeit. Diese Datenlage lässt Unterschiede in den Konzepten vermuten. Und in der Tat existieren verschiedene Modellierungen, deren gemeinsamer Nenner folgende Punkte umfasst (vgl. Hattie/Zierer, 2020):

1) Bereitstellung einer Aufgabenfolge: Ausgehend von möglichen Problemen beim Erklären und Verstehen des Unterrichtsinhaltes wird eine Aufgabenfolge entwickelt, um den Sachverhalt erschließen zu können.
2) Transparenz der Sinnhaftigkeit des Unterrichtsinhaltes: Dem Lernenden wird dargelegt, warum der zu erschließende Sachverhalt bedeutsam ist und warum dazugehörige Aufgaben zu bearbeiten sind.
3) Kontrolle des Lernprozesses: Obschon die Bearbeitung der Aufgabenfolge von den Lernenden erfolgt, sind in jedem Schritt des Lernprozesses Instruktionen eingebaut, die ein Abweichen vom Lernziel verhindern.
4) Verdeutlichung der Erwartungen: Mithilfe von Fallbeispielen wird den Lernenden verdeutlicht, wann eine Aufgabe gelöst ist und welche Kriterien bei der anschließenden Bewertung wichtig sind.
5) Bereitstellung von Hilfen: Um die Selbststeuerung des Lernprozesses zu unterstützen, werden Materialien angeboten, die Lernende nutzen können, wenn sie nicht mehr weiterkommen.

6) Vermeidung von Unsicherheiten, Überraschungen und Enttäuschungen: Die Aufgabenfolge und das dazugehörige Unterrichtsgespräch werden vor der Anwendung Schritt für Schritt getestet, um mögliche Probleme bereits im Vorfeld auszuschließen und einen maximalen Lernerfolg zu sichern.

Die Herausforderung beim Scaffolding wird so ersichtlich: Auf Seiten der Lehrpersonen ist ein hoher Grad an Professionalität erforderlich, um in allen Phasen eines Scaffoldings bildungswirksam agieren zu können. Entscheidend dabei ist, die Unterstützung in einem steten Abgleich mit dem Lernfortschritt zu halten und darauf anzupassen.

Implementation

Scaffolding

Rang: 117/362

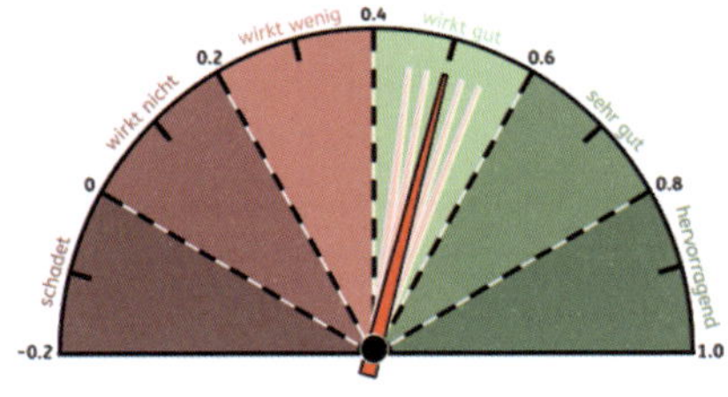

Effektstärke:

d = 0.5

Aussagekraft: akzeptabel	
Vertrauensbereich:	± 0.34
Anzahl:	4
Erscheinungsjahr:	2015

Lernen durch Engagement (Service Learning)

Der Ansatz „Service Learning“ hat seinen Ursprung in den USA. Dort wurde es als Unterrichtsmethode entwickelt und teilweise als fester Bestandteil in die Curricula integriert. Auch in Deutschland hat dieser Ansatz Anklang gefunden und wird in der Regel als „Lernen durch Engagement“ bezeichnet. So findet sich ein Netzwerk, das die einzelnen Aktivitäten in den einzelnen Bundesländern koordiniert. Diese reichen von der Grundschule bis in die Hochschule. Mit Blick auf die akzeptable Forschungslage liefert die Synthese in „Visible Learning“ eine hohe Effektstärke von 0,55 und belegt die gute Wirksamkeit dieses Ansatzes. Die Studien weisen darauf hin, dass Lernende auf mindestens fünf Ebenen profitieren können: Einstellungen zu sich selbst, Einstellungen zur Schule und zum Lernen, bürgerschaftliches Engagement, soziale Kompetenzen und schulische Leistungen. Die Wirksamkeit hängt von bestimmten Merkmalen ab, allen voran von der Verknüpfung mit dem Lehrplan, der Mitsprache der Lernenden, der Einbeziehung des Umfeldes und der Evaluation der Maßnahmen. Vor diesem Hintergrund zeigt sich Lernen durch Engagement als vielversprechender Ansatz, der nicht nur für die schulischen Leistungen geeignet erscheint, sondern auch für den allgemeinen Bildungs- und Erziehungsauftrag von Schule.

Implementation

Lernen durch Engagement (Service Learning)

Rang: 84/362

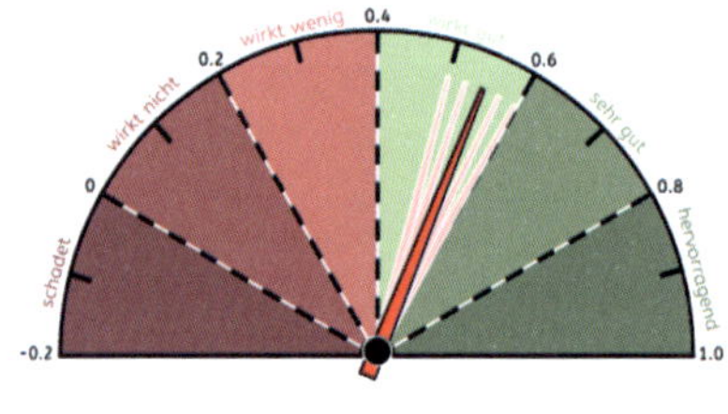

Aussagekraft: akzeptabel

Vertrauensbereich:	± 0.25
Anzahl:	3
Erscheinungsjahr:	2008.33

Effektstärke:

d = 0.55

Kooperatives Lernen

In „Visible Learning" wird das kooperative Lernen, also das Miteinanderlernen, mit dem kompetitiven, also dem Lernen im Wettbewerb, und dem individuellen Lernen, also dem Lernen für sich alleine, verglichen. Die Datenbasis der 27 Meta-Analysen ist der Grundstein für eine sehr hohe Aussagekraft der Synthese und der Transfer in den deutschen Sprachraum ist ohne Schwierigkeiten möglich. Die Effektstärke von 0,50 ist überdurchschnittlich und das Ergebnis eindeutig: Das kooperative Lernen ist den anderen beiden Formen mit Blick auf die schulische Leistung deutlich überlegen („Kooperatives Lernen vs. individualisiertes Lernen" mit d=0,62 und „Kooperatives Lernen vs. kompetitives Lernen" mit d=0,58). Für viele ist damit der Nachweis erbracht, dass der offene Unterricht erfolgreicher ist als der geschlossene.

Implementation

Kooperatives Lernen

Rang: 118/362

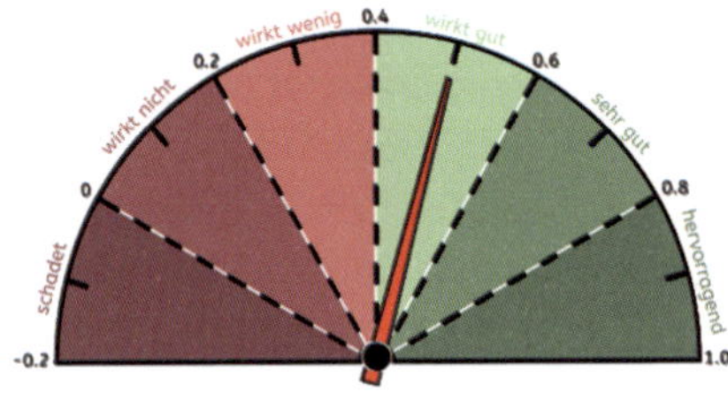

Effektstärke:

d = 0.5

Aussagekraft:	**sehr hoch**
Vertrauensbereich:	± 0.09
Anzahl:	27
Erscheinungsjahr:	2005.3

Aber auch das ist eine Fehlinterpretation und wird deutlich, wenn man die eben angestellten Überlegungen zur direkten Instruktion nochmals heranzieht: Kooperatives Lernen ist nicht gleichzusetzen mit offenem Unterricht und es ist vor allem dann wirksam, wenn Klarheit im Hinblick auf Ziele, Inhalte, Methoden, Medien, Raum und Zeit auf Seiten der Lernenden herrscht – und dieser geht die entsprechende Klarheit auf Seiten der Lehrpersonen voraus. Voraussetzung dafür ist, dass die Schülerinnen und Schüler in Phasen des kooperativen Lernens wissen, worum es geht, was zu tun ist, womit gearbeitet werden soll. Damit wird in besonderer Art und Weise der Einfluss der Lerngruppe auf die schulische Leistung des Einzelnen hervorgehoben. Eine weitere wichtige Schlussfolgerung: Es konnte in Studien nachgewiesen werden, dass die Effektstärke des kooperativen Lernens zunimmt, je älter die Lernenden sind – ein Grund für den Vertrauensbereich bei diesem Faktor. Die Erklärung ist dieselbe wie bei den Hausaufgaben, die auch umso effektiver sind, je älter die Lernenden sind: Kooperatives Lernen will gelernt sein! Jeder, der in einer Grundschule unterrichtet hat, weiß, wie schwer es für Grundschüler ist, sich zu konzentrieren, sich zu melden und ruhig sitzen zu bleiben, geschweige denn miteinander zusammenzuarbeiten. Das soll nicht heißen, dass kooperatives Lernen in der Grundschule damit unsinnig wäre. Ganz im Gegenteil: In der Grundschule kann die Basis dafür gelegt werden, dass kooperatives Lernen in späteren Jahren so erfolgreich sein kann. Dieser Zusammenhang lässt sich übrigens für jede Methode feststellen: Je besser eine Methode von den Lernenden beherrscht wird, desto größer kann ihr Nutzen sein.

Problembasiertes Lernen

„Problembasiertes Lernen“, also das Präsentieren des Lernstoffes mithilfe eines Problems, ist ein Faktor, der in der Tradition einer stärkeren Orientierung an den Lernenden steht und mit 0,42 eine gute Wirksamkeit erscheint. Die Synthese erreicht aufgrund vieler Meta-Analysen über mehrere Jahrzehnte hinweg eine sehr hohe Aussagekraft. Interessanter als diese Zahlen dürfte die Interpretation der Ergebnisse sein: In den Meta-Analysen konnte nämlich nachgewiesen werden, dass problembasiertes Lernen einen hohen Effekt auf die Lernleistung von Schülerinnen und Schülern haben kann, wenn es zum richtigen Zeitpunkt eingesetzt wird. Dieser befindet sich nicht im Bereich des Oberflächenverständnisses, wo problembasiertes Lernen sogar negativ wirken kann, sondern im Bereich des Tiefenverständnisses. Häufig wird problembasiertes Lernen zu früh im Lernprozess implementiert.

Implementation

Problembasiertes Lernen

Rang: 167/362

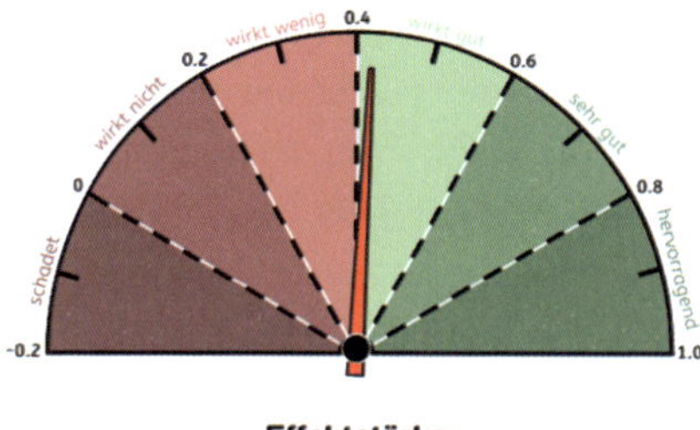

Effektstärke:

d = 0.42

Aussagekraft:	**sehr hoch**
Vertrauensbereich:	± 0.14
Anzahl:	23
Erscheinungsjahr:	2010.61

Damit problembasiertes Lernen also wirken kann, muss auf Seiten der Lernenden ein Grundlagenwissen vorhanden sein, um Aufgaben auf dem Niveau des Transfers und des Problemlösens bewältigen zu können. Und entscheidend dafür ist: Lehrpersonen müssen nicht nur die Kompetenz besitzen, die Lernausgangslage der Schülerinnen und Schüler zu erkennen und dann passende Probleme zu präsentieren. Sie müssen auch die entsprechenden Haltungen mitbringen, Lernende in den Bereich des Tiefenverständnisses zu führen und entsprechend zu motivieren. Die Orientierung an Problemen ist aus didaktischer Sicht ohne Zweifel eine besondere Zugangsweise, weil sie entscheidende Effekte auf eine Fehler- und Feedbackkultur, auf die Selbststeuerung der Lernenden und auf die Aufteilung des Klassenverbandes hat. Ob problembasiertes Lernen wirkt, hängt folglich von mehreren Aspekten ab, und es zeigt sich somit als eine Methode neben vielen, die von der Lehrperson evidenzbasiert einzusetzen sind.

Einsatz von Smartphones und Tablets im Unterricht

Weltweit werden (neue) Medien als Heilsbringer für Bildung verkauft. Und auch in Deutschland drängen Medienunternehmen in das Bildungssystem vor und versprechen Durchbrüche im Lernerfolg: Computer, Internet, Tablets, Whiteboards und Co. – all das, so heißt es, revolutioniert das Lernen. Das Massenmedium heute ist zweifelsfrei das Smartphone. Nahezu jeder Jugendliche besitzt eines und selbst im Kindesalter ist es zunehmend verbreitet. Der Schluss, das Smartphone für Unterrichtszwecke zu nutzen, liegt nahe und wurde in den letzten Jahren zunehmend erforscht. In „Visible Learning" wurden insgesamt acht Meta-Analysen aus den letzten fünfzehn Jahren ausgewertet. Obschon in den Primärstudien eine Reihe von Möglichkeiten aufgezeigt werden, wie Smartphones und Tablets sinnvoll in den Unterricht integriert werden können, die errechnete Effektstärke von 0,27 bleibt bei hoher Aussagekraft der Synthese hinter dem Umschlagpunkt von 0,4 zurück.

Implementation

Einsatz von Smartphones und Tablets im Unterricht

Rang: 197/362

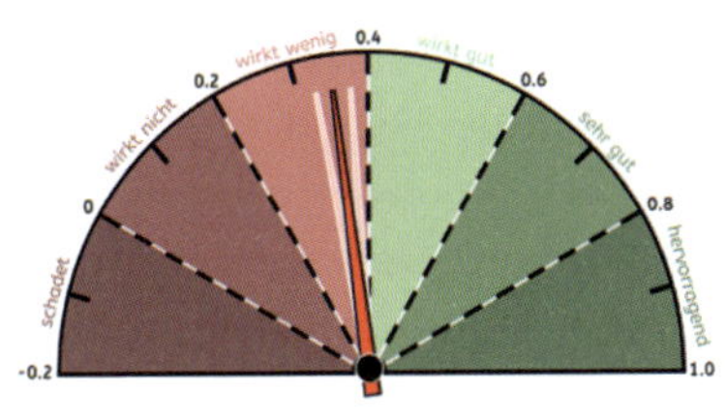

Aussagekraft:	**hoch**
Vertrauensbereich:	± 0.18
Anzahl:	11
Erscheinungsjahr:	2016.27

Effektstärke:

d = 0.35

Chancen für den Lernerfolg ergeben sich beispielsweise, sofern mithilfe von Smartphones und Tablets zusätzliche Informationen gewonnen werden können, die für weitere pädagogische Interaktionen hilfreich sind. Sie können verwendet werden, um Hausaufgaben auszuwerten und um anderen Lernenden oder auch Expertinnen und Experten Fragen zu ihren Aufgaben zu stellen (und für manche Lernende ist es wahrscheinlicher, dass sie über soziale Medien Fragen stellen und Hilfe suchen, als dass sie im Klassenzimmer ihre Hände heben). Des Weiteren zählt auch das Einholen von Feedback über Smartphones und Tablets zu den innovativen Möglichkeiten des Einsatzes digitaler Medien – ob formativ als Rückmeldung zum Unterricht oder summativ als Rückmeldung zum Leistungsstand (vgl. Wisniewski/Zierer, 2017). Dieses Feedback kann von der Lehrperson effizient aufgegriffen und für den folgenden Unterricht genutzt werden. Trotz dieser Möglichkeiten ist aber auch auf die Grenzen von Smartphones und Tablets im Unterricht hinzuweisen, die eindringlich in empirischen Studien offengelegt wurden (vgl. Zierer, 2019): In der Studie „Brain Drain“ von Adrian F. Ward und Kollegen (2017) wird berichtet (und mehrheitlich in Replikationsstudien bestätigt), dass allein die Anwesenheit des Smartphones zu einer verringerten Aufmerksamkeit und dadurch zu einer geringeren Lernleistung führt. Erst wenn sich das Smartphone nicht mehr im selben Raum befindet wie der Lernende, steigen Aufmerksamkeit und Leistungsfähigkeit wieder an. Zudem untersuchen Pam A. Mueller und Daniel M. Oppenheimer (2014) in der Studie „The pen is mightier than the keyboard“, inwiefern sich die Erinnerungsleistung von Studierenden unterscheiden, wenn sie ihre Notizen entweder mit Papier und Bleistift oder am Laptop machen. Das Resultat ist eindeutig und wurde mittlerweile in einer Meta-Analyse bestätigt (vgl. Allen et al., 2020): Sowohl im Hinblick auf einfache Reproduktionsleistungen als auch im Hinblick auf komplexe Transferleistungen schneiden Studierende, die mit Papier und Bleistift ihre Aufzeichnungen anfertigen, besser ab als Studierende, die den Laptop benutzen. Ein Grund dafür wird in der stärkeren kognitiven Durchdringung und Strukturierung des Gehörten gesehen, die bei Studierenden, die mit Papier und Bleistift arbeiten, dazu führt, dass sie wesentlich weniger Wörter niederschreiben. Da mittlerweile Tablets langsam, aber sicher Computer abzulösen scheinen, wird in diesem Zusammenhang das Argument angeführt, dass der Unterschied, wie Notizen gemacht werden können, im Hinblick auf traditionelle Medien und digitale Medien nicht mehr existiert: Genauso gut wie auf Papier lassen sich auf einem Touchscreen handschriftliche Notizen machen. Das ist richtig. Was nun aber mit den Notizen passiert und wie sie Lernende verarbeiten können, ist wiederum nicht unabhängig von der Art des Mediums: In einer umfangreichen Meta-Analyse mit dem Titel „Don’t Throw Away Your Printed Books“ aus dem Jahr 2018 konnten Pablo Delgado und sein Team nachweisen, dass das Lesen von Texten auf Papier lernwirksamer und nachhaltiger ist als das Lesen von Texten auf

Tablets. Insofern gilt: Der Umgang mit Smartphones und Tablets im Unterricht kann nicht nur lernförderlich sein, er kann auch lernhinderlich werden. Er wird damit zu einem zentralen Thema einer Medienbildung. Technik ist in ein pädagogisches Gesamtkonzept einzubetten.

Flipped Classroom

Implementation

Flipped Classroom

Rang: 183/362

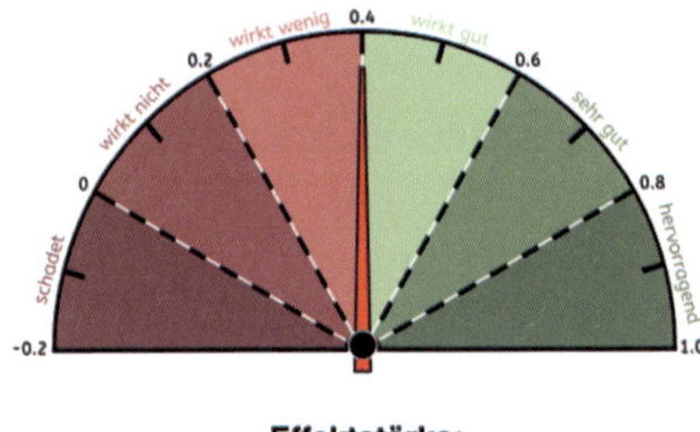

Effektstärke:

d = 0.4

Aussagekraft:	**sehr hoch**
Vertrauensbereich:	± 0.06
Anzahl:	27
Erscheinungsjahr:	2018.81

„Flipped Classroom“ ist für viele die Quintessenz einer erhofften digitalen Revolution. Die in „Visible Learning“ ermittelte Effektstärke liegt bei 0,40 und kann mittlerweile auf 27 Meta-Analysen zurückgreifen. Daraus resultiert eine sehr hohe Aussagekraft. Im Kern werden zwei typische Phasen des Unterrichts räumlich und zeitlich vertauscht – nämlich die Vermittlungs- mit der Vertiefungsphase. Im Deutschen spricht man daher auch vom „umgedrehten Klassenzimmer“. Ergebnis dieser Veränderung ist ein Rollenwechsel für Lehrpersonen, der das Ziel verfolgt, den Umfang der Lehrinhalte in der Unterrichtsstunde zu reduzieren zugunsten einer intensiven Beschäftigung innerhalb der Lehreinheit. Kooperation, Kollaboration, soziale Interaktion und Teamarbeit stehen damit im Zentrum des Unterrichts. Entsprechend ändert sich auch das Rollenverständnis der Lernenden. Die ersten Meta-Analysen, die veröffentlicht wurden, erzeugten aufgrund der hohen Effektstärken Aufmerksamkeit und schienen die Erwartungen zu erfüllen. Beispielsweise werten Cui Tan, Wei-Gang Yue und Yu Fu (2017) 29 Studien aus dem tertiären Bildungsbereich Chinas aus und kommen zu dem Ergebnis, dass ein

„Flipped Classroom“ den Lernenden helfen kann, Wissen, Fähigkeiten, Einstellungen, Selbstlernen, Studienzufriedenheit, kritisches Denken und Problemlösungsfähigkeiten zu verbessern. Sie berichten über alle Aspekte hinweg hohe Effektstärken von d=1,13. Demgegenüber wirken die Ergebnisse, die Li Cheng, Albert D. Ritzhaupt und Pavlo Antonenko (2018) liefern, ernüchternd: Sie analysieren 55 Primärstudien aus westlichen Ländern und kommen lediglich auf eine Effektstärke von d=0,19. Offensichtlich wirkt „Flipped Classroom“ nicht immer. Was ist also der Kerngedanke eines „Flipped Classrooms“ und was sind die Erfolgsbedingungen? In den letzten Jahren wurden viele Formen des „Flipped Classroom“ entwickelt. Insofern sind zahlreiche Möglichkeiten vorhanden, wie und in welcher Form der Unterricht verändert werden kann. Eine einheitliche Strategie gibt es folglich nicht (vgl. Bergmann/Sams, 2014).

Allgemein ist zu beobachten, dass die Effekte in der Grundschule höher sind als in den weiterführenden Schulen. Am geringsten sind sie an Universitäten. Wird „Flipped Classroom“ im Wechsel zu anderen Methode eingesetzt, ist die Wirksamkeit größer, als wenn es die bestimmende Methode über einen längeren Zeitraum darstellt. Auch sind die Effekte in nicht-westlichen Ländern (China) höher als in westlichen Ländern (USA). Und schließlich gibt es keinen Unterschied bei den Effekten mit Blick auf das unterrichtete Fach.

Wirft man einen Blick auf die unterschiedlichen Ansätze in den Phasen des „Flipped Classrooms“, so zeigt sich: In der Vermittlungsphase sind aktivierende Elemente (allen voran Lesen) wirksamer als passive (Videos oder PPT). In der Vertiefungsphase haben jene Methoden höhere Effekte, die Lernende in die Situation bringen, das Gelernte zu zeigen und zu übertragen (Problembasiertes Lernen). Auch Lehrervortrag, der das Vorwissen aufgreift, zum Nachdenken anregt und aufs Wesentliche fokussiert, wirkt aktivierend und hat hohe Effekte. Die geringsten Effekte treten auf, wenn Schülerinnen und Schüler nur das zusammenfassen müssen, was sie bereits gelernt haben (Referate).

Folgt man diesen Forschungsergebnissen, so lässt sich als Hinweise für die Praxis festhalten (vgl. Kapur et al., 2022):

1. Sowohl in der Vermittlungs- als auch in der Vertiefungsphase sind aktivierende Methoden wirksamer als passive Verfahren. Lernende also immer wieder zu motivieren, ihr Vorwissen anzusprechen und in den Austausch zu bringen, sind wesentliche Elemente eines erfolgreichen „Flipped Classrooms“.

2. Die Qualität der Beiträge, die die Lernenden außerhalb des Klassenzimmers erarbeiten sollen, ist nicht unerheblich. Dabei gilt: Wichtiger als das Medium ist die Qualität. Entscheidend sind also Frage, wie z. B.: Wird Motivation erzeugt? Wird das Vorwissen aktiviert? Werden Herausforderungen gesetzt? Bestehen Möglichkeiten der Interaktion?

3. Durch die Auslagerung der Vermittlungsphase erhält der eigentliche Unterricht mehr Zeit und Raum für die Vertiefung des Gelernten. Lernen im „Flipped Classroom" erfordert daher eine konstruktive Fehlerkultur. In dieser dürfen Fehler nicht als Makel, sondern als Motor des Lernens gesehen werden. Jeder Fehler, der in der Vertiefungsphase sichtbar wird, ist ein Hinweis darauf, was Lernende können und noch nicht können. Das erfordert von Lehrpersonen nicht nur eine entsprechende Haltung, sondern auch didaktisch-methodische Fähigkeiten, diese Fehler aufzugreifen und konstruktiv zu nutzen.

4. Lernen im „Flipped Classroom" setzt ein gewisses Maß an Verantwortung seitens der Lernenden voraus. Schülerinnen und Schüler, die sich nicht gründlich vorbereiten und die Vermittlungsphasen nicht gewissenhaft abschließen, können die Vertiefungsphasen nicht effektiv verfolgen. In dieser Hinsicht sind eine intensive, vertrauensvolle und wertschätzende Beziehung zwischen Lernenden und Lehrperson sowie effektive Unterrichtsregeln und Rituale unabdingbar.

5. Lernende müssen über bestimmte Fähigkeiten verfügen, um im „Flipped Classroom" zu lernen. Dazu gehört neben der Gewissenhaftigkeit auch die Fähigkeit zur Selbsteinschätzung. Da Letzteres nicht selbstverständlich ist, muss das „Flipped Classroom" je nach Leistungsniveau der Lernenden Schritt für Schritt eingeführt werden und an dieses angepasst werden.

6. Auf keinen Fall bedeutet „Flipped Classroom", dass sich die Lehrperson im Unterricht auf eine Rolle als Lernbegleiter zurückzieht. Stattdessen muss sie als Change Agent agiert: sie kann und muss individuell unterstützen und gerade in der Vertiefungsphase die Lernprozesse steuern und zusammenführen.

All dies macht deutlich: „Flipped Classroom" ist nicht nur eine Unterrichtsform. Eng damit verbunden ist eine Haltung zum Lernen und Lehren. Infolgedessen verlangt es von allen Beteiligten eine gemeinsame Vision von Unterricht, die oft nicht mit den traditionellen Mustern, Normen und Konventionen übereinstimmt (vgl. Zierer, 2019). Lehrpersonen müssen in der

Lage sein, ihre gewohnte Rolle, in der sie sprechen, zugunsten einer Rolle abzugeben, in der sie zuhören und beobachten – nach David C.D. van Alten und Kollegen (2019) einer der größten Fallstricke.

Angesichts der Tatsache, dass im aktuellen Datensatz von „Visible Learning" eine Reihe von Faktoren enthalten sind, die sich mit der Wirksamkeit von digitalen Medien befassen, soll an dieser Stelle eine Bündelung der Kernbotschaften vorgenommen werden (vgl. zum Folgenden Zierer 2019). Dabei sind folgende Fragen leitend, die im öffentlichen Diskurs eine Rolle spielen: Welchen Einfluss auf den Lernerfolg haben digitalen Medien in Abhängigkeit von 1) der Altersstufe, 2) dem Fach und 3) der Technik?

Zu 1): Die Effektstärken der Faktoren zur Digitalisierung im Primarbereich (d=0,44), Sekundarbereich I (d=0,51) und II (d=0,29) sowie Tertiärbereich (d=0,34) zeigen, dass es weder zu einer steten Zunahme, noch zu einer steten Abnahme der Wirksamkeit kommt. Dies wäre die Voraussetzung, um den Schluss ziehen zu können, dass ein Zusammenhang zwischen der Altersstufe und dem Einfluss einer Digitalisierung auf den Lernerfolg besteht. Ein Beispiel in diesem Zusammenhang stellt der Faktor „Kooperatives Lernen" dar, der mit zunehmendem Alter der Lernenden höhere Effekte erzielt (vgl. Zierer 2014 und Hattie & Zierer, 2017). Die Wirksamkeit von digitalen Medien hängt also nicht ab vom Alter der Lernenden.

Zu 2): Die Faktoren, die sich mit digitalen Medien im Kontext des fachlichen Lernens befassen, liefern das überraschende Ergebnis, dass Digitalisierung in den Naturwissenschaften (d=0,18) und Mathematik (d=0,33) nur geringe Effektstärken erreicht – beides Fächer, die als digitalisierungsaffin bezeichnet werden können. Ebenso gering erscheinen die Werte beim Lesen (d=0,19) und Schreiben (d=0,31): Offensichtlich gibt es in diesen Bereichen Fallstricke des Medieneinsatzes, wie sie am Faktor „Einsatz von Smartphones und Tablets im Unterricht" angesprochen wurden. , zeigt sich beim Lesen nur ein geringer Effekt. Im Vergleich dazu zeigt sich die Effektstärke von 0,55 im Fremdsprachenunterricht als beachtlich. Die Wirksamkeit von digitalen Medien hängt also nicht ab vom Fach.

Zu 3): Es ist eines der hartnäckigsten Argumente in der Diskussion über Möglichkeiten und Grenzen einer Digitalisierung im Bildungsbereich, dass es nur eine Frage der Zeit ist, bis die Technik Lernen revolutioniere. Die Datenlage aus „Visible Learning" legt aber nahe, dass dies kein Automatismus ist. Denn zu den jüngeren Errungenschaften des digitalen Zeitalters gehören „Online Seminare" (d=0,14), „Laptop-Einzelnutzung" (d=0,16), „Clicker" (d=0,21), „Online Lernen" (d=0,33) und „Webbasiertes Lernen" (d=0,34) – allesamt mit geringen Effekten auf den Lernerfolg. Den Faktor mit der höchsten Effektstärke bilden „Interaktive Lernvideos" (d=0,55). Die Wirksamkeit von digitalen Medien hängt also nicht ab von der Aktualität der Medien und der Studien.

Welche allgemeinen Ergebnisse lassen sich angesichts des Einflusses von Altersstufe, Fach und Technik auf die Wirksamkeit des Lernens mithilfe von digitalen Medien nennen? Da in allen drei Aspekten keine Zusammenhänge aus den Daten ableitbar sind, ist davon auszugehen, dass sie nicht entscheidend für den Erfolg einer Digitalisierung sind. Vielmehr weisen diese Ergebnisse bereits in die entscheidende Richtung: Wichtiger als die Altersstufe oder das Fach oder die Technik ist die Frage, wie es der Lehrperson gelingt, digitale Medien in den Unterricht zu integrieren. Und damit rückt die Unterrichtsqualität und insofern die Lehrerprofessionalität ins Zentrum einer bildungswirksamen Digitalisierung im Bildungssystem. Digitale Medien machen aus einem schlechten Unterricht keinen guten. Nur ein guter Unterricht kann davon profitieren.

Fasst man die bisherigen Überlegungen zum Teilbereich „Implementation" zusammen, so zeigt sich auch hier, dass keiner der angesprochenen Faktoren von sich aus und immer wirkt. Infolgedessen kommt es darauf an, dass Lehrpersonen aus der Kenntnis der Klassensituation und der Lernausgangslage entscheiden, welche Maßnahme zu welchem Zeitpunkt für welche Lernende im Hinblick auf welches Lernziel zu ergreifen ist – und diese Maßnahme dann auch stetig reflektieren und überprüfen können.

KERNBOTSCHAFT:

Der Bereich „Implementation" wirkt nicht von sich aus. Entsprechende Faktoren können erst ihre Wirkung erzielen, wenn Lehrpersonen sowohl die Kompetenz als auch die Haltung haben, passende Methoden vor dem Hintergrund auszuwählen und zu überprüfen, ob sie Lernen vertrauensvoll und wertschätzend, dialogisch und kommunikativ, herausfordernd und anregend sowie im Licht einer positiven Fehlerkultur gestalten.

Abschließend zum Teilbereich „**Lernstrategien**“:

Definition:

Unter dem Teilbereich „Lernstrategien“ werden jene Faktoren zusammengefasst, die aus Sicht der Lernenden durchgeführt werden können, um ihren Lernerfolg zu optimieren.

Exemplarisch werden im Folgenden vier Faktoren erläutert, die Lernen nachhaltig unterstützen und somit den Unterricht bildungswirksam werden lassen:

Bewusstes Üben

Auch wenn viele Lernende immer wieder glauben, alles sofort zu können: Es gehört zu den ältesten didaktischen Einsichten, dass Übung für Lernerfolg notwendig ist. Insofern überrascht die hohe Effektstärke von 0,49 nicht. Die akzeptable Aussagekraft der Synthese ist Folge unterschiedlicher Schwerpunktsetzungen in den zugrundeliegenden Meta-Analysen. In diesem Sinn zeigen bereits die Daten, dass nicht jedes Üben erfolgreich ist, sondern es muss ein bewusstes Üben sein. Dieses zeichnet sich durch vier Aspekte aus:

Lernstrategien

Bewusstes Üben

Rang: 120/362

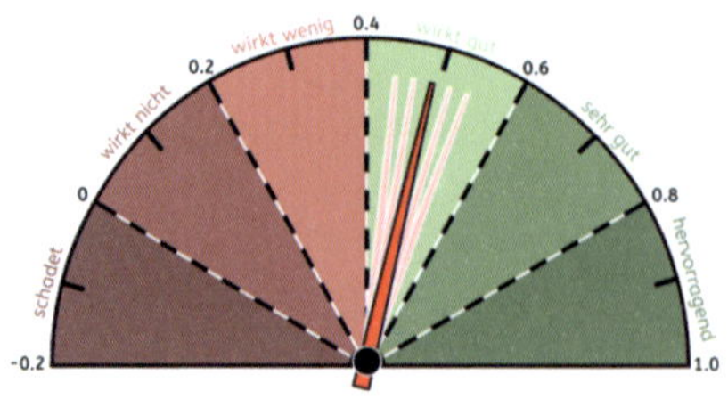

Effektstärke:

d = 0.49

Aussagekraft:	**akzeptabel**
Vertrauensbereich:	± 0.69
Anzahl:	3
Erscheinungsjahr:	2003.67

Erstens ist bewusstes Üben herausfordernd. Es knüpft am Erkenntnisstand der Lernenden an und setzt den Schwierigkeitsgrad so, dass die Aufgaben gerade noch gelöst werden können. Zweitens ist bewusstes Üben vielfältig. Es hat nichts mit einem Drill zu tun, in dem monoton und stupide Sachen wiederholt werden. Das mag zwar auf den untersten Schwierigkeitsgraden hilfreich sein, für ein tieferes Verstehen aber ist Abwechslung in den Aufgaben notwendig. Drittens ist bewusstes Üben regelmäßig. Es gibt zwar unterschiedliche Annahmen, wie oft etwas geübt werden muss, bis es letztlich im Langzeitgedächtnis gespeichert und beliebig abrufbar ist. Unstrittig aber ist, dass Wiederholungen wichtig sind und dass ein zeitlich versetztes Üben effektiver ist als ein geballtes (vgl. dazu den Faktor „Rhythmisiertes vs. geballtes Üben" mit d=0,48). Und viertens ist bewusstes Üben fokussiert. Es ist nicht nebenbei oder zwischendurch zu üben (vgl. dazu den Faktor „Verschachteltes Üben" mit d=0,44), sondern dem Üben ist die ganze Aufmerksamkeit zu schenken. Üben erfordert folglich von den Lernenden Konzentration, Anstrengung und Ausdauer. Das darf gerade im schulischen Kontext nicht vergessen werden – auf dem Sportplatz ist es doch auch eine Selbstverständlichkeit! Der Lehrperson kommt dabei die entscheidende Aufgabe zu, ein bewusstes Üben zu ermöglichen, das vielfältig, herausfordernd und regelmäßig ist. Gelingt ihr dies, ergeben sich eine Reihe von Rückmeldungen: Die Lehrperson erhält beispielsweise Informationen von den Lernenden, was diese verstanden haben und was nicht, und die Lernenden erhalten Hilfestellung von der Lehrperson in Form von ergänzenden Erklärungen.

Passung von Lehrmethoden und Lernstilen

Es ist eines der häufigsten Zitate, die wir als Hochschullehrende in studentischen Arbeiten gelesen haben – erstaunlicherweise findet man es auch in der einen oder anderen Fachliteratur: Lernende behalten 10 Prozent von dem, was sie lesen, 20 Prozent von dem, was sie hören, 30 Prozent von dem, was sie sehen, 50 Prozent von dem, was sie sehen und hören, 70 Prozent von dem, was sie selbst vortragen, und 90 Prozent von dem, was sie selbst ausführen. Das klingt alles plausibel, entbehrt aber jeder empirischen Absicherung: Es gibt keine Studie, die diesen Nachweis liefert. Und bei genauerer Betrachtung wird es diese Studie mit dieser Aussagekraft auch nicht geben können. Denn allein der naheliegende Gedanke, dass es doch auch entscheidend ist, was Lernende lesen, was sie hören, was sie sehen, was sie sehen und hören, was sie vortragen und was sie ausführen, müsste nachdenklich stimmen. Und dennoch: In der empirischen Bildungsforschung hat sich eine längere Forschungstradition etabliert, die zum Ziel hat(te), diese oder ähnliche Prozentangaben herauszufinden – die Verlockung scheint rückblickend zu groß gewesen zu sein, damit Lernen revolutionieren oder vielleicht aber nur jede Menge Geld verdienen zu können. In „Visible Learning" findet sich dementsprechend der Faktor „Passung von Lernmethoden und Lernstilen" mit einer geringen Effektstärke von 0,32. Die Aussagekraft der Synthese ist hoch. Es gibt oft Artefakte, die wir verstehen sollten, wenn die Lernenden einen bestimmten Lernstil bevorzugen und Lehrende den Unterricht darauf abstimmen. Zunächst ist anzuführen, dass auch die entgegengesetzte These, wonach Lernenden genau jener Lernstil anzubieten ist, den sie nicht beherrschen, ähnliche Effekte hervorruft. Und schließlich ist der Zweifel nicht von der Hand zu weisen, wonach ein bestimmter Lernstil nur schwer zu messen ist und die angebliche Trefferquote nicht viel besser ist, als wenn man raten würde. Insofern gibt es keine Verteidigung für die Klassifizierung von Schülerinnen und Schülern in bestimmte Lernstile. Vielmehr sollten wir etwas

Lernstrategien

Passung von Lernmethoden und Lernstilen

Rang: 214/362

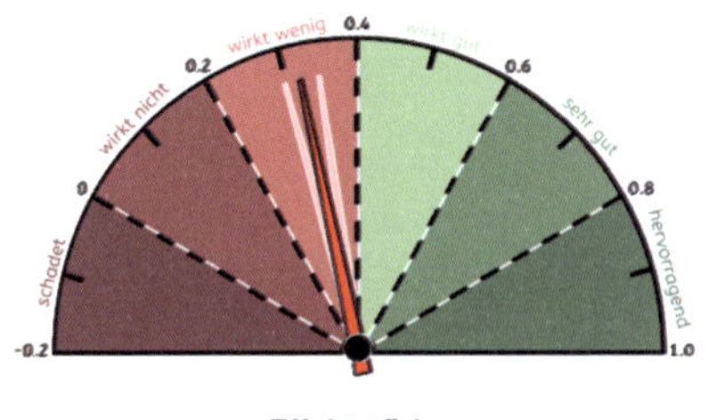

Aussagekraft:	**hoch**
Vertrauensbereich:	± 0.14
Anzahl:	14
Erscheinungsjahr:	2003.36

Effektstärke:

d = 0.32

anderes anstreben: den Lernenden vielfältige Lernstrategien beizubringen, ihnen aufzeigen, wann sie eine bestimmte Lernstrategie anwenden sollten und wie man eine andere Lernstrategie ausprobiert, wenn die erste nicht funktioniert. Auf diesem Weg lernen sie zu verstehen, wie sie lernen und dass es viele Möglichkeiten hierfür gibt. Aber klassifizieren Sie Schülerinnen und Schüler niemals in Lernstile. Wenn man dieser doch langen Forschungstradition eine Kernbotschaft abringen kann, dann dürfte es die folgende sein: Lernen ist umso effektiver, je mehr Freude es bereitet und je mehr Herausforderungen bestehen. Und Freude entsteht nicht in erster Linie, wenn bestimmte Bedingungen gegeben sind, sondern wenn die Lernsituation das Vorwissen und die Vorerfahrungen aufgreift, an bestehende Denkweisen anknüpft und damit Herausforderungen setzt.

Individualisierung

Lernstrategien

Individualisierung

Rang: 238/362

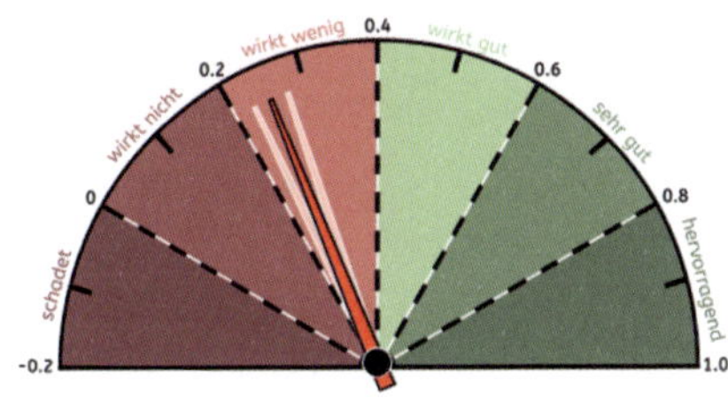

Aussagekraft:	**hoch**
Vertrauensbereich:	± 0.08
Anzahl:	13
Erscheinungsjahr:	1990.38

Effektstärke:

d = 0.25

Mit diesem Faktor verbindet sich die Vorstellung, dass Lernende einzigartige Interessen, Motivationen und Vorerfahrungen mitbringen. Die Theorie dazu: Je besser es gelänge, für jeden Lernenden einen eigenen Lernweg anzubieten, desto wirksamer sei Unterricht. Dieser Ansatz wird im deutschsprachigen Raum auch mit der Höchstform einer Differenzierung verbunden. Die Ergebnisse aus „Visible Learning" unterstützen diese Theorie nicht uneingeschränkt. So kommt die Synthese bei einer hohen Aussagekraft auf eine Effektstärke von d=0,25. Die Gründe für die geringe Wirksamkeit sind vielfältig. Ein wesentlicher Grund zeigt sich darin, dass Individualisierung häufig lediglich auf methodischer Ebene gedacht wird und infolgedessen nur ein breites Angebot an Lernformen gemacht wird, ohne aber auf die zentrale Frage der Lernausgangslage und die daraus resultierende Zielebene einzugehen (siehe Faktoren „Vorausgehendes Leistungsniveau" mit d=1,09 und „Vorausgehende Fähigkeiten" mit d=0,78). Denn ohne die Verbindung der Methodenfrage mit der Zielfrage laufen viele pädagogische Bemühungen ins Leere. Des Weiteren ist mit Blick auf die Lernausgangslage festzustellen, dass es für Lehrpersonen in einem Klassenverband von etwa 20 Lernenden nicht immer möglich ist, die spezifischen Vorerfahrungen und Vorkenntnisse festzustellen. Allein der Versuch, für jeden Lernenden seine einzigartige Lernausgangslage zu erheben, hat seine natürlichen Grenzen, was viele Lehrpersonen zu Recht überfordert und auch entmutigt. Wichtiger ist es daher, bereits im Vorfeld Leistungsniveaus zu definieren, die als Orientierung bei der Einteilung der Lernausgangslage helfen können. Der Faktor „Ziele" mit einer Effektstärke von 0,54 wird daher zu einer wichtigen Ergänzung für gelingende Individualisierung, fokussiert er einerseits auf überschaubare Leistungsniveaus (je nach Modell ca. zwei bis sechs) und andererseits auf die Notwendigkeit und Praktikabilität der Formulierung von Zielen. Und ein letzter Grund: Auch wenn Lernen durchaus eine individuelle Seite hat, es ist im Kern ein sozialer Prozess. Lernende folglich durch eine falsch verstandene Individualisierung immer alleine lernen zu lassen, verkennt die Bedeutung der Gleichaltrigen und die Kraft der Peers. Nur zum Vergleich: Der Faktor „Peer-Einflüsse" erreicht eine Effektstärke von 0,53 und der Faktor „Peer-Tutoring" sogar eine von 0,62. Die Wirksamkeit des Faktors „Individualisierung" hängt somit entscheidend von der Professionalität der Lehrperson ab.

Meta-kognitive Strategien

Das Nachdenken über das Denken wird unter dem Begriff „Meta-Kognition" zusammengefasst. In „Visible Learning" erreicht der damit verbundene Faktor „Meta-kognitive Strategien" mit einer Effektstärke von 0,51 eine gute Wirksamkeit. Aufgrund der überzeugenden Datenlage erreicht die Synthese eine hohe Aussagekraft. Weitaus wichtiger als diese Zahlen ist die Botschaft, die sich aus entsprechenden Forschungen ableiten lässt: Das Hinterfragen des eigenen Lernens, der Versuch, Lernen für sich sichtbar zu machen und Fehler zu nutzen, um über Struktur und Stimmigkeit des eigenen Vorgehens zu reflektieren – all das ist ausgesprochen einflussreich für den Lernerfolg, weil es den Dialog zwischen Lernenden und Lehrpersonen befördert. Der Versuch, über das Denken nachzudenken, mündet in die Auseinandersetzung über Lernen und Lehren, macht Unverstandenes, aber auch Verstandenes sichtbar und gibt somit Hinweise für das nachfolgende Unterrichten.

Lernstrategien

Meta-kognitive Strategien

Rang: 113/362

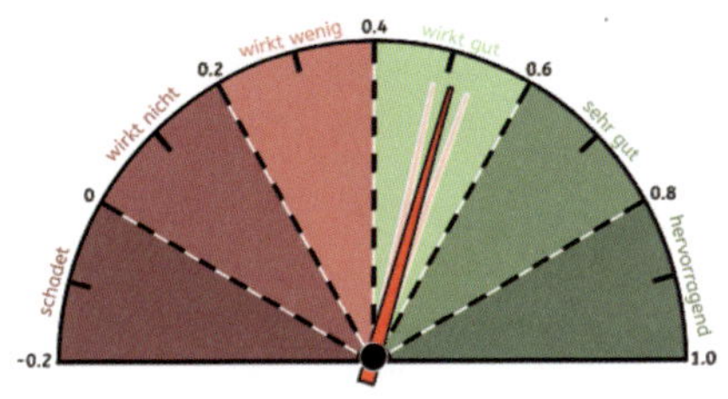

Effektstärke:

d = 0.51

Aussagekraft:	**hoch**
Vertrauensbereich:	± 0.11
Anzahl:	12
Erscheinungsjahr:	2010.25

Fasst man die bisherigen Überlegungen zum Teilbereich „Lernstrategien“ zusammen, so zeigt sich, dass keiner der angesprochenen Faktoren von sich aus und immer wirkt. Immer kommt es darauf an, dass Lehrpersonen aus der Kenntnis der Klassensituation und der Lernausgangslage entscheiden, welche Maßnahme zu welchem Zeitpunkt für welche Lernende im Hinblick auf welches Lernziel zu ergreifen ist – und diese Maßnahme dann auch stetig reflektieren und überprüfen. So lässt sich eine Formel bestätigen, die in „Visible Learning“ immer wieder auftaucht und deutlich macht:

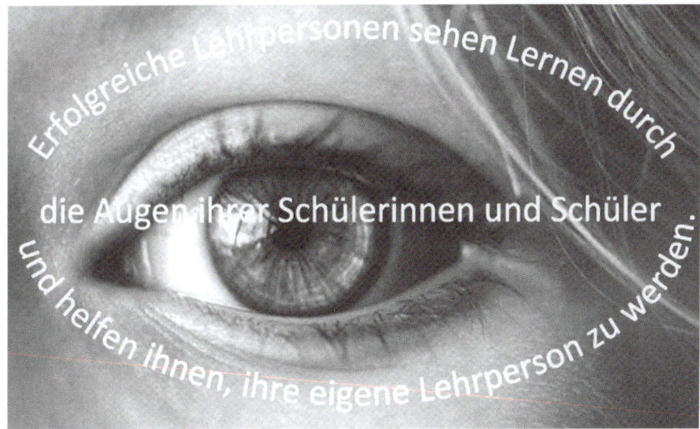

Erfolgreiches Lernen ist nicht nur die Sache der Lehrperson. Vieles hängt auch von den Lernenden ab, vor allem wie es ihnen unter Begleitung der Lehrperson gelingt, ihr Lernen selbst in die Hand zu nehmen.

KERNBOTSCHAFT:

„Lernstrategien“ wirken nicht von sich aus. Sie können erst ihre Wirkung erzielen, wenn Lernende sowohl die Kompetenz als auch die Haltung haben, passende Methoden für sich auszuwählen und zu überprüfen, ob sie ihr Lernen damit effektiv steuern können. Eine Anleitung durch die Lehrperson ist notwendig, damit Lernende dazu in der Lage sind.

Welche Kernbotschaft lässt sich daraus für den Bereich „Unterrichten“ insgesamt ableiten und in welchem Zusammenhang steht diese mit der Lehrperson? Der unterrichtliche Erfolg hängt in entscheidendem Maß von der Kompetenz der Lehrpersonen ab, vor allem Ziele passend und klar zu definieren. Gelingt dies, so kann nahezu jede Methode erfolgreich sein. Insofern ist ein Methodenstreit, wie man ihn im deutschsprachigen Raum beispielsweise zwischen Anhängern des offenen Unterrichts und Anhängern des geschlossenen Unterrichts verfolgen kann, nicht das entscheidende Thema. Wichtiger ist die Frage: Wie wirksam sind die eingesetzten Methoden für die schulische Leistung und wie kann diese Wirksamkeit nachgewiesen werden? Diese Fragen können nur von den Lernenden beantwortet werden. Rückmeldungen sind somit ein Schlüsselfaktor für sichtbares Lernen und erfolgreiches Lehren. Sollte sich dabei herausstellen, dass eine Methode nicht funktioniert und die Schülerinnen und Schüler nichts lernen, muss eine andere Methode gewählt werden. Die Ausrede, dass es an den Lernenden gelegen hat, ist nicht mit pädagogischer Professionalität zu vereinen. Ebenso ist es nicht Kennzeichen von Professionalität, damit zu argumentieren, dass eine bestimmte Methode oder ein bestimmtes Medium gerade en vogue ist. Ausgangspunkt und Ziel aller professionellen Entscheidungen von Lehrpersonen sind die Lernenden. Damit zeigt sich auch: Lehrpersonen brauchen ein breites Spektrum an Methoden und sie müssen in der Lage sein, dieses reflektiert und evidenzbasiert einzusetzen.

Im Hinblick auf Lehrpersonen lässt sich vor diesem Hintergrund folgender Schluss ziehen:

KERNBOTSCHAFT:

Der Einfluss der Teilbereiche „Lehrstrategien“, „Implementation“ und „Lernstrategien“ auf die schulische Leistung der Lernenden kann sehr groß sein. Vieles hängt von den Lehrpersonen ab: Sie benötigen erstens ein breites Spektrum an Methoden und zweitens die Kompetenz und Haltung, ihre Methoden auf Wirksamkeit untersuchen zu können. Kurzum: Evidenzbasierte Methodenvielfalt statt traditionalistischem Methodenstreit! Und: Bereitschaft für eine offene und konstruktive Fehlerkultur auf allen Seiten!

Und die Quintessenz aus den angestellten Überlegungen zu Faktoren aus dem umfassenden Bereich des Unterrichtens lautet:

KERNBOTSCHAFT:

Die Faktoren aus dem Bereich „Unterrichten“ können hilfreich sein, wenn sie …

… die Lernausgangslage berücksichtigen,

… herausfordern,

… bei der Selbstregulation helfen,

… Vertrauen aufbauen,

… Mitwirkung ermöglichen,

… Fehler sichtbar machen und

… Gespräche über den eigenen Lernprozess initiieren.

ZUSAMMENFASSUNG:

Worum geht es in den Teilbereichen „Lehrstrategien“, „Implementation“ und „Lernstrategien“?

Die Teilbereiche „Lehrstrategien“, „Implementation“ und „Lernstrategien“ untergliedern den Bereich „Unterrichten“. Sie beinhalten Faktoren, die ergriffen werden können, um erstens den Unterricht aus Sicht der Lehrperson zu steuern und zu optimieren (z. B. der Faktor „Ziele“), zweitens die Interaktionen zwischen Lernenden und Lehrperson effektiv zu gestalten (z. B. der Faktor „Rückmeldung (Feedback)“) und drittens Lernenden wirksame Möglichkeiten der Selbststeuerung und Selbstregulierung aufzeigen (z. B. der Faktor „Meta-kognitive Strategien“).

Welchen Einfluss hat Rückmeldung (Feedback) auf die schulische Leistung der Lernenden?

Rückmeldung ist ein Schlüsselfaktor – nicht nur, weil er einen großen Einfluss auf die schulische Leistung der Lernenden hat, sondern auch, weil er mit zahlreichen Faktoren in Verbindung steht: Direkte Instruktion, Lehrer-Schüler-Beziehung, Bewertung des Unterrichtsprozesses (Formative Evaluation) u. v. a. m. Entscheidend für eine erfolgreiche Rückmeldung ist, dass sie auf die Ebenen der Aufgabe, des Prozesses und der Selbstregulation Bezug nimmt und somit drei Fragen beantwortet: Wohin gehst du? Wie kommst du voran? Wohin geht es als nächstes? Ein solches Feedback ist sowohl für Lernende als auch für Lehrpersonen wichtig.

Welchen Einfluss haben Noten auf die schulische Leistung der Lernenden?

Noten haben geringe positive Effekte. Vieles hängt davon, wie mit Noten von allen Beteiligten umgegangen wird. Wirksamer als Noten sind schriftliche Rückmeldungen, die aber keine Pauschalaussagen umfassen, sondern lernzielorientiert den Lernprozess kommentieren. Werden beide Verfahren zeitlich versetzt miteinander kombiniert und professionell eingesetzt, können hohe Effekte erreicht werden.

Welchen Einfluss haben Ziele auf die schulische Leistung der Lernenden?

Ziele sind entscheidend für Lernerfolg. Sie müssen so formuliert sein, dass sie Herausforderungen setzen und sichtbar machen.

Welchen Einfluss hat die Bewertung des Unterrichtsprozesses (Formative Evaluation) auf die schulische Leistung der Lernenden?

Die Bewertung des Unterrichtsprozesses ist eine besondere Art der Rückmeldung. Sie ist nicht nur für die Lernenden wichtig, sondern vor allem für die Lehrperson und hat damit einen großen Einfluss auf die schulische Leistung. Letztendlich liefert sie die Informationen, um Lernen sichtbar machen und Unterricht planen zu können.

Welchen Einfluss hat Direkte Instruktion auf die schulische Leistung der Lernenden?

Direkte Instruktion hat einen großen Einfluss auf die schulische Leistung der Lernenden. Sie darf nicht verwechselt oder gleichgesetzt werden mit jedem Frontalunterricht. Vielmehr zeichnet sich direkte Instruktion durch Klarheit im Hinblick auf Ziele, Inhalte, Methoden und Medien sowohl auf Seiten der Lernenden als auch der Lehrpersonen aus.

Welchen Einfluss hat Scaffolding auf die schulische Leistung der Lernenden?

Lernenden ein umfangreiches Unterstützungsangebot zu unterbreiten, hat einen großen Einfluss auf die schulische Leistung. Dieses umfasst Maßnahmen auf den Ebenen der Ziele, der Inhalte, der Methoden und der Medien. Entscheidend für den Erfolg ist, dass das Unterstützungsangebot im steten Abgleich zum Lernstand der Schülerinnen und Schüler angelegt ist und damit in Verbindung gebracht wird.

Welchen Einfluss hat Lernen durch Engagement (Service Learning) auf die schulische Leistung der Lernenden?

Lernen durch Engagement ist ein vielversprechender Ansatz, der nicht nur auf die schulischen Leistungen positive Effekte hat, sondern auch den allgemeinen Bildungs- und Erziehungsauftrag erfolgreich umzusetzen vermag. Dafür hilfreich ist die Verknüpfung mit dem Lehrplan, die Mitsprache der Lernenden, die Einbeziehung des Umfeldes und die Evaluation der Maßnahmen.

Welchen Einfluss hat kooperatives Lernen auf die schulische Leistung der Lernenden?

Kooperatives Lernen ist einem individuellen Lernen und einem Lernen im Wettbewerb überlegen und hat insofern einen großen Einfluss auf die schulische Leistung der Lernenden. Es entfaltet vor allem dann seine Wirksamkeit, wenn es in Kombination mit einer direkten Instruktion eingesetzt wird.

Welchen Einfluss hat problembasiertes Lernen auf die schulische Leistung der Lernenden?

Problembasiertes Lernen kann für Lernerfolg sehr wichtig werden. Entscheidend ist der didaktische Zeitpunkt: Wird es zu früh im Lernprozess eingesetzt, führt es zu Überforderung.

Welchen Einfluss Welchen Einfluss hat der Einsatz von Smartphones und Tablets im Unterricht auf die schulische Leistung der Lernenden?

Smartphones und Tablets sind Beispiele für digitale Medien. Es zeigt sich, dass diese nicht von sich aus positiv wirken, sondern immer Möglichkeiten eröffnen und Gefahren mit sich bringen. Dies gilt für das Lernen in schulischen Kontexten in besonderer Weise.

Welchen Einfluss hat Flipped Classroom auf die schulische Leistung der Lernenden?

Flipped Classroom ist eine Implementationsstrategie, die das Potenzial mitbringt, Lernen nachhaltig positiv zu beeinflussen. Einige Voraussetzungen sind dafür auf der Seite der Inhalte, der Lernenden und vor allem der Lehrpersonen zu beachten.

Welchen Einfluss hat bewusstes Üben auf die schulische Leistung der Lernenden?

Bewusstes Üben ist ein Schlüssel für Lernerfolg. Es zeichnet sich durch Regelmäßigkeit, Vielfalt und Herausforderung aus.

Welchen Einfluss hat die Passung von Lernmethoden und Lernstilen auf die schulische Leistung der Lernenden?

Da die Frage nach den Lernstilen empirisch umstritten ist, erscheint es wenig lernwirksam, Methoden darauf abzustimmen.

Welchen Einfluss hat Individualisierung auf die schulische Leistung der Lernenden?

Aus theoretischer Sicht hat dieser Faktor viele Argumente. Empirisch betrachtet zeigen die Ergebnisse, dass eine Reihe von Fallstricken zu beachten sind. Die meisten gründen in der Professionalität der Lehrperson.

Welchen Einfluss haben meta-kognitive Strategien auf die schulische Leistung der Lernenden?

Meta-kognitive Strukturen haben einen großen Einfluss auf die Lernleistung. Sie untermauern die Kernbotschaft, dass es im Unterricht Schritt für Schritt darum gehen muss, Lernende zu ihren eigenen Lehrpersonen zu machen.

Welche Kernbotschaften lassen sich daraus im Hinblick auf Lehrpersonen und den Bereich „Unterrichten“ ableiten?

Ob Faktoren aus dem Bereich „Unterrichten“ wirken, hängt in besonderer Weise von der Professionalität der Lehrperson ab: Wie gelingt es ihr, passende Methoden vor dem Hintergrund auszuwählen und zu überprüfen, ob sie Lernen vertrauensvoll und wertschätzend, dialogisch und kommunikativ, herausfordernd und anregend sowie im Licht einer positiven Fehlerkultur gestaltet? Hierfür sind neben entsprechenden Kompetenzen auch passende Haltungen notwendig.

Reflexionsaufgabe:

Reflektieren Sie, welche Lehrpersonen Sie am meisten beeinflusst haben. Überlegen Sie dann, wodurch sich diese Lehrpersonen ausgezeichnet haben: Wie haben sie unterrichtet? Konnten sie gut erklären? Haben sie besonders viel gewusst? Hatten sie die Fähigkeit, mit Ihren Mitschülerinnen und Mitschülern und Ihnen eine Beziehung aufzubauen? Oder war es eine Mischung aus allem, was angedeutet wurde?

Ziele und Inhalte:

In diesem Kapitel wird der Bereich „Lehrperson“ näher betrachtet. Dazu werden exemplarisch Faktoren vorgestellt und diskutiert, um schließlich die Kernbotschaft herausfiltern zu können. Wenn Sie dieses Kapitel gelesen haben, dann sollten Sie folgende Fragen beantworten können:

- Worum geht es im Bereich „Lehrperson“?
- Welchen Einfluss hat die Fachkompetenz auf die schulische Leistung der Lernenden?
- Welchen Einfluss haben Lehrerfort- und -weiterbildungen auf die schulische Leistung der Lernenden?
- Welchen Einfluss hat die Lehrer-Schüler-Beziehung auf die schulische Leistung der Lernenden?
- Welchen Einfluss hat die Klarheit der Lehrperson auf die schulische Leistung der Lernenden?
- Welche Kernbotschaft lässt sich daraus im Hinblick auf Lehrpersonen ableiten?

6 Worauf es wirklich ankommt: Lehrpersonen und ihre Leidenschaft

Die Kernbotschaften zu vorausgegangenen Bereichen „Lernende“, „Elternhaus“, „Schule“, „Klassezimmer“ und „Unterrichten“ haben die Rolle der Lehrpersonen betont. Insofern wird die Frage aufgeworfen, was erfolgreiche Lehrpersonen auszeichnet. Ein Blick in den Bereich **„Lehrperson“** kann hierüber Auskunft geben.

Definition:

Unter dem Bereich „Lehrperson“ werden all jene Faktoren zusammengefasst, die Kompetenzen und Haltungen von Lehrpersonen im Hinblick auf fachliche, didaktische und pädagogische Aspekte analysieren.

Interessant für diesen Bereich ist, dass er zusammen mit dem Bereich „Elternhaus“ der am schlechtesten erforschte Bereich, gleichzeitig aber auch der einflussreichste ist. Er enthält 17 Faktoren, von denen 8 eine Effektstärke größer 0,4 aufweisen. Im Folgenden werden die Faktoren „Fachkompetenz“, „Lehrerfort- und -weiterbildung“, „Lehrer-Schüler-Beziehung“ sowie „Klarheit der Lehrperson“ erläutert. Sie eignen sich, um die Kernbotschaft dieses Bereiches herauszukristallisieren. Den Anfang macht der Faktor „Fachkompetenz“, der immer für Diskussionsstoff sorgt – nicht zuletzt wegen seiner geringen Effektstärke von 0,14.

Fachkompetenz

Die Übertragung des Faktors „Fachkompetenz“ in den deutschsprachigen Raum bereitet keine Probleme: National wie international benutzt man den Begriff „Fachkompetenz“. In „Visible Learning“ erreicht er nur eine schwache Effektstärke von 0,14. Die Forschungen spannen sich über drei Jahrzehnte und führen zu einer hohen Aussagekraft. Im Gegensatz dazu finden sich immer wieder im deutschen Sprachraum Positionen, wie wichtig doch die Fachkompetenz für erfolgreiches Lehren sei. Wie ist dieser Faktor also zu interpretieren und wie lässt sich der Widerspruch auflösen? Hilfreich erscheint hierfür die Unterscheidung, die in Anlehnung an Lee S. Shulman

Lehrperson

Fachkompetenz

Rang: 288/362

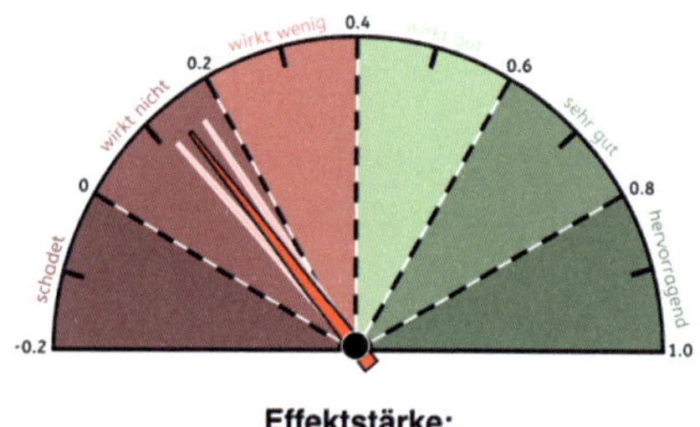

Aussagekraft:	**hoch**
Vertrauensbereich:	± 0.12
Anzahl:	5
Erscheinungsjahr:	2005.6

Effektstärke:

d = 0.14

getroffen werden kann. Demnach lässt sich die Kompetenz einer Lehrperson in mindestens drei Bereiche unterteilen: Erstens Fachkompetenz. Zweitens pädagogische Kompetenz. Drittens didaktische Kompetenz. Während die Fachkompetenz vor allem das fachliche Wissen einer Lehrperson und die daran gekoppelte Fähigkeit im Umgang mit dem Inhalt umschreibt, beziehen sich die beiden anderen Kompetenzbereiche auf nicht-fachliche Aspekte: Pädagogische Kompetenz meint in erster Linie die Fähigkeit der Lehrperson, einen Kontakt zu den Lernenden aufzubauen, in einen Bezug zu den Schülerinnen und Schülern zu treten, eine Atmosphäre der Geborgenheit und des Vertrauens aufzubauen. Didaktische Kompetenz meint vor allem die Fähigkeit der Lehrperson, Inhalte anschaulich aufbereiten zu können, Sachverhalte gut erklären zu können, Wesentliches aufzeigen zu können und – noch konkreter – ein übersichtliches und hilfreiches Tafelbild und Arbeitsblatt erstellen zu können. Geht man von dieser Differenzierung der Kompetenz einer Lehrperson aus, wird das Ergebnis aus „Visible Learning" verständlich: Jeder kennt Personen, die unheimlich viel wissen, aber nicht in der Lage sind, ihr Wissen weiterzugeben – weil sie schlecht erklären können, weil sie unnahbar sind und dergleichen. Infolgedessen zeigt sich: Fachkompetenz für sich alleine genommen führt nicht zu einem Zuwachs der schulischen Leistung. Hinzukommen muss eine pädagogische und eine didaktische Kompetenz. Dies ist dem Kern nach auch die oben angesprochene Position im deutschsprachigen Diskurs. Dabei ist wichtig: Es geht nicht um ein Entweder-oder. Es geht auch nicht so sehr um ein Mehr-oder-Weniger. Entscheidend ist die Verknüpfung der Fachkompetenz mit der pädagogischen und der didaktischen Kompetenz. Und in diesem Dreiklang nimmt Fachkompetenz sicherlich eine herausragende Stellung ein – aber nur in diesem Dreiklang! Für sich alleine genommen und isoliert von den anderen Kompetenzbereichen kann Fachkompetenz keine Wirkung erzielen. Reflektiert man vor diesem Hintergrund die Lehrerbildung der ersten Phase an Universitäten, so werden folgenreiche Defizite offenkundig: Die Vermittlung der Inhalte aus der Fachwissenschaft, der Didaktik und der Pädagogik, geschweige denn ihre Verzahnung, ist alles andere als gelungen. Kein Wunder also, dass der Faktor „Lehrerbildung", also die Erstausbildung der Lehrkräfte an den Hochschulen, nur eine Effektstärke von 0,10 erreicht.

Lehrerfort- und -weiterbildung

Lehrerwerden ist das Eine, Lehrersein und Lehrerbleiben das Andere. Insofern nehmen Lehrerfort- und -weiterbildungen in allen Ländern eine besondere Stellung ein. Die Effektstärke ist mit 0,48 groß und basiert auf einer sehr hohen Aussagekraft der Synthese. Daraus den Schluss zu ziehen, dass jede Lehrerfort- und -weiterbildung erfolgreich ist, wäre allerdings falsch. Vielmehr weist erfolgreiche Lehrer- fort- und -weiterbildung bestimmte Kennzeichen auf, darunter die folgenden:

a) Beobachtung von realem Unterricht: Das gemeinsame Beobachten entlang theoriebasierter Kriterien und das daran anschließende Gespräch über das Gesehene sind wesentliche Bestandteile von erfolgreichen Lehrerfort- und -weiterbildungsmaßnahmen.

b) Unterrichtsvideos: Neben der Beobachtung von realem Unterricht sind Unterrichtsvideos besonders geeignet, um Lehrerprofessionalität weiterzuentwickeln. Sie sind konkret und anschaulich, sprechen die eigenen Erfahrungen an und bieten vielfach die Möglichkeit, theoretische Elemente daran zu reflektieren und zu diskutieren.

c) Micro-Teaching: Das gemeinsame Sprechen und Reflektieren, Planen und Durchführen, Kritisieren und Verbessern von Unterricht ist wichtiger als nahezu alles andere. Diese Schritte basieren auf einem fruchtbaren Verhältnis von Theorie und Praxis, das sich in einer wechselseitigen Durchdringung zeigt. Also nicht mehr Praxis oder weniger Theorie ist gefordert, sondern eine praktische Einbettung der Theorie und eine theoretische Erschließung der Praxis.

d) Kooperation: Einer der größten Schätze im Hinblick auf Effektivitätssteigerung von Schulen und Lehrpersonen ist die Kooperation zwischen Lehrpersonen. Erst dadurch kommt es zu einem Austausch von Expertise, so dass intensive Phasen des Dialoges in Lehrerfort- und -weiterbildung Eingang finden sollten.

e) Feedback: Wie in jedem Lernprozess so auch in der Lehrerfort- und -weiterbildung ist Feedback einer der Schlüsselfaktoren. Dabei ist nicht nur auf die Ebenen der Aufgabe und des Prozesses zu fokussieren, sondern vor allem auf die Ebenen der Selbstregulation. Lehrpersonen profitieren also von Lehrerfort- und -weiterbildungsmaßnahmen viel, sofern ihnen konkrete Ziele und Handlungsschritte mitgegeben werden, wie sie ihren Unterricht in Zukunft verbessern und evaluieren können. In gleicher Weise wichtig ist die Möglichkeit für die Teilnehmenden, während der Lehrerfort- und -weiterbildungsmaßnahme Feedback geben zu können, um diese entsprechend ihrer Lernausgangslage mitzugestalten.

f) Gruppen aus schulartgemischten Teilnehmenden: Anders als häufig praktiziert sind Kohorten aus unterschiedlichen Schularten kritischer und konstruktiver, was den eigenen Lernprozess und die Entwicklung von Lehrerprofessionalität anbelangt. Insofern stellen Angebote, in denen Lehrpersonen aus verschiedenen Schularten zusammenkommen, wichtige Ergänzungen zur Verbesserung der Lehrerfort- und -weiterbildung dar.

g) Externe Experten und außerschulische Kooperationen: Die Hinzuziehung von externen Experten, die möglicherweise aus einer anderen Phase der Lehrerbildung stammen, zeigt sich im Vergleich zu Lehrerfort- und -weiterbildungsmaßnahmen, die von einem schuleigenen Personal durchgeführt werden, als weitaus wirksamer.

h) Wiederkehrende Maßnahmen: Ähnlich wie im Unterricht Wiederholung und Übung zentrale Kriterien von Lernerfolg sind, zeigen sich Maßnahmen der Lehrerfort- und -weiterbildung besonders dann wirksam, wenn sie von Zeit zu Zeit wiederaufgegriffen werden und daran weitergearbeitet wird.

i) Fokussierung auf die eigene Vorstellung von Unterricht und die eigene Lehrerrolle: Dies ist vor allem deswegen wichtig, weil Lehrpersonen dazu neigen, so zu unter- richten wie sie unterrichtet wurden. Eine Veränderung in diesem Bereich erfordert eine Thematisierung der bestehenden Vorstellungen und des dominierenden Rollenverständnisses.

j) Positive Haltung zur Lehrerfort- und -weiterbildung: Die Frage, wie Lehrpersonen ihre Rolle als lebenslang Lernende am besten finden können, wird weitläufig besprochen. Vieldiskutiert sind Bemühungen, durch eine Pflicht zur Lehrerfort- und -weiterbildung dafür zu sorgen. Allerdings sind die damit verbundenen Effekte gering und können, sofern sie in ein bestehendes System als Top-Down-Vorgabe eingefügt werden, sogar negativ werden. Wenn dieser Schritt gegangen wird, dann muss er entweder auf einer breiten Basis diskutiert werden oder mit Beginn einer neuen Lehrergeneration eingeführt werden. Wichtiger aber als diese Maßnahmen ist eine positive Haltung zur Lehrerfort- und -weiterbildung, die durch alle Phasen der Lehrerbildung hinweg angebahnt werden muss. Denn nichts ist wirkmächtiger für eine Maßnahme, als die Überzeugung und Einsicht, dass der Lernende, hier also die Lehrperson selbst, diese braucht, um ein Leben lang erfolgreich zu sein. Und damit wird einmal mehr deutlich, dass erfolgreiche Lehrerfort- und -weiterbildung nicht nur auf Kompetenzen fokussiert, sondern auch auf Haltungen.

Lehrperson

Lehrerfort- und -weiterbildung

Rang: 127/362

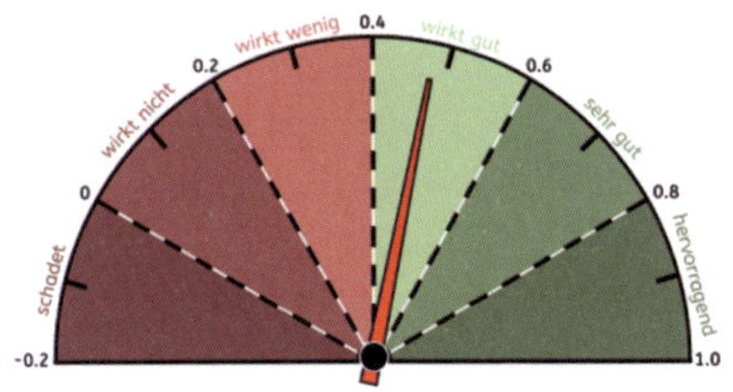

Effektstärke:

d = 0.48

Aussagekraft:	**sehr hoch**
Vertrauensbereich:	± 0.1
Anzahl:	19
Erscheinungsjahr:	2006.95

Alles in allem also ein wichtiger Bereich, der Lehrpersonen in allen Facetten ihrer Professionalität stärken und die schulische Leistung der Schülerinnen und Schüler nachhaltig beeinflussen kann.

Lehrer-Schüler-Beziehung

Auch der Faktor „Lehrer-Schüler-Beziehung“ lässt sich ohne Schwierigkeiten in den deutschsprachigen Raum übertragen und seine Bedeutung wurde bereits angesprochen: Unterricht hat von sich aus eine dialogische Struktur zwischen Lernenden und Lehrpersonen, die sich im Unterrichtsstoff begegnen. Dabei spielt die Beziehungsebene eine zentrale Rolle. Insofern überrascht es nicht, dass die Effektstärke der Lehrer-Schüler-Beziehung mit einem Wert von 0,60 sehr hoch ausfällt. Aufgrund der übereinstimmenden Datenlage ist die Aussagekraft der Synthese hoch. In der deutschsprachigen Erziehungswissenschaft wird traditionell vom „pädagogischen Takt“ (Johann Friedrich Herbart) und „pädagogischen Bezug“ (Hermann Nohl)

Lehrperson

Lehrer-Schüler-Beziehung

Rang: 63/362

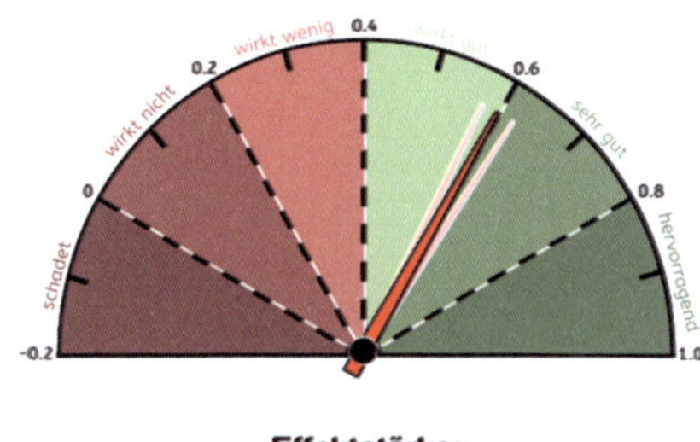

Effektstärke:

d = 0.6

Aussagekraft:	**hoch**
Vertrauensbereich:	± 0.19
Anzahl:	7
Erscheinungsjahr:	2009.86

gesprochen. Manche gehen sogar noch einen Schritt weiter und reden von „erzieherischer Liebe“ (Otto Friedrich Bollnow). Trotz der schwerwiegenden Verstöße, die es gerade in Deutschland in den letzten Jahren in diesem Kontext gegeben hat, ist eines unstrittig: Eine Atmosphäre des Vertrauens und Zutrauens, der Geborgenheit, der Fürsorge und des Wohlwollens ist unerlässlich für Bildung im Allgemeinen und schulische Leistung im Besonderen. Darin werden Fehler nicht als Makel gesehen, sondern als wichtiger

Schritt auf dem Weg eines sichtbaren Lernens und erfolgreichen Lehrens. Die Kernbotschaft lautet somit: Wirksam sind „schülerzentrierte" und „leidenschaftliche" Lehrpersonen. Diesen geht es nicht so sehr um ihr Wissen und ihr Können. Diesen geht es in erster Linie um die Schülerinnen und Schüler. Die Lernenden werden somit zum Ausgangspunkt und Endpunkt des Lehrens. Der Erfolg der Lernenden wird zum Erfolg der Lehrpersonen. Es dominiert die Haltung, dass Unterricht ein Miteinander ist, in dem beide Seiten einander brauchen. Und ein Scheitern im Lernen wird nicht (ausschließlich) den Lernenden zugeschrieben, sondern als ein gemeinsames Scheitern gesehen, das gleichzeitig Notwendigkeit und Chance eröffnet, es erneut und immer wieder zu versuchen.

Klarheit der Lehrperson

Stand dieser Faktor in den früheren Datensätzen von „Visible Learning" auf wackligeren Beinen, konnten neuere Meta-Analysen seine Bedeutung bestätigen. Die Synthese führt nun zu einer Effektstärke von 0,79 bei einer akzeptablen Aussagekraft. Im Hinblick auf Verständlichkeit und Übertragung ist dieses Ergebnis somit unproblematisch. So überrascht es nicht, dass in den klassischen Werken von Jere Brophy, Andreas Helmke und Hilbert Meyer ebenfalls Hinweise auf die Wirksamkeit der Klarheit der Lehrperson zu finden sind.

Lehrperson

Klarheit der Lehrperson

Rang: 30/362

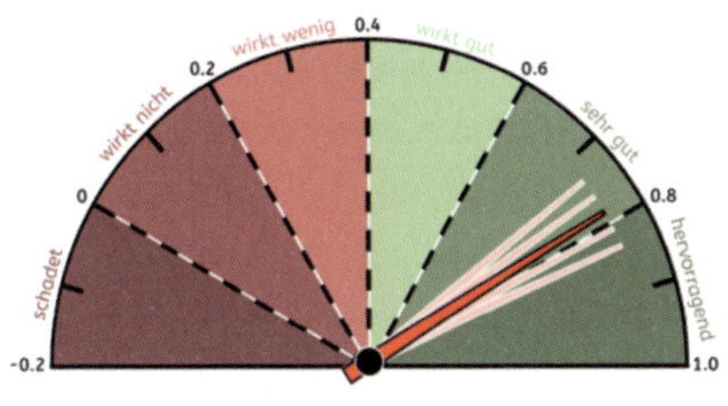

Effektstärke:

d = 0.79

Aussagekraft: akzeptabel	
Vertrauensbereich:	± 0.17
Anzahl:	3
Erscheinungsjahr:	2007

Der entscheidende Punkt, wenn es um die Klarheit der Lehrperson geht, wurde im Rahmen der Überlegungen zum Faktor „Direkte Instruktion"

bereits angesprochen: Es geht um das reflektierte Bewusstwerden der Ziele, der Inhalte, der Methoden und der Medien. Dabei reicht es nicht aus, um ein Beispiel anzuführen, dass Lehrpersonen einen Blick in den Lehrplan werfen und dann glauben, sich ihrer Ziele sicher zu sein. Das ist für den konkreten Fall zwar hilfreich, aber zu wenig. Denn im Lehrplan finden sich lediglich allgemeine Ziele, die erst auf die Klassensituation übertragen und spezifiziert werden müssen. Es geht also darum, zu wissen, wie Erfolg aussieht. Zu bedenken ist dabei, dass je nach Leistungsniveau unterschiedliche Ziele zu definieren sind. Greift man hierzu auf den bereits erläuterten Faktor „Erkenntnisstufen" zurück, so ergeben sich mindestens drei Niveaus, auf denen sich Lernende befinden können: Anfänger, Fortgeschrittener oder Experte. Hat die Lehrperson für sich Klarheit mit Blick auf die Ziele, die Inhalte, die Methoden und die Medien erlangt, ist sie auch in der Lage, für eine entsprechende Klarheit auf Seiten der Lernenden zu sorgen.
Welche Kernbotschaft lässt sich daraus für die Lehrperson ableiten? Mit der Lehrperson steht und fällt schulischer Lernerfolg. Der Unterricht ist der Ort der Bildung, nicht Strukturen und nicht Systeme. Und er ist das Hauptgeschäft von Lehrpersonen. Sie müssen eine klare Vorstellung davon haben, was Schülerinnen und Schüler am Ende können sollen und diese Vorstellung auch in Zielen formulieren können. Sie müssen in der Lage sein, Inhalte so zu präsentieren, dass Lernende ihr Vorwissen und ihre Vorerfahrungen daran ankoppeln können. Und sie müssen es schaffen, eine intensive Beziehung zu den Lernenden aufzubauen. Leidenschaft ist also notwendig – aber nicht nur für das Fach, sondern auch für die Lernenden und für den Lehrerberuf. Insofern sei nochmals betont: Erfolgreiche Lehrpersonen zeichnen sich durch Fachkompetenz, pädagogische Kompetenz und didaktische Kompetenz aus. Je besser diese Kompetenzen zueinander in Beziehung gesetzt werden können, desto größer ist der Einfluss auf die Lernenden. Damit aber nicht genug: Letztendlich nützt all das Wissen und Können im Fach, in der Pädagogik und in der Didaktik wenig, wenn es nicht getragen wird von Haltungen, die den Lernenden und seine Bildung in das Zentrum stellen. Haltungen sind folglich entscheidend! Sie zeigen sich darin, wie Lehrpersonen über das denken, was sie tun: Welche Bedeutung haben Fehler im Lernprozess? Sind sie etwas, was es zu vermeiden gilt? Oder sind sie etwas, was zum Lernen dazu gehört, ja sogar notwendig und begrüßenswert ist? Warum lohnt es sich Lernende nach ihrer Einschätzung zum Unterricht zu fragen? Weil alleine zu unterrichten keinen Spaß macht? Oder weil die Rückmeldung der Lernenden der Motor der eigenen Unterrichtsentwicklung ist? Diese oder ähnliche Fragen sollen

verdeutlichen, was gemeint ist, wenn Lehrerprofessionalität als Symbiose von Kompetenz und Haltung dargestellt wird. Insofern geht es nicht nur um das Wissen und Können von Lehrpersonen, sondern auch um ihr Wollen und Werten:

Kernbotschaft:

> Der Einfluss der Lehrperson auf die schulische Leistung der Lernenden ist sehr groß. Er hängt vor allem von der wechselseitigen Durchdringung der Fachkompetenz, der pädagogischen Kompetenz und der didaktischen Kompetenz ab – und der daraus resultierenden Leidenschaft, mit der die Lehrperson ihren Schülerinnen und Schülern begegnet. Insofern ist Kompetenz und Haltung vonnöten.

Betrachtet man die Kernbotschaften der Faktoren, die in diesem Kapitel behandelt wurden, und versucht sie zu bündeln, so lässt sich durchaus zuspitzen: Auf die Lehrpersonen kommt es an! Aber ohne weitere Erläuterung führt diese Zuspitzung in die Irre, so dass zwei Hinweise dazu notwendig sind: Erstens ist der Plural zu betonen. Es ist nicht der Einzelkämpfer, der gefragt ist, sondern Kooperation zwischen den Lehrpersonen und allen am

Bildungs- und Erziehungsprozess Beteiligten ist notwendig. Unterrichten muss mehr zu einem gemeinsamen Beruf werden – Lehrpersonen brauchen ihre Kolleginnen und Kollegen als kritische Freunde ihres Denkens und Handelns, ihrer Erwartungen und ihres Einflusses auf die Lernenden. Zweitens ist es nicht automatisch jede Lehrperson, die erfolgreich ist. Vielmehr muss sie bestimmte Eigenschaften haben. Aus diesem Grund erscheint es zielführenden von „Auf die Haltungen der Lehrpersonen!" oder „Auf die Lehrerprofessionalität kommt es an!" zu sprechen.

Die Ergebnisse aus „Visible Learning" untermauern das Gesagte eindringlich, allen voran der Faktor „Kollektive Wirksamkeitserwartung". Dieser ist im Zug der Erweiterung des Datensatzes hinzukommen und ist dem Bereich „Schule" zugeordnet. Aber er ist für die Professionalisierung einer Lehrperson von so entscheidender Bedeutung, dass er im Folgenden näher betrachtet wird:

Kollektive Wirksamkeitserwartung

Unter dem Begriff der kollektiven Wirksamkeitserwartung werden Ergebnisse zusammengefasst, die den Einfluss von Kooperation und Austausch im Kollegium auf die schulischen Leistungen der Lernenden untersuchen. Die Effektstärke ist mit einem Wert von 1,34 sehr hoch und führt zu einem Top-Platz in der Rangliste. Aufgrund der Tatsache, dass dieser Faktor erst in jüngerer Vergangenheit erforscht wurde, liegen zwar erst drei Meta-Analysen vor, die aber kommen zu einer einheitlichen Aussage: Die gemeinsame Vision einer Schule und die Vorstellung davon, wie erfolgreicher Unterricht aussieht, fördert die Lernleistung von Schülerinnen und Schülern nachhaltig. Die Botschaft ist damit klar: Wie Lehrpersonen sich über den Lernfortschritt ihrer Lernenden austauschen, wie sie darüber denken und wie sie all das als Grundlage für ihre Kooperation nehmen, ist entscheidend für den Erfolg der Lernenden. Zwar kann eine Einzellehrperson durchaus alleine ihre Wirkung erzielen, aber der Faktor „Individuelle Wirksamkeit" mit einer Effektstärke von 0,22 macht deutlich: Im Team steigt der Einfluss!

Die kollektive Wirksamkeitserwartung der Lehrpersonen ist dabei nicht zu verstehen als eine Meinung, die von allen geteilt werden muss und nicht hinterfragt werden darf. Sie bezieht sich vielmehr auf das gegenseitige Vertrauen, Barrieren und Einschränkungen zu überwinden, und auf den gemeinsamen Glauben, dass alle Schülerinnen und Schüler in der Schule mehr als ein Jahr Lernfortschritt für sich beanspruchen müssen. Allein die Tatsache, dass jede Lehrperson im Lauf ihres Lebens etwa 35 000 Schulstunden unterrichtet und keine dieser Schulstunden perfekt ist, macht deutlich: Es wird Zeit, dass auch in Kollegien Fehler als Chance einer Professionalisierung gesehen werden.

Die Rolle der Schulleitung wird in diesem Zusammenhang sichtbar. Denn es ist ihre Aufgabe, ein kooperatives Klima im Kollegium zu entwickeln, Regeln und Rituale der Zusammenarbeit zu implementieren und entsprechende Rahmenbedingungen zur Verfügung zu stellen – alles keine Selbstverständlichkeit und kein Selbstläufer, wie die Effektstärke des Faktors „Schulleitung" von $d = 0{,}35$ verdeutlicht.

An einem Punkt ist besondere Vorsicht geboten: Kollektive Wirksamkeitserwartungen brauchen Belege und damit Evidenzen. Es ist nicht jede Veränderung positiv. Erst wenn der Fortschritt sichtbar und nachweislich wird, kann eine Veränderung als positiv eingestuft werden. Infolgedessen ist es zwar nicht unnötig, aber doch wenig hilfreich, wenn in Schulen in erster Linie darüber debattiert wird, was Lehrpersonen machen. Viel wichtiger wäre zunächst darüber nachzudenken, warum und wozu etwas getan werden soll. Was bedeutet es beispielsweise, eine gute Bewertung in Englisch in der fünften Jahrgangsstufe zu erhalten? Was bedeutet es, die neunte Jahrgangsstufe in Mathematik mit ausreichend abzuschließen? Und was bedeutet es, wenn das Klassenziel in der elften Jahrgangsstufe in Sport mit Auszeichnung erreicht wird? All diese Fragen sind nicht leicht zu beantworten – vor allem dann nicht, wenn sichtbare Belege dafür angeführt werden sollen. Jedoch ist es genau dieser Dialog, dieser Austausch und das damit verbundene Gefühl des Miteinanders und Vertrauens, von dem Lernende nachhaltig profitieren – und letztendlich auch Lehrpersonen selbst, weil der Erfolg der Lernenden immer auch ihr Erfolg ist.

Neun Schritte sind für die Entwicklung einer kollektiven Wirksamkeitserwartung wesentlich: Erstens ist eine Haltung zu entwickeln, dass Lehrpersonen Einfluss auf das Lernen von Schülerinnen und Schülern haben. Zweitens ist es wichtig, dass dieser Einfluss auf alle Lernende möglich ist und Lehrpersonen dafür Verantwortung tragen. Drittens ist das Sichtbarmachen dieses Einflusses wichtig, um sich darüber austauschen und gemeinsam daran weiterarbeiten zu können. Viertens muss neben den individuellen Einfluss der kollektive gestellt werden. Fünftens ist es erforderlich, die wechselseitige Abhängigkeit des individuellen und kollektiven Einflusses offenzulegen.

Sechstens resultieren daraus gemeinsame Ziele und Visionen für Schule und Unterricht. Siebtens entsteht daraus eine Verbindlichkeit, gemeinsam nach Belegen für die Erreichung der Ziele und die Realisierung der Vision zu suchen. Achtens ist der Austausch über diese Daten erforderlich und die Grundlage für weitere Kooperationen. Und neuntens ist die bereits angesprochene Rolle der Schulleitungen bedeutsam. Summa summarum zeigen sich kollektive Wirksamkeitserwartung als Basis erfolgreicher Zusammenarbeit.

Schule

Kollektive Wirksamkeitserwartung

Rang: 2/362

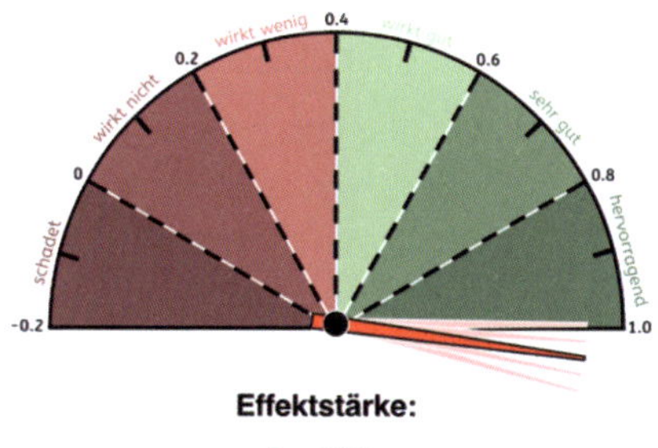

d = 1.34

Aussagekraft: akzeptabel

Vertrauensbereich: ± 0.17

Anzahl: 3

Erscheinungsjahr: 2015.33

KERNBOTSCHAFT:

Kollektive Wirksamkeitserwartung ist das Kennzeichen von erfolgreichen Kollegien. Diese arbeiten stets an einer gemeinsamen Vision, definieren für sich Kriterien für guten Unterricht und evaluieren diese tagtäglich. Dadurch entsteht eine Atmosphäre des Vertrauens und des Austausches, der der Professionalisierung der Lehrpersonen zugutekommt, vor allem aber den schulischen Leistungen der Schülerinnen und Schüler.

ZUSAMMENFASSUNG:

Worum geht es im Bereich „Lehrperson“?
Der Bereich „Lehrperson“ beinhaltet Eigenschaften und Charakteristika der Lehrpersonen, unter anderem die Faktoren „Klarheit der Lehrperson“, „Lehrer-Schüler-Beziehung“ und „Fachkompetenz“.

Welchen Einfluss hat die Fachkompetenz der Lehrperson auf die schulische Leistung der Lernenden?
Die Fachkompetenz allein hat nahezu keinen Effekt auf die schulische Leistung der Lernenden. Erst in der Verbindung mit einer pädagogischen Kompetenz und einer didaktischen Kompetenz kann sie wirksam werden und ein zentrales Kennzeichen sein.

Welchen Einfluss hat Lehrerfort- und -weiterbildung auf die schulische Leistung der Lernenden?
Lehrerfort- und -weiterbildung hat einen großen Einfluss auf die schulische Leistung der Lernenden. Allerdings gilt dies nicht für jede Art der Lehrerfort- und -weiterbildung. Die Qualität ist somit entscheidend.

Welchen Einfluss hat die Lehrer-Schüler-Beziehung auf die schulische Leistung der Lernenden?
Die Lehrer-Schüler-Beziehung hat einen großen Einfluss auf die schulische Leistung der Lernenden. Ohne eine Basis des Vertrauens ist Lernen und Lehren kaum möglich.

Welchen Einfluss hat die Klarheit der Lehrperson auf die schulische Leistung der Lernenden?
Die Klarheit der Lehrperson hat einen großen Einfluss auf die schulische Leistung, da sie der Garant dafür ist, dass die Lehrperson weiß, wie erfolgreiches Lernen aussieht und dementsprechend vorgehen kann. Dabei reicht allein die Kenntnis der Lehrplanziele nicht aus. Wichtiger ist die Ausformulierung unterschiedlicher Anforderungsniveaus entsprechend dem Lernstand der Schülerinnen und Schüler.

Welche Kernbotschaften lassen sich daraus im Hinblick auf Lehrpersonen ableiten?
Lehrpersonen sind einige der wichtigsten Akteure, wenn es um schulische Leistung geht. Fachkompetenz allein reicht hierbei nicht aus. Sie muss von pädagogischer Kompetenz und didaktischer Kompetenz begleitet sein. Und schließlich bedarf es entsprechender Haltungen, um das Wissen und Können im Schul- und Unterrichtsalltag zum Leben zu erwecken. Insofern ist die Leidenschaft der Lehrperson für das Fach, für die Lernenden und für den Lehrerberuf ausschlaggebend. Die Professionalität einer Lehrperson lässt sich am besten in der Kooperation und im Austausch mit Kolleginnen und Kollegen weiterentwickeln, so dass kollektive Wirksamkeitserwartung zum zentralen Moment einer erfolgreichen Schule wird und die Kernaufgabe einer Schulleitung markiert.

Reflexionsaufgabe:

Reflektieren Sie, was Sie über die neun Bereiche „Lernende“, „Elternhaus“, „Schule“, „Klassenraum“, „Curricula“, „Lehrstrategien“, „Implementation“, „Lernstrategien“ und „Lehrperson“ erfahren haben. Inwiefern hat es Ihre Auffassung von Schule und Unterricht verändert: Was wurde bestätigt und was war neu? Welche Konsequenzen ergeben sich daraus für Ihre Lehrerrolle?

Ziele und Inhalte:

In diesem Kapitel wird der Einfluss der neun Bereiche „Lernende“, „Elternhaus“, „Schule“, „Klassenraum“, „Curricula“, „Lehrstrategien“, „Implementation“, „Lernstrategien“ und „Lehrperson“ auf die schulische Leistung miteinander verglichen. Daraus resultiert eine nochmalige Konzentration auf die Lehrperson und ihre Rolle im Unterricht. Wenn Sie dieses Kapitel gelesen haben, dann sollten Sie folgende Fragen beantworten können:

- Welchen Einfluss haben die neun Bereiche „Lernende“, „Elternhaus“, „Schule“, „Klassenraum“, „Curricula“, „Lehrstrategien“, „Implementation“, „Lernstrategien“ und „Lehrperson“ auf die schulische Leistung der Lernenden im Vergleich?
- Welche Rolle resultiert daraus für die Lehrperson im Unterricht?
- Wodurch zeichnet sich Expertise auf Seiten von Lehrpersonen aus?

7 Wie lautet die Kernbotschaft: Strukturen schaffen und Menschen stärken

Nimmt man die durchschnittlichen Effektstärken der neun Bereiche „Lernende“, „Elternhaus“, „Schule“, „Klassenraum“, „Curricula“, „Lehrstrategien“, „Implementation“, „Lernstrategien“ und „Lehrperson“ und setzt sie zueinander in Beziehung, so erhält man folgendes Balkendiagramm:

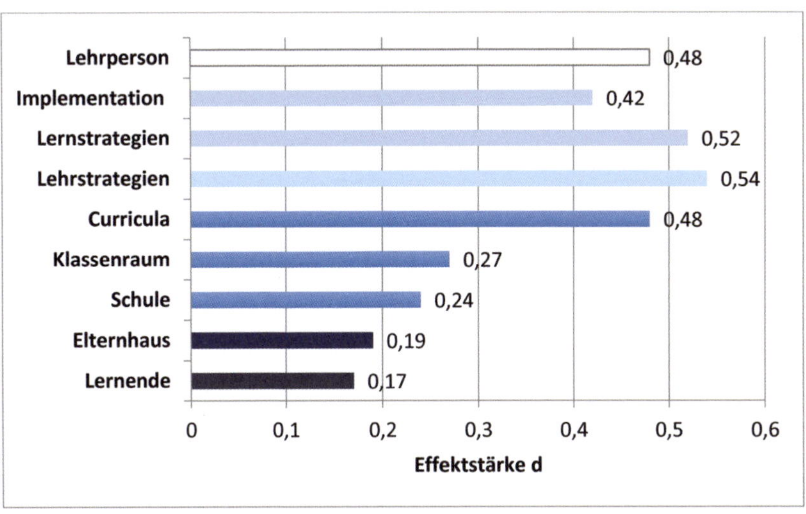

Zwei Schlüsse lassen sich daraus ableiten: Zunächst haben alle Bereiche Einfluss auf schulische Leistung. Das ist wichtig, weil damit auch die Verantwortung nicht nur auf den Schultern von wenigen, zum Beispiel den Lehrpersonen, lastet, sondern auf denen vieler. Zudem stehen die Bereiche in einem Wechselwirkungsverhältnis zueinander. Kooperation auf Augenhöhe zwischen allen Ebenen und allen Beteiligten ist daher notwendig und jede Diskussion über Schule und Unterricht läuft Gefahr, sofern sie sich nur auf einen Bereich konzentriert, verkürzend zu sein. Dieser Schluss ist zu ergänzen, wenn man die einzelnen Bereiche vor dem Hintergrund des Einflusses der Lehrpersonen reflektiert:

Dunkelblau markiert sind die Bereiche „Lernende“ und „Elternhaus“, weil sie zwar einflussreich, für Lehrpersonen aber nur schwer zugänglich sind. Ob Eltern beispielsweise arbeitslos sind oder nicht, hat ungeheure Einflüsse auf die schulische Leistung der Lernenden. Lehrpersonen können auf diese Situation aber keinen Einfluss ausüben. Gleiches gilt für die Anlagen der Lernenden, die nur schwer oder gar nicht beeinflussbar sind. Nichtsdestotrotz gibt es eine Reihe von Faktoren, deren Kenntnis wichtig ist, um erfolgreich unterrichten zu können. Als Beispiele sind hier das Vorwissen und die Vorerfahrung zu nennen.

Blau markiert sind die Bereiche „Schule“, „Klassenraum“ und „Curricula“, weil Lehrpersonen auf entsprechende Faktoren etwas Einfluss haben. Strukturen wirken nicht von sich aus, sondern müssen von den Akteuren zum Leben erweckt werden. Lehrpersonen haben insofern einen gewissen Einfluss darauf. Den meisten Einfluss auf diese Bereiche hat, neben der Bildungsverwaltung, die Schulleitung.

Hellblau markiert sind die Bereiche „Lehrstrategien“, „Implementation“ und „Lernstrategien“ und weiß markiert ist der Bereich „Lehrperson“. Diese hängen im besonderen Maß von den Kompetenzen und Haltungen der Lehrpersonen ab und erreichen allesamt Effektstärken größer als 0,4. Insofern haben diese Bereiche entscheidenden Einfluss auf die schulische Leistung der Lernenden und von ihnen können Impulse auf alle anderen Bereiche ausgehen.

Das Gesagte lässt sich an aktuellen Themen der Bildungspolitik verfolgen. Auch wenn internationale Vergleichsstudien längst erwiesen haben, dass Schulstrukturen nicht über Leistungserfolge entscheiden, ebbt die Diskussion in Deutschland darüber nicht ab: sechsjährige statt vierjährige Grundschule, Abschaffung der Hauptschule, Zweigliedrigkeit statt Dreigliedrigkeit, Gemeinschaftsschule als neuer Weg, länger gemeinsam lernen, Ganztagsschule und Hortplätze für alle. In ähnlicher Weise zeigen sich die Debatten im Kontext einer Digitalisierung, die vor allem durch die Corona-Pandemie enorm an Dynamik gewonnen haben: Für viele sind digitale Medien nicht nur die einzige pädagogische Maßnahme in Zeiten von Homeschooling (vgl. Zierer, 2020), sondern generell Heilsbringer, die ein neues, ein modernes Lernen garantieren. Die Forderung nach einem Mehr an Digitalisierung hat seit Jahren Konjunktur (vgl. Zierer, 2019). Im Zuge dieser Diskussionen tauchen schnell Methoden auf, die große Erwartungen an sich binden.

Wenn man die Ergebnisse aus „Visible Learning“ zu diesen Bereichen hinzuzieht, dann muss so manche Euphorie einem evidenzbasierten Realismus weichen. Zur Verdeutlichung eine Auswahl an Faktoren, die den Bereichen „Strukturen“, „Methoden“ und „Medien“ zugeordnet werden können:

Strukturen	d	Methoden	d	Medien	d
Offene Klassenzimmer	0,02	Freiarbeit	0,02	Einsatz von PowerPoint	0,11
Jahrgangsübergreifende Klassen	0,04	Online Seminare	0,14	Laptop Einzelnutzung	0,16
Leistungshomogene Klassenbildung	0,10	Entdeckendes Lernen	0,27	Webbasiertes Lernen	0,34
Klassengröße	0,13	Flipped Classroom	0,40	Einsatz von Smartphones und Tablets im Unterricht	0,35
Finanzielle Ausstattung	0,19	Problem basiertes Lernen	0,42	Interaktive Lernvideos	0,55
Gesamt	**0,10**	Gesamt	**0,25**	Gesamt	**0,30**

Es zeigt sich: Weder Strukturen noch Methoden noch Medien sind es, die Schulerfolg garantieren oder für diesen allein ausschlaggebend sind. Grundlage für den Erfolg von Strukturen, Methoden und Medien ist immer die Qualität des Unterrichts. Die menschlichen Interaktionen werden damit zum Garanten für Lern- und Bildungserfolg. Menschen sind es, die Strukturen, Methoden und Medien zum Leben erwecken. Die Gegenüberstellung von Faktoren der Bereiche „Schule“ und „Klassenraum“ einerseits und Faktoren der Bereiche „Lehrstrategien“, „Implementation“ und „Lernstrategien“ (zusammengefasst zum „Unterrichten“) und „Lehrperson“ andererseits bringt diesen Gedanken auf den Punkt:

„Schule“ und „Klassenraum“	d	„Unterrichten“ und „Lehrperson“	d
Nicht-Versetzung	-0,30	Fachkompetenz	0,14
Offene Klassenzimmer	0,02	Direkte Instruktion	0,45
Dauer der Sommerferien	0,03	Bewusstes Üben	0,49
Jahrgangsübergreifende Klassen	0,04	Kooperatives Lernen	0,50
Monoedukation	0,08	Meta-kognitive Strategien	0,51
Schulkalender / Stundenpläne	0,09	Feedback (Allgemein)	0,52
Leistungshomogene Klassenbildung	0,10	Ziele	0,54
Klassengröße	0,13	Feedback (Timing)	0,55
Finanzielle Ausstattung	0,19	Lehrer-Schüler-Beziehung	0,61
Schulleitung	0,34	Klarheit der Lehrperson	0,79
Schulgröße	0,43	Glaubwürdigkeit	0,90
Akzeleration	0,53	Beurteilung des eigenen Leistungsniveaus	1,10
Gesamteffekt	**0,14**	**Gesamteffekt**	**0,59**

Lehrpersonen nehmen folglich eine zentrale Rolle ein, wenn es um schulische Leistung der Lernenden geht. Aber es sind nicht alle Lehrpersonen, sondern nur bestimmte. Damit stößt „Visible Learning“ eine neue Diskussion im Hinblick auf Lehrpersonen an: Es geht um Expertise. Wodurch zeichnet sich diese aus? Ein Expertenlehrer ist nicht zwangsläufig derjenige, der ein ausgeprägtes Fachwissen hat, sondern er muss auch in der Lage sein, mit den Lernenden in einen Dialog zu treten und eine Beziehung aufbauen zu können. Er muss in der Lage sein, sein Wissen in die Sprache der Schülerinnen und Schüler zu übertragen. Das Zusammenspiel von Fachkompetenz, pädagogischer Kompetenz und didaktischer Kompetenz ist damit gemeint. Howard Gardner spricht sinngemäß von den „Drei E“: Exzellenz, Ethik und Engagement. Ihr Zusammenwirken macht Expertise aus. Insofern ist ein Expertenlehrer auch nicht zwangsläufig derjenige, der lange genug Schulerfahrung hat. Manche Strömungen in der Expertenforschung gehen davon aus, dass zehn Jahre hierfür notwendig sind. Das mag im Einzelfall zutreffen, pauschal ist es wenig hilfreich: Wie viele Lehrpersonen gibt es, die 20, 30

Jahre Schulerfahrung haben und immer noch auf dem Niveau eines Hobbypädagogen unterrichten? Und wie viele Lehrpersonen gibt es, die mit ihrer ersten Unterrichtsstunde unter Beweis stellen, dass sie das Zeug zum Expertenlehrer bereits haben? Geradezu absurd wirken vor diesem Hintergrund gängige staatliche Beurteilungspraktiken, wonach die Höhe der Einstufung von Lehrpersonen in Abhängigkeit zum Dienstalter gesetzt wird.

Es sind somit nicht die Berufsjahre, die entscheidend sind. Und es ist auch nicht die Anzahl an Stunden, die eine Lehrperson für die Schule aufbringt – nach dem Motto: Je mehr, desto besser. Dies ist ein weiterer Irrglaube in der Praxis, der es Berufsanfängerinnen und -anfängern häufig sehr schwer macht. Vielmehr sind es der Einfluss auf die Lernenden und die hohen Erwartungen, die gestellt werden – und all das bezieht sich nicht nur auf Lernleistung. Im Kern geht es um die Leidenschaft für das Lernen, um Klassenräume, die dazu einladen, wiederkommen zu wollen, sich zu engagieren und in das Lernen zu investieren. Somit ist es Expertise, die im pädagogischen Kontext dadurch sichtbar wird, dass das Handeln der Lehrperson durch Fürsorge, Kontrolle und Klarheit gekennzeichnet ist, dass ihr Unterricht Herausforderungen bietet, Faszination auslöst, dabei den Meinungen der Schülerinnen und Schüler Gehör verleiht und zu solidem Wissen führt. Beispielsweise lässt sich zeigen, dass Expertenlehrer viel mehr herausfordernde Aufgaben stellen, die eine Anwendung des erworbenen Wissens sowie dessen Übertragung auf bisher unbekannte Sachverhalte erfordern, während Nicht-Experten sich häufig auf Aufgaben beschränken, in denen das Erlernte bloß wiedergegeben werden muss. Expertise in diesem Sinne hängt nicht von den Berufsjahren und nicht vom Arbeitsaufwand ab. Es geht darum, zu wissen, wie man herausfordernde Ziele setzt, zu verstehen, wo die Lernenden beginnen, und wie es gelingen kann, die Lücke zwischen dem, wo sie anfangen, und dem, wo sie hinkommen wollen, nämlich den Erfolgskriterien, zu schließen.

Kernbotschaft:

Lehrpersonen müssen Experten für Unterricht sein. Pädagogische Expertise wird sichtbar, indem das Handeln der Lehrperson durch Fürsorge, Kontrolle und Klarheit gekennzeichnet ist, der Unterricht Herausforderungen bietet, Faszination auslöst, dabei den Meinungen der Schülerinnen und Schüler Gehör verleiht und zu solidem Wissen führt. All das ist notwendig und muss weiterentwickelt werden.

Es sind damit die leidenschaftlichen Lehrpersonen, die den größten Einfluss auf die Lernenden haben: Wichtiger als das, was wir machen, ist, wie und warum wir es machen. Wir brauchen Lehrpersonen, die Unterricht nicht als einen Monolog sehen, sondern als einen Dialog, die immer und immer wieder im Schüler etwas suchen, wovon keiner etwas weiß und woran schon keiner mehr glaubt, die mit Leidenschaft und Kompetenz von ihrem Wissen, aber auch ihrem Leben erzählen können, die sich mit ihren Kolleginnen und Kollegen austauschen und zusammentun und die dem Schüler auf Augenhöhe begegnen, wohlwissend, dass sie ihn genauso brauchen wie er sie. Damit nehmen Lehrpersonen im Unterricht eine bestimmte Rolle ein, die in „Visible Learning“ mal als Aktivator (activator), mal als Evaluator (evaluator) und mal als Veränderungsagent (change agent) bezeichnet wird. Zentral für dieses Verständnis ist folgende Gegenüberstellung:

Lehrperson als Moderator	d	Lehrperson als Regisseur	d
Freiarbeit	0,02	Direkte Instruktion	0,45
Offene Klassenzimmer	0,02	Feedback (Allgemein)	0,52
Individualisierung	0,25	Ziele	0,54
Entdeckendes Lernen	0,27	Vorausschauendes Planen	0,56
Simulationen und Simulationsspiele	0,33	Passung des Ziels	0,60
Webbasiertes Lernen	0,34	Lautes Denken	0,61
Forschendes Lernen	0,45	Reziprokes Lehren	0,74
Induktives Vorgehen	0,58	Klarheit der Lehrperson	0,79
Gesamteffekt	**0,28**	**Gesamteffekt**	**0,60**

Man kann die Zuordnung der einzelnen Faktoren durchaus kritisch sehen und daran Anstoß nehmen. Die Kernaussage erscheint jedoch unstrittig: Die erfolgreiche Lehrperson agiert wie ein Regisseur. Sie hat die Ziele der Unterrichtsstunde immer vor Augen, überprüft die ausgewählten Methoden und berücksichtigt die Voraussetzungen der Akteure. Eine Lehrperson als Moderator demgegenüber arbeitet mit einer größeren Zurückhaltung und überlässt es daher mehr dem Zufall, ob und was gelernt wird.

Entscheidend für eine Lehrperson als Regisseur ist Evidenzbasierung. Nun wird der Begriff der Evidenz im aktuellen Diskurs nahezu inflationär und häufig unscharf verwendet. Er reicht von strengen Forschungsdesigns mit Versuchs- und Kontrollgruppen über die reflexive Selbstbeobachtung bis hin zu einer Kombination aus beidem. „Visible Learning“ zählt eher zur zuletzt genannten Strömung – vor allem deshalb, weil es der empirischen Selbsthilfe von Lehrpersonen einen zentralen Stellenwert zuschreibt. „Kenne deinen Einfluss!“ wird damit zu einem Schlüsselsatz und meint, dass die Lehrperson nach der Wirkung des eigenen Handelns fragt und dafür empirische Belege sucht. Geht man von den Ergebnissen aus „Visible Learning“ aus, so lässt sich folgendes Faktorenbündel benennen. Dieses erweist sich angesichts der derzeitigen Forschungslage als besonders wirksam:

Der Lernende ist als Ausgangspunkt für Erziehung und Unterricht zu sehen – mit seinen Stärken und Schwächen. Eine Lehrer-Schüler-Beziehung, die auf Kooperation und Akzeptation beruht, ist hierfür unabdingbar und einer der wichtigsten Faktoren für erfolgreiches Lehren und sichtbares Lernen (d=0,72). Fehler sind hier keine Schande, sondern wichtige Informationen auf dem Weg eines gelingenden Unterrichts. Damit wird deutlich: Unterricht ist keine Einbahnstraße, sondern ein intensiver Dialog zwischen Lernenden und Lehrpersonen. Rückmeldung (Feedback) ist dabei ein zentraler Faktor, weil er wesentlich für eine Kommunikation im und über Unterricht ist (d=0,51), und ebenso die Klarheit der Lehrperson (d=0,79), weil sie den Maßstab für den Unterricht und seine Evaluation festlegt. Daneben ist unstrittig, dass Gleichaltrige bzw. die Lerngruppe eine wichtige Rolle spielen – kooperatives Lernen beispielsweise ist dem am Wettbewerb orientierten und dem individuellen Lernen überlegen (d=0,47). Direkte Instruktion (d=0,45) ist konsequenterweise eine Folge aus dem bisher Gesagten – nicht als Frontalunterricht missinterpretiert, sondern als ein Lehrerhandeln, das basierend auf den Informationen zum Lernstand der Schülerinnen und Schüler Ziele, Inhalte, Methoden und Medien bestimmt.

KERNBOTSCHAFT:

Die Haltungen der Lehrpersonen und eine Evidenzbasierung sind wesentlich für den großen Einfluss von Lehrpersonen. Daraus resultiert eine Lehrerrolle als Regisseur.

Also: Auf die Haltungen der Lehrpersonen kommt es an! Wie sie über das denken, was sie tun, ist entscheidend. Nicht die einzelne Lehrperson ist wirkmächtig, sondern alle am Unterrichtsprozess Beteiligten sind gemeinsam tätig und können am erfolgreichsten sein, wenn sie diese Gemeinschaft nutzen: Lernende, Lehrpersonen, Erzieherinnen und Erzieher, Eltern usw. Somit wird auch deutlich, dass die Lehrpersonen zwar wichtig im Bildungsprozess sind, aber sicherlich nicht superwichtig. Nichts geht ohne die Lernenden und deren Anlagen lassen sich nicht ausklammern. Und, das sollte angesichts einer zunehmenden, politisch beförderten „Verstaatlichung“ von Bildung und Erziehung betont werden, nichts geht ohne die Eltern, die aus erziehungswissenschaftlicher Sicht zu Recht laut Grundgesetz die zuvörderst ihnen obliegende Pflicht für die Erziehung der Kinder und Jugendlichen haben.

Kernbotschaft:

Schulische Leistung ist ein komplexes Feld und erfordert Kooperation auf allen Ebenen und zwischen allen Beteiligten. Niemand ist für alles allein verantwortlich.

Vor diesem Hintergrund liegt auf der Hand: Es geht in „Visible Learning“ nicht um Frontalunterricht als Allheilmittel und ebenso wenig ist die Lehrperson allwissend und allmächtig. Und da sie sich immer als lernende Lehrperson versteht, ist sie kein Einzelkämpfer. Auch Lehrpersonen brauchen Feedback und auch sie machen in der Gruppe die größten Fortschritte. Wie defizitär ist es vor diesem Hintergrund, wenn festgestellt wird, dass Lehrpersonen in der Woche über alles mögliche sprechen, nur nicht über den eigenen Unterricht! Zurück zum Kerngeschäft, ist man geneigt zu folgern.

Die Grammatik des Lernens

Eines der wichtigsten Ergebnisse, das „Visible Learning“ liefert, sind folgende Grundsätze:

Erfolgreiches Lernen erfordert
… Einsatz und Anstrengung,
… Kooperation und Austausch,
… Umwege und Irrwege,
… positive Beziehungen,
… Fehler,
… Herausforderungen anstatt Unter- oder Überforderungen,
… intensive Gespräche und Rückmeldungen sowie
… eine gemeinsame Vision von Bildung.

Diese Grundsätze für Lernerfolg beschreiben die Grammatik des Lernens. Denn ohne sie findet Lernen nicht statt. Sie sind in diesem Sinn das Regelwerk, das es aus Sicht von Lehrpersonen zu beachten und in der Planung, Durchführung und Evaluation von Unterricht immer wieder zu reflektieren gilt. Daran werden übrigens alle noch so durchdachten Strukturmaßnahmen und alle noch so revolutionären Errungenschaften des digitalen Zeitalters nichts ändern. Denn die Grammatik des Lernens ist eine menschliche Gesetzmäßigkeit, die (wenn überhaupt) evolutionären Veränderungen folgt, aber sicherlich nicht gesellschaftlichen oder industriellen.

Angesichts dieses Ergebnisses lohnt ein Blick auf eine Auswahl an Faktorenbündel. Denn mit ihrer Hilfe lässt sich die Grammatik des Lernens weiter spezifizieren und an einer Reihe von Faktoren verdeutlichen. Insofern geht es nicht darum, eine umfassende Betrachtung vorzulegen, sondern im Licht der angestellten Überlegungen eine weitere und durchaus pointierte Veranschaulichung zu liefern:

„Die Antreiber“

Sowohl innerhalb des Bereiches „Lernende“ als auch innerhalb des Bereiches „Elternhaus“ gibt es ein Bündel von Faktoren, die deutlich machen, wie wichtig es ist, die Lernausgangslage der Lernenden in den Blick zu nehmen. Gleichzeitig zeigen diese Faktoren auf, auf welchem Fundament Lernerfolg steht und wie dieses bereits im familiären Umfeld gelegt werden kann.

Faktor	d
Häusliches Anregungsniveau	0,40
Leistungsmotivation und Leistungsorientierung	0,44
Konzentration, Ausdauer und Engagement	0,47
Selbstkonzept	0,51
Zusammenhang Leistungsniveau Sekundarbereich II – Leistung im Tertiärbereich	0,53
Hohe Motivation und Tiefenverständnis	0,58
Selbstwirksamkeitserwartung	0,62
Arbeitsgedächtnis	0,66
Vorausgehende Fähigkeiten	0,78
Vorausgehendes Leistungsniveau	1,09
Erkenntnisstufen	1,28
Gesamteffekt	**0,67**

„Die Verhinderer"

In ähnlicher Weise wie das Faktorenbündel „Die Antreiber" lassen sich gerade in den Bereichen „Lernende" und „Elternhaus" Faktoren identifizieren, die Lernen nicht nur erschweren, sondern sogar verhindern können. Als Lehrperson erscheint es angesichts der damit verbundenen negativen Effekte immer dann geboten, darauf zu reagieren, wenn diese auch nur im Ansatz ans Tageslicht treten. Denn sind diese Faktoren erst einmal präsent, wird es schwierig sie wieder abzustellen. Prävention ist besser als Intervention!

Faktor	d
ADHS	-0,92
Misshandlungen	-0,53
Angst	-0,50
Langeweile	-0,34
Smartphones (außerschulisch)	-0,32
Depressionen	-0,30
Fernsehen	-0,17
Soziale Medien	-0,14
Gesamteffekt	**-0,40**

„Die Zielgerichteten“

Ausgehend von der Gegenüberstellung der Lehrperson als Regisseur einerseits und der Lehrperson als Moderator andererseits dringt ein Faktorenbündel in den Fokus, das sich aus verschiedener Hinsicht auf die Ziele konzentriert. Auffallend ist: Jeder dieser Faktoren ist ausgesprochen wichtig für den Lernerfolg. Es lohnt aus Sicht der Lehrperson also, mehr denn je sich Gedanken über die Ziele zu machen, diese offenzulegen und mit den Lernenden einen Austausch darüber zu führen. Damit sind die besten Voraussetzungen geschaffen, dass die Ziele die Herausforderung im Lernprozess setzen können.

Faktor	**d**
Einvernehmen über Ziele (Zielbindung)	0,44
Direkte Instruktion	0,45
Zielintention	0,50
Ziele	0,54
Passung des Ziels	0,60
Klarheit der Lehrperson	0,79
Gesamteffekt	**0,56**

„Die Evergreens“

So groß die Anzahl an Methoden und Medien geworden ist und so zahlreich die Studien dazu sind, es gibt ein Bündel an Faktoren, das für sich in Anspruch nehmen kann, unabhängig vom Alter der Lernenden, vom Leistungsniveau der Lernenden, vom Fach und von der Schulart wirksam zu sein. In diesem Sinn also didaktisch-methodische Evergreens! Auch wenn es durchaus bei jedem dieser Faktoren Fallstricke gibt, die es zu beachten gilt, das Potenzial ist enorm und es wird empfohlen, diese kollektiv und im Austausch mit den Lernenden nutzbar zu machen.

Faktor	**d**
Direkte Instruktion	0,45
Fragenstellen	0,46
Aktive-Lernzeit	0,46
Fallbeispiele	0,47
Bewusstes Üben	0,49
Kooperatives Lernen	0,50
Selbstregulationsstrategien	0,51
Meta-kognitive Strategien	0,51
Feedback (Allgemein)	0,52
Ziele	0,54
Feedback (Timing)	0,55
Vorausschauendes Planen	0,56
Übungstests	0,57
Strategien des Wiederholens und Einprägens	0,57
Kooperatives vs. kompetitives Lernen	0,58
Kooperatives vs. individuelles Lernen	0,62
Peer-Tutoring	0,66
Mnemo-Techniken	0,78
Klassendiskussionen	0,82
Kognitive Aufgabenanalyse (Cognitive Task Analysis)	1,09
Gesamteffekt	**0,59**

„Die Herausforderer"

Neben dem eben angesprochenen Faktorenbündel „Die Evergreens" gibt es eine Reihe von Faktoren, die viel Potenzial mit sich bringen – dieses ist aber eben nicht unabhängig vom Alter der Lernenden und ihrem Leistungsniveau zu sehen. Vielmehr sind es genau diese Fragen, die zuerst zu beantworten sind, um entscheiden zu können, ob diese Faktoren zum richtigen Zeitpunkt eingesetzt werden. Gelingt diese Passung, so helfen sie, die Herausforderung im Lernprozess zu setzen. Sie machen also Lernen weder zu leicht, noch zu schwer.

Faktor	**d**
Freiarbeit	0,02
Entdeckendes Lernen	0,27
Hausaufgaben	0,32
Einsatz von Smartphones und Tablets im Unterricht	0,35
Problembasiertes Lernen	0,42
Forschendes Lernen	0,45
Induktives Vorgehen	0,58
Lautes Denken	0,61
Concept Mapping	0,62
Gruppenpuzzle	1,20
Gesamteffekt	**0,48**

„Die Dialogischen“

Unterricht ist eine Begegnung von Mensch zu Mensch. Diese philosophische Reflexion findet eine überzeugende empirische Bestätigung. So weisen mehrere Faktoren auf die Notwendigkeit hin, Unterricht als Interaktion zwischen Menschen, als Dialog zu sehen. Und je besser dies gelingt, desto wirksamer werden Lehrprozesse.

Faktor	d
Direkte Instruktion	0,45
Kooperatives Lernen	0,47
Fragenstellen	0,50
Scaffolding	0,50
Aufgabenbezogenes Lernen in Kleingruppen	0,53
Peer-Einflüsse	0,53
Philosophieren	0,54
Interaktive Lernvideos	0,55
Klassenzusammenhalt	0,58
Kooperatives vs. kompetitives Lernen	0,58
Beeinflussung von Verhalten in der Klasse	0,60
Kooperatives vs. individuelles Lernen	0,62
Reziprokes Lehren	0,74
Gruppenpuzzle	1,20
Gesamteffekt	**0,60**

„Die Vertrauensförderer"

Eine weitere philosophische Positionierung lautet, dass Unterricht im Kern Beziehung ist und es sich demnach lohnt, Zeit in Beziehungsarbeit zu investieren. Ein Faktorenbündel bestätigt dies eindringlich: Lernen braucht Vertrauen und Zutrauen. Lernen braucht Geborgenheit. Lernen braucht eine positive Fehlerkultur. Kompetenz und Haltung auf Seiten der Lehrperson sind hierfür entscheidend.

Faktor	**d**
Kommunikationsfähigkeiten und -strategien	0,43
Feedback (Lernende)	0,49
Lehrererwartungen	0,56
Nichtetikettieren von Lernenden	0,60
Lehrer-Schüler-Beziehung	0,60
Klarheit der Lehrperson	0,79
Glaubwürdigkeit	0,90
Einschätzung des Leistungsniveaus durch die Lehrperson	1,42
Gesamteffekt	**0,73**

„Die Selbststeuerer"

Durch die Erweiterung des Datensatzes auf über 1.700 Meta-Analysen ist ein Faktorenbündel zutage befördert worden, dass bereits in der ersten Veröffentlichung von „Visible Learing" aufgetaucht ist: Lernende müssen sich selbst als ihre eigene Lehrperson sehen! Eine Vielzahl an Faktoren untermauert diese Fokussierung.

August Hermann Niemeyer, im 18. Jahrhundert einer der Gründerväter der Pädagogik als Wissenschaft in Deutschland, formuliert als Maxime für Erziehung und Unterricht: „Ich bedarf deiner nicht mehr!" Ähnlich bringt Maria Montessori zu Beginn des 20. Jahrhunderts ihren Kerngedanken auf den Punkt: „Hilf mir, es selbst zu tun!" Und in „Visible Learning for Teachers" heißt es: „Die Lehrperson muss die Fähigkeit haben, aus dem Weg zu gehen, wenn das Lernen sich den Erfolgskriterien nähert." Und: „Das Ziel von Schule ist, den Lernenden zu seiner eigenen Lehrperson zu machen."

Erfolgreiche Lehrpersonen betreten das Klassenzimmer somit mit der Haltung eines Regisseurs, der seine Klasse verantwortungsvoll und menschlich führt. Dabei treten erfolgreiche Lehrpersonen ihrer Klasse nicht in autoritärer Form gegenüber, der gemäß sie alles alleine bestimmen und den Ton angeben.

Faktor	d
Strategien des Protokollierens	0,41
Strategien des Hervorhebens	0,44
Lerntechniken	0,48
Bewusstes Üben	0,49
Selbstregulationsstrategien	0,51
Meta-kognitive Strategien	0,51
Strategien des Notierens und Mitschreibens	0,52
Strategien der Selbstkontrolle	0,54
Strategien des Visualisierens	0,55
Strategien des Wiederholens und Einprägens	0,57
Strategien der Elaboration und Organisation	0,58
Lautes Denken	0,61
Strategien des Hilfesuchens	0,66
Strategien zur Evaluation und Reflexion	0,75
Strategien des Skizzierens und Übertragens	0,75
Strategien des Transfers	0,75
Kontrolle der Lernanstrengung	0,77
Mnemo-Techniken	0,78
Strategien zur Zusammenfassung des Lernstoffes	0,90
Strategien zur Berücksichtigung des Vorwissens	0,93
Beurteilung des eigenen Leistungsniveaus	1,10
Gesamteffekt	**0,65**

Sondern sie führen die Schülerinnen und Schüler behutsam und einfühlsam im ständigen Austausch über Ziele, Inhalte, Methoden und Medien an die Erfolgskriterien heran. Sie tauschen sich mit ihren Kolleginnen und Kollegen über Wege, Umwege und Irrwege aus, kooperieren mit Eltern und nähern sich Schritt für Schritt mit den Schülerinnen und Schülern dem Ziel – den letzten Schritt dorthin muss jeder Lernende allerdings für sich selbst meistern.

ZUSAMMENFASSUNG:

Welchen Einfluss haben die neun Bereiche „Lernende“, „Elternhaus“, „Schule“, „Klassenraum“, „Curricula“, „Lehrstrategien“, „Implementation“, „Lernstrategien“ und „Lehrperson“ auf die schulische Leistung der Lernenden im Vergleich?
Jeder der neun Bereiche hat einen Einfluss auf schulischen Lernerfolg und muss beachtet werden. Und dennoch nimmt die Lehrperson eine Sonderstellung ein, weil sie im Unterricht als dem Ort der Bildung *die* zentrale Rolle spielt.

Welche Rolle resultiert daraus für die Lehrperson im Unterricht?
Lehrpersonen haben den größten Einfluss auf die schulische Leistung der Lernenden, wenn sie wie ein Regisseur agieren: Sie wissen über Ziele, Inhalte, Methoden und Medien Bescheid und wählen diese nach Rückkopplung mit den Lernenden aus. Basierend auf einer intensiven Lehrer-Schüler-Beziehung nutzen sie Rückmeldungen, um nicht nur das Ergebnis, sondern auch den Prozess des Lernens zu evaluieren. Damit sind sie in der Lage, notwendige Veränderungen im Unterricht vorzunehmen.

Wodurch zeichnet sich Expertise auf Seiten von Lehrpersonen aus?
Expertise ist nicht gleichzusetzen mit Erfahrung. Sie zeichnet sich vielmehr durch Fachkompetenz, pädagogische Kompetenz und didaktische Kompetenz aus und zudem durch eine starke Verbindung dieser Bereiche. Damit wird die Haltung, mit der Lehrpersonen in den Unterricht gehen und Lernenden begegnen, hervorgehoben.

Reflexionsaufgabe:

Reflektieren Sie das bisher Gelesene und übertragen Sie es auf die Frage: Was ist eine „gute“ Schule? Können Sie diese Frage mithilfe der Kernbotschaften aus „Visible Learning“ umfassend beantworten oder gibt es Grenzen, die Ihnen in Ihrem Alltag begegnen?

Ziele und Inhalte:

In diesem Kapitel werden die Grenzen von „Visible Learning“ angesprochen. Dazu wird das erkenntnistheoretische Quadrantenmodell von Ken Wilber eingeführt und auf den schulischen Kontext übertragen. Wenn Sie dieses Kapitel gelesen haben, dann sollten Sie folgende Fragen beantworten können:

- Welche Perspektiven auf ein komplexes Phänomen unterscheidet Ken Wilber?
- Worin liegt die Gefahr einer Verkürzung vor dem Hintergrund dieser Perspektiven? Worin sind die Begrenzungen von „Visible Learning“ zu sehen?
- Wodurch zeichnet sich eine „gute“ Schule aus?

8 Was nicht vergessen werden darf: Gute Schule ist mehr als effektive Schule

„Visible Learning" hat das Denken über Unterricht nicht nur in Deutschland, sondern vor allem auch weltweit verändert. Insofern ist es ein wichtiges Buch. Aber: Es wird nicht das letzte Buch über Unterricht sein. Allein schon deswegen nicht, weil „Visible Learning" Begrenzungen unterliegt. Das ist kein besonderer Makel, sondern gilt für alle Bücher.

Zur näheren Erläuterung dieser Begrenzungen wird auf das erkenntnistheoretische Modell von Ken Wilber zurückgegriffen. Ken Wilber zählt aktuell zu den am meisten übersetzten Denkern weltweit und entwickelt in Anlehnung an Karl Popper und Jürgen Habermas eine Erkenntnistheorie. Seine Kernaussage ist, dass sich komplexe Phänomene aus unterschiedlichen Perspektiven betrachten lassen und jede dieser Perspektiven für sich genommen wichtig ist. Dementsprechend sieht er es als problematisch an, wenn nur aus einer Perspektive argumentiert wird. Im Wesentlichen unterscheidet Wilber vier Zugänge und ordnet sie folgendem Modell zu, weswegen er auch von „Quadrantenmodell" spricht. Im Folgenden wird dieses Modell zunächst mit den Worten von Ken Wilber erläutert, bevor es auf „Visible Learning" übertragen wird:

subjektiv **Wahrhaftigkeit**	*objektiv* **Wahrheit**
intersubjektiv **Kulturelles Passen**	*interobjektiv* **Funktionales Passen**

Wilber unterscheidet einen objektiven Zugang. In diesem dominieren empirische Methoden und es kommt zu einem Erkenntnisgewinn durch Messen,

Testen und dergleichen. Ein Beispiel für eine Aussage in diesem Quadranten wäre: „Es regnet draußen.“ Diese Aussage kann jeder schnell und einfach überprüfen. Damit wird deutlich, dass Aussagen des objektiven Quadranten Wahrheit für sich in Anspruch nehmen.

Davon zu unterscheiden ist ein subjektiver Zugang. In diesem geht es in erster Linie um Bedürfnisse, Interessen und Gefühle. Ein Beispiel hierfür wäre die Antwort „Es geht mir gut.“ auf die Frage „Wie geht es Ihnen?“. Dass der Wahrheitsgehalt dieser Aussage sich einem empirischen Zugang entzieht, liegt auf der Hand: Es kann mithilfe von Messungen oder Tests nicht überprüft werden, ob jemand die Wahrheit sagt oder womöglich lügt. Man kann zwar versuchen, durch die Beobachtung der Gestik und der Mimik noch zusätzliche Informationen zu erhalten, aber letztendlich muss man die Ebene der Interpretation einnehmen: Man kann nur deuten und versuchen zu verstehen, wie der Wahrheitsgehalt einer Aussage ist. Ganz sicher kann man sich bei seiner Interpretation nicht sein. Infolgedessen spricht Wilber davon, dass Aussagen im subjektiven Quadranten für sich nicht objektive Wahrheit, sondern subjektive Wahrhaftigkeit in Anspruch nehmen.

Des Weiteren nennt Wilber einen intersubjektiven Zugang. Hier stehen die Beziehungen von Menschen zueinander im Blickfeld. Werte und Normen, Regeln und Rituale spielen insofern eine große Rolle und haben einen Einfluss darauf, wie Menschen denken und handeln. Sie können weder empirisch bestimmt noch vom Einzelnen festgelegt werden. Vielmehr bedürfen sie einer argumentativen und diskursiven Auseinandersetzung. Damit ist der Anspruch, der mit Aussagen aus dem intersubjektiven Quadranten erhoben werden kann, nicht Wahrheit oder Wahrhaftigkeit. Er wird von Ken Wilber mit „kulturellem Passen“ bezeichnet. Anschaulich wird dieser Sachverhalt, wenn man sich beispielsweise die Situation vorstellt, in der jemand, der noch nie mit Fußball zu tun hatte, ein Fußballspiel in einem Stadion besucht. Dieser Mensch wird überfordert sein und all das, was dort passiert, nicht verstehen können. Ihm fehlt das passende kulturelle Wissen.

Und schließlich unterscheidet Wilber einen interobjektiven Zugang. Damit greift er systemische Zusammenhänge auf: Kein Mensch existiert für sich alleine, sondern ist eingebunden in verschiedene Kontexte – in Familie, in Wirtschaft, in Politik und in Kirche, um vielleicht die wichtigsten an dieser Stelle zu nennen. Gemäß der Systemtheorie von Niklas Luhmann, die mit diesem Quadranten in Verbindung gebracht werden kann, gibt es zahlreiche Spannungsverhältnisse zwischen den einzelnen Systemen. Diese sind vor allem auf die unterschiedlichen Codes zurückzuführen, mit denen die Systeme sich äußern und arbeiten: Politik geht es in erster Linie um Macht, Wirtschaft um Profit, Kirche um Glauben usw. Diese unterschiedlichen Interessenlagen können zu Konflikten und Kontroversen führen. Ihre Klärung erfordert insofern Aussagen, die den Anspruch nach einem funktionalen Passen erheben.

Betrachtet man ein komplexes Phänomen vor dem Hintergrund des Quadrantenmodells, so wird ersichtlich, dass mindestens vier Perspektiven voneinander zu unterscheiden sind. Jede dieser Perspektiven ist wichtig und kann durch eine andere nicht ersetzt werden. Die Gefahr, auf die Wilber hinweist, ist daher, dass verkürzend aus einer Perspektive heraus argumentiert wird. Dies muss zwangsläufig zu Fehlannahmen und Fehlschlüssen führen.

Überträgt man dieses Quadrantenmodell auf die Frage „Was ist eine 'gute' Schule?", die im Zentrum von „Visible Learning" steht, so lassen sich vier Teilfragen nennen, die gleichzeitig die Begrenzungen von „Visible Learning" aufzeigen:

Was ist eine „effektive" Schule?

Wenn es im Kontext von Schule um ein Messen und Testen geht, dann ist Effektivität das bestimmende Kriterium. Paradebeispiele sind die internationalen Vergleichsstudien PISA & Co., in denen die Leistungsfähigkeit von Bildungssystemen im Ländervergleich anhand der mathematischen, naturwissenschaftlichen und sprachlichen Kompetenzen gemessen wird. Diese Kompetenzen sind auch häufig die Grundlage der über 100.000 quantitativ-empirischen Einzelstudien, die in den über 2.000 Meta-Analysen aus „Visible Learning" berücksichtigt werden. Damit wird ein gewisser Schwerpunkt hinsichtlich des Bildungsbegriffs im Allgemeinen und der schulischen Leistung im Besonderen gelegt. Und ohne Zweifel kann diesbezüglich „Visible Learning" aktuell als der größte Fundus der empirischen Bildungsforschung gesehen werden. Es ist eine wahre Fundgrube, um über Effektivität des Lernens und Lehrens nachzudenken. Allerdings erschöpft sich Bildung und schulische Leistung nicht in den genannten Kompetenzen. Erinnert sei an dieser Stelle an die „vielfältigen Intelligenzen" von Howard Gardner: Es gibt auch motorische, soziale, affektive, moralische, ethische und religiöse Kompetenzen, die ebenfalls zum Aufgabenbereich von Erziehung und Unterricht gehören, in „Visible Learning" aber kaum beziehungsweise nicht berücksichtigt werden. Von Anfang an wird darin aber immer wieder bekräftigt, dass Lernleistung nur ein (ja sicherlich wichtiges) Ergebnis der Schulbildung ist und es keinen Grund gibt, all die anderen Kompetenzen weniger zu beachten. Vielmehr ist festzustellen, dass diese Kompetenzen bisher kaum quantitativ-empirisch untersucht wurden beziehungsweise sich einer entsprechenden Messung entziehen. Mittlerweile gibt es Forschergruppen, die an Projekten zur Synthese von qualitativer Forschung in Bezug auf Motivation, Empathie, Spiritualität und Kreativität arbeiten. Das sind spannende Entwicklungen, die die Debatte über schulische Bildung beleben werden.

Was ist eine „freudvolle" Schule?

Die Begrenzung auf eine Auswahl an bestimmten Kompetenzen ist noch in eine andere Richtung weiterzudenken: Bildung besteht nicht nur aus Kompetenzen, und Schule erschöpft sich nicht darin, möglichst effektiv zu sein. Ebenso wichtig sind Interessen, Wünsche und Bedürfnisse aller Beteiligten. An einem PISA-Sieger lässt sich dieser Gedanke deutlich machen: China hat eines der effektivsten Bildungssysteme weltweit. Chinesische Schülerinnen und Schüler zählen mit Blick auf mathematische, naturwissenschaftliche und sprachliche Kompetenzen zu den Besten. Dies überrascht nicht, wenn man sich chinesische Schulen anschaut: Hier wird gepaukt. Mit Unterricht, so wie wir ihn aus Deutschland kennen, hat das allerdings nicht viel zu tun. Vielmehr gleicht der chinesische Unterricht einem Drill auf höchstem Niveau. Es fehlt Kommunikation im Unterricht, Interaktion zwischen den Beteiligten und Leidenschaft auf allen Seiten. Letztendlich spürt man häufig kein Leben mehr. Es gibt dafür sogar einen Konsens über weite Teile der Gesellschaft. Gesellschaftspolitisch ist all das somit nachvollziehbar. Dennoch: Dieser Unterricht mag zwar effektiv sein, indem er die Hoffnungen der Eltern befriedigt und den Erwartungen der Gesellschaft entspricht. Aber er bereitet keine Freude und wird nicht als erfüllte Lebenszeit wahrgenommen. Wir alle wissen, dass effektive Lebenszeit nicht immer erfüllt sein muss und ebenso erfüllte Lebenszeit nicht immer effektiv genutzt wird. Zur Bildung gehört aber beides. Dass die Perspektive der Freude in der Diskussion vergessen wird, hat mit einer Überbetonung der Effektivität zu tun. Schlussendlich kann diese in eine Optimierungsfalle führen, wie es Julian Nida-Rümelin in einem anderen Kontext zuspitzt. Blickt man von hieraus auf „Visible Learning", so ist festzustellen, dass die Frage nach einer „freudvollen" Schule in den über 360 Faktoren nur am Rande berücksichtigt wird – obschon auf diese

Begrenzung hingewiesen wird und viele Kommentare zu finden sind, die Leidenschaft im Unterricht ansprechen, die Freude beim Lernen betonen und das Erleben von Gemeinschaft und Fairness als den Schlüssel zum Aufbau von Vertrauen und Beziehungen in den Vordergrund rücken.

Was ist eine „kulturell passende" Schule?

Wenn es um die Frage der kulturellen Passung im schulischen Kontext geht, dann sind Ziel- und Inhaltsfragen gemeint. Diese lassen sich weder empirisch bestimmen, noch können sie vom Einzelnen festgelegt werden. Die Frage, was in der Schule warum gelernt werden soll, muss diskursiv und argumentativ beantwortet werden. Jede Kultur muss sich diese Fragen selbst stellen. Der Bildungsbegriff ist somit auch immer wieder neu zu bestimmen. Was heute für wichtig erachtet wird, kann morgen schon überholt sein. Zu denken ist beispielsweise an die Umwelterziehung, die mit der Atomkatastrophe in Tschernobyl 1986 besonders aktuell wurde, oder an die Inklusion, die derzeit viele Diskussionen rund um Erziehung und Unterricht dominiert. Damit liegt auf der Hand, dass die Frage nach einer „kulturell passenden" Schule nicht in „Visible Learning" beantwortet wird und auch nicht beantwortet werden kann. Wie wichtig sie aber ist, zeigt die gescheiterte Verkürzung des Gymnasiums auf acht Jahre vor allem in den westlichen Bundesländern. Vielerorts wurde nur strukturell vorgegangen und die ehemals neun Jahre wurden auf acht Jahre verteilt – ohne sich ausreichend Gedanken darüber gemacht zu haben, was inhaltlich anzupassen ist. Die Folge war schnell sichtbar: Überfrachtung auf Seiten der Lernenden, Überforderung auf Seiten der Lehrpersonen und Unmut auf Seiten der Eltern. Mittlerweile wird nachgebessert.

Was ist eine „funktional passende" Schule?

Die Bedeutung dieser Frage lässt sich am besten an der Hauptschule erklären, die vielerorts abgeschafft wurde. Was war das Problem der Hauptschule? Sicherlich nicht, dass sie nicht effektiv war. Wir wissen aus zahlreichen Studien, dass manche Hauptschüler genauso gut waren wie Realschüler, wenige sogar so gut wie Gymnasiasten. Daran hat es also nicht gelegen. Hauptschulen waren durchaus „effektive" Schulen. Auch nicht daran, dass Hauptschüler nicht gerne in ihre Schulen gegangen wären. Hauptschüler hatten genauso viel Freude an ihrer Schulzeit wie Schüler der anderen Schularten. Insofern waren Hauptschulen auch „freudvolle“ Schulen. Und aufgrund der Heterogenität der Schülerschaft waren Hauptschulen ebenfalls „kulturell passende“ Schulen. Die Vielfalt der Kulturen, die unterschiedlichen familiären Kontexte, die Hauptschüler mitbringen, erforderten in der tagtäglichen Arbeit viel Erziehung: interkulturelle Erziehung, Umwelterziehung, Medienerziehung, Gewaltprävention und dergleichen. Somit waren Hauptschulen gerade im Hinblick auf eine kulturelle Passung gefordert. Das Problem der Hauptschule ist im interobjektiven Quadranten zu sehen: Wenn es einer Schulart nicht gelingt, ihre Absolventen in die Arbeitswelt zu überführen und ihnen die Möglichkeit zu eröffnen, einen Stand im Leben zu gewinnen, weil beispielsweise Wirtschaftsunternehmen lieber (schlechter qualifizierte) Realschüler oder Gymnasiasten nehmen, dann hat sie ihre Daseinsberechtigung verloren. Eine Schule, die auf die Arbeitslosigkeit vorbereitet, wird zu Recht abgeschafft. Der Hauptschule fehlte es somit vor allem an einer „funktionalen Passung“. Ob ein Etikettenwechsel alleine, wie er in einigen Bundesländern durchgeführt wurde, langfristig ausreicht, um diese Schulform zu retten, darf bezweifelt werden. Denn systemische Probleme lassen sich nicht lösen, indem Namen ausgetauscht werden. Sie erfordern vielmehr systemische Lösungsansätze. Überträgt man diese Überlegungen auf „Visible Learning“, so zeigt sich, dass auch dieser Bereich darin nicht abgedeckt wird. Die Frage nach der „funktional passenden“ Schule ist eine kulturspezifische, die jedes Land für sich selbst lösen muss und insofern im Rahmen einer Synthese von Meta-Analysen nicht beantwortet werden kann.

Das Beispiel der Hauptschule zeigt den Kerngedanken, den Ken Wilber mit seinem Quadrantenmodell verfolgt: Komplexe Phänomene lassen sich nicht nur aus einer Perspektive heraus beantworten. Es muss vielmehr multiperspektivisch argumentiert werden. Gleiches gilt für „Visible Learning“, das nicht alle Quadranten abdeckt. Insofern werden durchaus wichtige Ergebnisse geliefert, um über ein zukunftsfähiges Bildungssystem zu diskutieren. Aber „Visible Learning“ leuchtet die dafür notwendige Diskussion nicht vollständig aus, sondern hat gewisse Schwerpunkte. Insofern müssen weitere Zugänge und Arbeiten in Betracht gezogen werden. Die Frage nach einer „guten“ Schule lässt sich infolgedessen nur beantworten, wenn die Teilfragen nach einer „effektiven“, „freudvollen“, „kulturell passenden“ und „funktional passenden“ Schule beantwortet und aufeinander bezogen werden:

Was ist eine „freudvolle" Schule?	Was ist eine „effektive" Schule?
Was ist eine „kulturell passende Schule?	Was ist eine „funktional passende" Schule?

„Visible Learning" erhebt weder den Anspruch, den Heiligen Gral des Unterrichtens gefunden zu haben, noch dass damit die Suche danach abgeschlossen ist. Vielmehr zeigt sich anhand von „Visible Learning", dass diese Suche wenig aussichtsreich ist. Denn sie setzt voraus, dass der Heilige Gral des Unterrichtens gefunden werden kann – mit zwei falschen Konsequenzen: Erstens wäre damit jeder in der Lage, alles zu lernen. Und zweitens wäre damit jeder in der Lage, allen etwas zu lehren. Beides ist nicht der Fall. Stattdessen zeigt „Visible Learning", dass die Suche nach dem Heiligen Gral des Unterrichtens abgebrochen werden muss und andere Pfade beschritten werden müssen: Lernen war, ist und bleibt anstrengend, erfordert Einsatz, braucht Herausforderungen und Fehler, eine positive Beziehung, Wertschätzung und eine gemeinsame Vision von Bildung. Und ebenso war, ist und bleibt Lehren eine komplexe und anspruchsvolle Tätigkeit, deren Erfolg nicht programmierbar ist. Diese Haltungen zum Lernen und zum Lehren sind es, die über die vielen Meta-Analysen hinweg den Kerngedanken von „Visible Learning" auf den Punkt bringen.

ZUSAMMENFASSUNG:

Welche Perspektiven auf ein komplexes Phänomen unterscheidet Ken Wilber?
Ken Wilber unterscheidet vier Zugänge zur Wirklichkeit: Erstens einen objektiven Zugang, in dem es um Messen und Testen und dementsprechend um Wahrheit geht. Zweitens einen subjektiven Zugang, in dem es um Wünsche, Interessen und Bedürfnisse und damit um Wahrhaftigkeit geht. Drittens einen intersubjektiven Zugang, der Regeln und Rituale, Werte und Normen ins Zentrum rückt und damit die kulturelle Passung betont. Und viertens einen interobjektiven Zugang, der einen systemischen Blickwinkel einnimmt und das Spannungsverhältnis zwischen Familie, Schule, Politik, Wirtschaft, Kirche usw. in den Vordergrund rückt.

Worin liegt die Gefahr einer Verkürzung vor dem Hintergrund dieser Perspektiven?
Betrachtet man komplexe Phänomene aus nur einer Perspektive, so läuft man Gefahr, wichtige Aspekte zu übersehen und verkürzend zu argumentieren. Entscheidend ist insofern, alle genannten Perspektiven zu berücksichtigen und aufeinander zu beziehen.

Worin sind die Begrenzungen von „Visible Learning" zu sehen?
Aufgrund des meta-analytischen Vorgehens wird in „Visible Learning" vorwiegend im objektiven Quadranten und unter dem Paradigma des Messens und Testens argumentiert. Damit ist eine gewisse Begrenzung der Diskussion gegeben. Zudem nimmt es in erster Linie mathematische, naturwissenschaftliche und sprachliche Kompetenzen in den Blick, was zu einer weiteren Begrenzung führt.

Wodurch zeichnet sich eine „gute" Schule aus?
Eine „gute" Schule lässt sich nicht nur an ihrer Effektivität festmachen. Ebenso wichtig ist, dass Schulzeit als erfüllte Lebenszeit wahrgenommen wird, dass Schule die kulturellen Aufgaben erfüllt und aus systemischer Sicht eine funktionale Passung herbeiführt. Dabei zeigt sich, dass diese Perspektiven in einem Wechselwirkungsverhältnis zueinander stehen.

9 Was können die nächsten Schritte sein: Handlungsempfehlungen für die Praxis

Viele Lehrpersonen bringen angesichts der Ergebnisse aus „Visible Learning“ vor: „Das kann keiner schaffen!“ Oder: „Man ist mit so vielen Sachen belastet, manchmal sogar überlastet, dass alle Forderungen zwar gut gemeint, aber nicht umsetzbar sind!“

Das ist nicht richtig. Die Ergebnisse aus „Visible Learning“ zeigen vielmehr, dass ca. 50 Prozent der Lehrpersonen bereits all das umsetzen, was gefordert wird. Und damit belegen sie, dass die Kernbotschaften von „Visible Learning“ in jede Schule getragen werden können. Denn diese erfolgreichen Lehrpersonen unterrichten bereits tagtäglich an ganz normalen Schulen, mit dem gleichen Lehrplan, mit den gleichen Belastungen, mit den gleichen Schulleitungen und oft sogar mit den gleichen Lernenden aus den gleichen Familien wie alle anderen Lehrpersonen auch. Sicherlich muss es das Ziel sein, noch mehr Lehrpersonen zu gewinnen, bei denen alle Schülerinnen und Schüler mehr als ein Jahr Wachstum für den Input eines Jahres erhalten.

Was machen diese Lehrpersonen also anders? Und wie kann dieser Wandel für alle gelingen?
Nicht zielführend ist die Behauptung, dass Lehrpersonen zu wenig machen würden. Zu fragen ist stattdessen, ob sie immer das Richtige machen. Und hierfür bietet „Visible Learning“ wichtige Hilfestellungen, indem es Kernbotschaften liefert, die den eigenen Unterricht und das eigene Lehrerhandeln irritieren und infrage stellen. Die wichtigste Kernbotschaft in diesem Zusammenhang ist: Fehler als Chancen begreifen und Veränderungen wagen! Dazu gehört: bestehende Praktiken evidenzbasiert zu reflektieren. Erweisen sie sich als nicht-effektiv, weil sie das Lernen der Schülerinnen und Schüler nicht ausreichend verbessern und sie nicht dazu bringen, in ihr Lernen zu investieren, so sind sie zu verwerfen.

Auf diesem Weg werden Kapazitäten frei und Möglichkeiten eröffnet, um Veränderungen auf den Weg zu bringen. Neue und möglicherweise effektivere Praktiken können so ausprobiert, umgesetzt und etabliert werden.

Zur Veranschaulichung dieser Überlegungen wollen wir ein Beispiel geben (vgl. Hattie & Zierer, 2023):

Das Kambrya College: Eine gemeinsame Vision von Schule und Unterricht entwickeln.

Im Jahr 2015 sorgte eine mehrteilige Dokumentation über einen Schulentwicklungsprozess für Schlagzeilen: Das Kambrya College schickte sich an, von einer der schlechtesten Schulen Australiens zu einer der besten zu werden. 2002 in Brewick gegründet, knapp 50 Kilometer von Melbourne entfernt, zählt die Schule heute über 1.000 Schülerinnen und Schüler, von denen über 25 Prozent einen Migrationshintergrund haben und insgesamt über 35 Nationalitäten repräsentieren. Wenn man so will: eine typische Schule im 21. Jahrhundert. Aufgrund schlechter Leistungen der Lernenden in nationalen Vergleichstest wurde die Schule 2008 zu einer sogenannten „red school" erklärt. Daraufhin machte sich das Schulleitungsteam um den Schulleiter Michael Muscat auf den Weg und knüpfte Kontakte, unter anderem zur Graduate School of Education der University of Melbourne. In diesem Austausch wurden zahlreiche Forschungsergebnisse aufgegriffen sowie Strategien implementiert und immer wieder evaluiert, um die Schule voranzubringen. Sie stellten aber keine Berater ein. Vielmehr hatten sie die Vision, zuzuhören, zu lernen, zu interpretieren und es selbst zu schaffen. Die Entscheidung, sich hauptsächlich darauf zu konzentrieren, nicht nach den besten Lehrmethoden zu fragen, sondern von den Lernenden auszugehen und diese zu befragen, erwies sich als fruchtbar. So erfuhren sie viel darüber, wie es war, Lernender in Kambrya zu sein – und das führte zur Revolution. Das heißt, sie konzentrierten sich auf ihre Wirkung und betrachteten ihr Unterrichten, ja sogar ihr Denken und Handeln mit den Augen ihrer Schülerinnen und Schüler. Nach kurzer Zeit gelang es, die Schule zu reformieren und auf Erfolgsspur zu bringen. Aus der Vielzahl an Interventionen sei vor dem Hintergrund der angestellten Überlegungen eine herausgegriffen, die ein erster Schritt auf dem Weg darstellt, „Visible Learning" in der Praxis umzusetzen:

Das Kollegium verständigte sich in einem intensiven Kooperations- und Austauschprozess darauf, zentrale Faktoren erfolgreichen Unterrichts durch Wortkarten im Klassenzimmer sichtbar zu machen und immer wieder darauf zu fokussieren. Die Entscheidung fiel auf die Faktoren „Ziele", „Erfolgskriterien" und „Medien". Nun könnte man durchaus auch andere Faktoren nennen. Viel wichtiger ist aber erstens der zugrundeliegende Prozess, dass sich nämlich ein Kollegium über Lernerfolg und Unterrichtsqualität ausgetauscht hat, und zweitens das Einvernehmen, diese Verständigung zum Grundsatz des kompletten Unterrichts zu machen. Unterrichtsqualität wird damit nicht nur innerhalb des Kollegiums verbindlich und sichtbar, sondern auch und vor allem für die Lernenden. Das Ziel, das sich die Schule damit setzt, ist nicht gering, sondern angesichts einer Evidenzbasierung wegweisend: Kein Unterricht mehr, in dem den Lernenden nicht klar ist, warum sie etwas lernen. Kein Unterricht mehr, in dem den Lernenden nicht vor Augen geführt wird, worin die Erfolgskriterien zu sehen sind. Und kein Unterricht mehr, in dem die Lernenden nicht wissen, welche Medien sie wofür einsetzen.

Letztendlich waren dieser Verständigungsprozess und die daraus entstandene Vision über Unterricht Garanten für den Erfolg des Kambrya College. Kollektive Wirksamkeitserwartungen führten zu tiefgreifenden Veränderungen. Das bedeutet: Haltungen, gespeist aus Überzeugungen, Einstellungen und Wertungen, lassen sich empirisch nachweisen und sind mit einer Effektstärke von 1,34 ausgesprochen wirksam, wie weiter oben bereits erläutert wurde. Wir sehen in diesem Prozess und in der Verständigung auf das beschriebene Instrument einen evidenzbasierten Weg, den es zu gehen lohnt:

Tauschen Sie sich also mit Ihren Kolleginnen und Kollegen aus. Sprechen Sie mit Ihren Schülerinnen und Schülern darüber, was es bedeutet, an Ihrer Schule zu lernen. Definieren Sie Fragen des Unterrichts, die für Sie verbindlich werden und für die Lernenden sichtbar. Platzieren Sie folglich diese Fragen an einer zentralen Stelle im Klassenzimmer – bitte nicht an der Seite – und nehmen Sie im Unterricht immer wieder darauf Bezug. Machen Sie damit Lernen sichtbar, sorgen Sie für Herausforderung und ermöglichen Sie Selbstverpflichtung, Vertrauen, angemessene Erwartungen und konzeptuelles Verstehen.

Das „Visible Learning Wheel“: Sechs Schritte zum Erfolg.

Für den erläuterten Wandel sind zwei Kernbotschaften aus „Visible Learning“ nochmals ins Bewusstsein zu rufen: Erstens ist die Haltung der Lehrpersonen einer der wichtigsten Faktoren für ein sichtbares Lernen und erfolgreiches Lehren. Es ist weniger das, was wir tun und wer wir sind, als vielmehr das, wie wir denken, bewerten und Entscheidungen treffen. Daran muss jede Lehrperson arbeiten. Zweitens ist eine Evidenzbasierung unerlässlich, die nach der Wirkung des Lehrerhandelns fragt und dafür empirische Belege sucht. Damit ist nicht zwangsläufig ein Mehr an Tests à la Schulinspektion,

PISA & Co. gemeint. Ganz im Gegenteil. Es geht um Qualität: Welche Daten liegen mir vor und was sagen sie mir über mein Lehrerhandeln und meine Lehrerrolle? Das sind die entscheidenden Fragen. Insofern wird die bloße Sammlung von Daten, die dann in Datenfriedhöfen zu Grabe getragen werden, ohne dass sie weiteren Nutzen haben, deutlich zurückgewiesen.

Nachfolgende Übersicht, die wir vor dem Hintergrund des Kambrya College „Visible Learning Wheel" nennen, kann eine Hilfestellung für den Unterrichtsalltag bieten. In ihr werden wesentliche Erfolgsfaktoren vereint und dadurch der Versuch unternommen, allen Beteiligten die Grammatik des Lernens und Lehrens sichtbar zu machen:

- Weiter oben wurde darauf hingewiesen, dass der Faktor „Ziele" mit einer Effektstärke von 0,54 zu einem der wirksamsten gehört und es dabei nicht nur wichtig ist, dass Lehrpersonen über diese Klarheit besitzen. Vielmehr ist es entscheidend, gerade den Lernenden aufzuzeigen, was gelernt werden soll und wann das Ziel erreicht ist. Infolgedessen sind die Ziele immer in Verbindung zu den Erfolgskriterien zu sehen. Aus Sicht der Lernenden ergeben sich daraus als Fragen für das „Visible Learning Wheel" „Was ist mein Ziel?" und „Wann habe ich das Ziel erreicht?".
- Weiter oben haben wir darauf hingewiesen, dass Lernen ohne leistungsorientierte Motivation nicht nachhaltig werden kann. Insofern wird mit der Frage „Warum ist das wichtig für mich?" eine Schlüsselstelle des Unterrichts angesprochen. Gelingt es Lehrpersonen hierauf überzeugende Antworten zu geben, so werden sich Lernende erfolgreicher in den Unterricht einbringen. Für das „Visible Learning Wheel" ergibt sich daraus die Frage aus Sicht der Lernenden „Warum ist das wichtig für mich zu wissen?".
- Der ebenfalls angesprochene Faktor „Feedback (Formative Evaluation)" verdeutlicht mit einer Effektstärke von 0,42 wie wichtig und wirksam es ist, Lernende immer wieder in Situationen zu bringen, in denen sie zeigen müssen, was sie gelernt haben. Die damit verbundenen Leistungen der Lernenden im Hinblick auf die definierten Ziele des Unterrichts zeigen dabei nicht nur den Lernenden, wo sie stehen. Sondern auch und vor allem den Lehrpersonen geben sie Rückmeldung über den Unterricht: Welche Ziele wurden erreicht? Welche Inhalte wurden verstanden? Welche Methoden konnten nachhaltig eingesetzt werden? Und welche Medien zeigen sich rückblickend als wirksam? Die Aufforderung „Jetzt muss ich zeigen, was ich kann!" ist infolgedessen ein weiterer Baustein des „Visible Learning Wheels".

- Wie ein roter Faden zieht sich ein Gedanke durch „Visible Learning“: Lehrpersonen müssen sich als Evaluatoren sehen. Lehrpersonen müssen ihren Einfluss kennen. Der Faktor „Feedback (Allgemein)“ (d=0,52) bringt dies wie kaum ein anderer auf den Punkt. An dieser Stelle sei auf zwei Kernaspekte erfolgreichen Feedbacks hingewiesen: Erstens ist erfolgreiches Feedback keine Einbahnstraße, sondern ein Dialog. Insofern ist nicht nur die Rückmeldung der Lehrperson zu den Lernenden wichtig, sondern auch die Rückmeldung von den Lernenden zur Lehrperson. Zweitens ist Feedback nicht gleich Feedback. Es erweist sich besonders wirksam, sofern es Auskunft über den weiteren Lernprozess aus der Perspektive der Schülerinnen und Schüler gibt. Für das „Visible Learning Wheel“ ergeben sich daraus die Elemente „Was ich zum Unterricht sagen möchte!“ und „Was sind meine nächsten Schritte?“

Eine Anmerkung drängt sich an dieser Stelle auf, um Missverständnisse zu vermeiden: Das „Visible Learning Wheel“ ist nicht als Korsett zu verstehen, sondern als Ausdruck einer kollektiven Professionalisierung und insofern eine Grundhaltung des Kollegiums. Insofern lässt es Spielraum sowohl in der

Intensität des Einsatzes als auch in der Abfolge seiner Bestandteile zu. Aber es billigt keinen Spielraum bei der Frage, ob es im Unterricht immer und immer wieder aufgegriffen wird. Demzufolge ist auch Vorsicht geboten: Das „Visible Learning Wheel“ ist mehr als nur ein Medium. Es setzt ein tiefes Verständnis und demgemäß Kompetenz und Haltung von Lehrpersonen voraus. Somit ist es nicht nur wichtig zu wissen, wie man es einsetzt. Entscheidend ist auch zu wissen, warum man es einsetzt.
In „Kenne deinen Einfluss! ‚Visible Learning' für die Unterrichtspraxis“ haben wir die Herausforderung angenommen, genau diese Zusammenhänge zu klären. Im Zentrum stehen dabei folgende zehn Mindframes (vgl. Hattie & Zierer, 2023):

1. Ich rede über Lernen, nicht über Lehren.
2. Ich setze die Herausforderung.
3. Ich sehe Lernen als harte Arbeit.
4. Ich entwickle positive Beziehungen.
5. Ich benutze Dialog anstelle von Monolog.
6. Ich informiere alle über die Sprache des Lernens.
7. Ich bin ein Veränderungsagent.
8. Ich bin ein Evaluator.
9. Schülerleistungen sind eine Rückmeldung für mich über mich.
10. Ich arbeite mit anderen Lehrpersonen zusammen.

An ihnen lässt sich verdeutlichen, was die entscheidenden Schritte sind, um Lernen sichtbar machen zu können. Für das eingangs erwähnte Projekt „Schulen zum Leben“ in Mecklenburg-Vorpommern bilden sie die Grundlage für die dort entwickelten, implementierten und erfolgreich evaluierten Lehrerfortbildungen:

1. Mindframe: Ich rede über Lernen, nicht über Lehren.

Eine Kernbotschaft aus „Visible Learning“ ist, dass die Berücksichtigung des Vorwissens und der Vorerfahrungen wichtig für einen gelingenden Unterricht ist. Erneut sei an den Faktor „Erkenntnisstufen“ mit einer Effektstärke von d=1,28 erinnert. Daraus folgt die Aufgabe, die Lernvoraussetzungen genau in den Blick zu nehmen und zu entscheiden:

✓ Auf welchem Leistungsniveau befinden sich die Lernenden: Sind es Anfänger, Fortgeschrittene oder Experten?

- ✓ Wie zeigt sich die Selbstwirksamkeitsüberzeugung: Ist sie hoch und werden schwierige Aufgaben als Herausforderung gesehen? Oder ist sie niedrig und werden schwierige Aufgaben als Bedrohung gesehen?
- ✓ Wie zeigt sich die Motivation: Motivieren sich die Lernenden selbst (intrinsisch) oder wird die Motivation durch äußere Faktoren verursacht (extrinsisch)?

Gewarnt sei an dieser Stelle vor weit verbreiteten Tests zur Feststellung eines optischen, akustischen und anderen Lernstils. Diesen mangelt es häufig an Qualität. Sie messen in der Regel nicht das, was sie zu messen glauben, und liefern daher unklare Ergebnisse, die mehr den Verlagen nutzen als den Lernenden.

2. *Mindframe: Ich setze die Herausforderung.*

Es ist mit Sicherheit eines der überraschendsten Ergebnisse der Forschungen zum Planungshandeln von Lehrpersonen, dass sich Lehrpersonen über Ziele kaum Gedanken machen. Das Ergebnis wird häufig unterschiedlich bewertet: Bei erfahrenen Lehrkräften wird eine fehlende Auseinandersetzung mit Zielen weniger problematisch gesehen und damit zu erklären versucht, dass sie ausreichend Routine haben, weil sie ein und dieselbe Stunde schon mehrfach gehalten haben. Aber: Unabhängig davon, ob man die Unterrichtsstunde schon mehrfach gehalten hat oder nicht, man hat sie definitiv nicht schon einmal mit ein und denselben Lernenden gehalten. Bei Berufsanfängern wird demgegenüber eine fehlende Auseinandersetzung mit Zielen aufs Schärfste verurteilt, weil ohne ein Bewusstsein über die Unterrichtsziele auch der Erfolg des eigenen Lehrerhandelns nicht reflektiert werden kann, was zu einem professionellen Handeln aber dazugehört.

Insofern ist es unstrittig: Klarheit der Lehrperson (d=0,79) im Hinblick auf die Ziele (d=0,54) gehört zu den wichtigsten Faktoren für einen erfolgreichen Unterricht und zu einem professionellen Handeln. Dabei ist es nicht ausreichend, das Ziel der Unterrichtsstunde wiedergeben zu können und zu wissen, was im Lehrplan steht. Denn diese Ziele sind zu abstrakt und vom eigenen Unterricht zu weit weg. So fehlt es ihnen vor allem an der notwendigen Passung zu den Lernvoraussetzungen. Um diese erreichen zu können, wird zwischen einem Oberflächenverständnis und Tiefenverständnis unterschieden. Diesen Verständnisformen lassen sich die Schwierigkeitsniveaus „Reproduktion“ und „Reorganisation“ einerseits sowie „Transfer“ und „Problemlösen" andererseits zuordnen, wie sie der Deutsche Bildungsrat (1970) eingeführt hat. Alternativ dazu bietet sich das von John Biggs und Kevin Collis (1982) entwickelte SOLO-Modell („Structure of observed learning outcomes") oder das Modell „Depth of Knowledge" (DOK) von Norman L. Webb (1997) an:

	SOLO-Modell	Lernzieltaxonomie des Deutschen Bildungsrates	DOK-Level
Oberflächenverständnis	uni-strukturell	Reproduktion	Recall & Reproduction
	multi-strukturell	Reorganisation	Skills & Concepts
Tiefenverständnis	relational	Transfer	Strategic Thinking & Reasoning
	erweitert abstrakt	Problemlösen	Extended Thinking

Eine nähere Betrachtung zeigt, dass die Gemeinsamkeiten größer sind als die Unterschiede. Insbesondere wird ersichtlich, dass sich die unterschiedlichen Schwierigkeitsniveaus mit den weiter oben genannten Erkenntnisstufen (d=1,28) verbinden lassen. Sofern ein Schüler noch kein Oberflächenverständnis (Reproduktion und Reorganisation) für die Sache entwickelt hat, dürfte eine Konfrontation mit Aufgaben auf dem Niveau eines Tiefenverständnisses (Transfer und Problemlösen) wenig sinnvoll erscheinen. Umgekehrt ist es für einen Schüler, der bereits Tiefenverständnis (Transfer und Problemlösen) besitzt, wenig anregend, sich mit Aufgaben auf dem Niveau eines Oberflächenverständnisses (Reproduktion und Reorganisation) zu befassen.

3. Mindframe: Ich sehe Lernen als harte Arbeit.

Unabhängig davon, auf welchem Leistungsniveau sich Lernende befinden – Fortschritte in der schulischen Leistung erfordern Einsatz und Anstrengung von allen Beteiligten. Mit Blick auf die Lernenden zeigt sich dies an der Bedeutung des bewussten Übens (d=0,49). Für schulische Leistung ist bewusstes Üben unerlässlich und es zeichnet sich durch Herausforderung,

Regelmäßigkeit und Vielfalt aus. Dabei darf nicht vergessen werden: Fehler gehören zum Lernen mit dazu. Es macht keinen Sinn, sie vermeiden zu wollen. Wichtiger ist, sie konstruktiv zu nutzen. Auch hierfür ist Einsatz und Anstrengung von allen Beteiligten unabdingbar.

4. Mindframe: Ich entwickle positive Beziehungen.

Eine Fehlerkultur, wie sie eben angesprochen wurde, kann nur auf einer intakten „Lehrer-Schüler-Beziehung" (d=0,60) entstehen. Eine Atmosphäre des Vertrauens und Zutrauens, der Geborgenheit, der Fürsorge und des Wohlwollens ist unerlässlich für Bildung im Allgemeinen und schulische Leistung im Besonderen. Damit sind die „schülerzentrierten" und die „leidenschaftlichen" Lehrpersonen gesucht, denen es in erster Linie um die Schülerinnen und Schüler geht und nicht um das eigene Wissen und Können. Die Lernenden werden somit zum Ausgangspunkt des Lehrens. Der Erfolg der Lernenden wird zum Erfolg der Lehrpersonen. Es dominiert die Haltung, dass Unterricht ein Miteinander ist, in dem beide Seiten einander brauchen. Und ein Scheitern im Lernen wird nicht (ausschließlich) den Lernenden zugeschrieben, sondern als ein gemeinsames Scheitern gesehen, das gleichzeitig die Notwendigkeit und die Chance eröffnet, es erneut und immer wieder zu versuchen.

5. Mindframe: Ich benutze Dialog anstelle von Monolog.

Nach derzeitigem Forschungsstand erweisen sich kooperative Lernformen (d=0,50) als besonders effektiv – dies vor allem dann, wenn sie in Kombination mit einer direkten Instruktion (d=0,45) zu einer Klarheit hinsichtlich der Ziele, Inhalte, Methoden und Medien auf Seiten der Lernenden und der Lehrperson führen.

Direkte Instruktion ist ein Ansatz, der im englischsprachigen „Instructional Design" entwickelt wurde und bis heute weiterentwickelt wird. Infolgedessen liegen unterschiedliche Varianten vor. In „Visible Learning" werden unter anderem folgende Kennzeichen genannt:

1. Klarheit im Hinblick auf die Ziele auf Seiten der Lehrperson (z. B. Faktor „Ziele" mit d=0,54)
2. Klarheit im Hinblick auf den Lernerfolg auf Seiten der Lernenden (z. B. Faktor „Erfolgskriterien" mit d=0,64)

3. Übereinkunft über die Ziele und den Lernerfolg zwischen den Lernenden und der Lehrperson (z. B. Faktor „Einvernehmen über Ziele (Zielbindung)“ mit d=0,44)

4. Klarheit im Hinblick auf Methoden- und Medieneinsatz auf Seiten der Lehrperson (z. B. Faktor „Klarheit der Lehrperson“ mit d=0,79)

5. Sichtbarmachung von Lernerfolg (z. B. Faktor „Übungstests“ mit d=0,57)

6. Austausch über den Unterricht zwischen Lernenden und Lehrperson (z. B. Faktor „Feedback (Formative Evaluation)“ mit d=0,42)

7. Fortführung des Lernprozesses (z. B. Faktor „Feedback (Selbstregulation)“ mit d=0,86)

Der Unterschied zu vielen Formen des Frontalunterrichts wird hieraus ebenso ersichtlich wie die Bedeutung des Dialoges: Um Klarheit im Hinblick auf die Ziele, die Inhalte, die Methoden und die Medien auf beiden Seiten herzustellen, ist nicht nur die Klarheit auf Seiten der Lehrperson vonnöten, sondern es sind vor allem intensive Phasen des Austausches, der Kooperation und der Auseinandersetzung wichtig. Und genau dieses Bemühen meint direkte Instruktion, die im Erfolgsfall zu einer entsprechenden Klarheit auf Seiten der Lernenden führt.

Kooperatives Lernen basiert auf dem Dreischritt „Nachdenken (Think)“ – „Austauschen (Pair)“ – „Vorstellen (Share)“ (vgl. Green / Green, 2005) und lässt sich am Beispiel eines „Gruppenpuzzles“ (d=1,20) verdeutlichen:

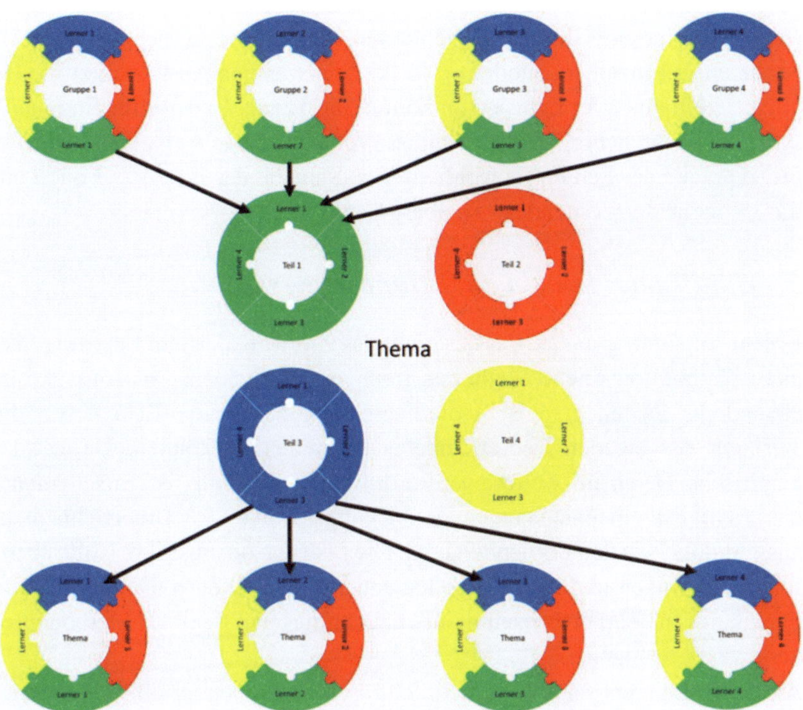

Hierbei wird die Klasse zuerst in Expertengruppen unterteilt. In diesen muss zunächst jeder für sich in Einzelarbeit einen Teilbereich des Stundenthemas erschließen (Nachdenken). Danach ist es Aufgabe in der Expertengruppe, sich über die Ergebnisse der Einzelarbeit zu besprechen und zu beraten (Austauschen). Abschließend wird die Klasse wieder zusammengeführt, um dann neue Gruppen zu bilden. In diesen ist aus jeder Expertengruppe ein Teilnehmer vertreten und die Schüler müssen sich die Ergebnisse aus ihren Expertengruppen gegenseitig berichten (Vorstellen).

6. Mindframe: Ich informiere alle über die Sprache des Lernens.

Es wäre eine Verkürzung, allein die Lehrperson für den Lernerfolg der Schülerinnen und Schüler verantwortlich zu machen. Die durchschnittlichen Effektstärken der sechs Bereiche „Lernende“, „Elternhaus“, „Schule“, „Lehrperson“, „Curricula“ und „Unterrichten“ aus „Visible Learning“

zeigen dies ebenso wie der große Einfluss des „sozioökonomischen Status“ (d=0,56) oder einer leistungsorientierten Motivation. Lernen ist nicht die Sache eines Einzelnen, sondern erfordert einen engen Austausch zwischen allen Beteiligten. Der Lehrperson kommt hierbei als Experte für Erziehung und Unterricht sicherlich eine Schlüsselrolle zu. Denn es ist ihre Aufgabe, die „Sprache der Schule“ sowohl auf die „Sprache der Eltern“ als auch auf die „Sprache der Lernenden“ zu übertragen.

7. Mindframe: Ich bin ein Veränderungsagent.

Erneut sei daran erinnert, dass es nicht das Ziel von „Visible Learning“ ist, alte und traditionsreiche Methodenstreits zu entscheiden. Das Anliegen ist ein anderes: Es geht erstens um die Fähigkeit auf Seiten der Lehrperson, die Wirkung des eigenen Lehrerhandelns beurteilen zu können. Dafür sind empirische Daten im weitesten Sinn hilfreich. Zweitens ist entscheidend, dass es im Fall einer sich zeigenden Wirkungslosigkeit des Unterrichts nicht ausschließlich an den Lernenden liegt. Die Lehrperson muss ihre Rolle ebenfalls hinterfragen und ihre Methoden entsprechend ändern. Damit wird die Fähigkeit der Lehrperson betont, über ein breites und flexibles Methodenrepertoire zu verfügen.

An einem Beispiel sei dies verdeutlicht: Leistungsorientierte Motivation ist für den Lernprozess ausgesprochen wichtig – in „Visible Learning“ untermauern dies beispielsweise die Faktoren „Hohe Motivation und Tiefenverständnis“ (d=0,58) und „Leistungsmotivation und Leistungsorientierung“ (d=0,44). Insofern ist der Motivation im Unterricht besondere Aufmerksamkeit beizumessen. Hierzu gibt es eine Vielzahl an unterschiedlichen Strategien, die beispielsweise die Aufmerksamkeit für das Thema, die Relevanz des Themas, die Zufriedenheit der Lernenden oder die Zuversicht der Lernenden in den Blick nehmen:

- ✓ Verwenden Sie ein Beispiel, das ein gegebenes Konzept nicht zu illustrieren scheint (Aufmerksamkeit).
- ✓ Verknüpfen Sie das Thema mit der Alltagswelt der Lernenden und zeigen dessen Bedeutung auf (Relevanz).
- ✓ Bieten Sie im Unterricht verschiedene Schwierigkeitsniveaus an, damit Lernende mit der Einstellung in den Unterricht gehen können, erfolgreich zu sein (Zuversicht).
- ✓ Betonen Sie die Lernerfolge und Fortschritte, die sich aus den letzten Unterrichtsstunden gezeigt haben (Zufriedenheit).

Der Erfolg unterschiedlicher Methoden hängt im besonderen Maß von ihrer Passung zu den Erkenntnisstufen (d=1,28) ab. Daraus ergibt sich ein differenzierender Unterricht, der mit Blick auf die Lernziele das gerade noch erreichbare Leistungsniveau zu erreichen versucht und somit herausfordernd ist. In „Visible Learning“ wird in diesem Zusammenhang immer von der „1+“-Strategie gesprochen.

8. *Mindframe: Ich bin ein Evaluator.*

Wie eben angedeutet wurde, ist die Frage der Wirkung und daran geknüpft die des Nachweises dieser Wirkung eine Schlüsselstelle für sichtbares Lernen und erfolgreiches Lehren. Entscheidend dabei ist das so genannte „backward design“ – also das Rückwärtsgehen! Gemeint ist damit, dass eine Evaluation des Unterrichts vom Ende her gedacht werden muss: Nach dem Unterricht ist vor dem Unterricht. Das Ziel, das erreicht werden soll, muss der Ausgangspunkt sein. Am Beispiel des Faktors „Feedback (Allgemein)“ (d=0,52) lässt sich das Gesagte verdeutlichen:

Erfolgreiche Rückmeldung setzt Zielklarheit voraus und beantwortet die Fragen „Wohin gehst du?“, „Wie kommst du voran?“ und „Wohin geht es als nächstes?“. Insofern berücksichtigt erfolgreiche Rückmeldung die Stufen „Aufgabe“, „Prozess“ und „Selbstregulation“ und ist in diesem Sinn vollständig. In verschiedenen Untersuchungen konnte gezeigt werden, dass diese Vollständigkeit selten ist und dass die Fokussierung auf die Selbstregulation fast nie vorkommt, obwohl sie für die Lernenden die wichtigste Rückmeldung ist.

Folgende Fragen können daher eine Hilfestellung sein, um das eigene Feedbackverhalten als Lehrperson zu reflektieren und zu verbessern:

Aufgabe

✓ Entspricht die Antwort des Schülers den Erfolgskriterien?

✓ Ist die Antwort richtig oder falsch?

✓ Wie lässt sich die Antwort ausführlicher formulieren?

✓ Was an der Antwort ist richtig und was ist falsch?

✓ Was fehlt, damit die Antwort umfassend ist?

Prozess

- ✓ Welche Strategien wurden im Lernprozess eingesetzt?
- ✓ Was ist im Lernprozess gut gelaufen und was kann verbessert werden?
- ✓ Wo sind die Stärken und wo die Schwächen im Lernprozess zu sehen?
- ✓ Welche weiteren Informationen enthält die Bearbeitung der Aufgabe im Hinblick auf den Lernprozess?

Selbstregulation

- ✓ Welche Ziele kann der Schüler als erreicht benennen?
- ✓ Welche Begründungen liefert der Schüler, eine Aufgabe richtig oder falsch gelöst zu haben?
- ✓ Wie erklärt der Schüler seinen Erfolg?
- ✓ Welches sind die nächsten Ziele und die nächsten Aufgaben?
- ✓ Wie kann der Schüler seinen Lernprozess selbst steuern und überwachen?

9. Mindframe: Schülerleistungen sind eine Rückmeldung für mich über mich.

In „Visible Learning" wird immer wieder darauf hingewiesen, dass Rückmeldung im Unterricht nicht einseitig zu verstehen ist, sondern in beide Richtungen geht: von der Lehrperson zu den Lernenden, was meistens diskutiert wird. Aber auch von den Lernenden zur Lehrperson. Letzteres ist für sichtbares Lernen unabdingbar (vgl. die Faktoren „Feedback (Lernende)" mit d=0,49 und „Feedback (Formative Evaluation)" mit d=0,42): Haben die Lernenden die Ziele erreicht? Haben sie die Inhalte verstanden? Konnten sie mit den Methoden arbeiten? Und waren die Medien handhabbar und passend? Erst wenn eine Lehrperson diese Informationen hat, ist sie in der Lage, die nächste Unterrichtsstunde zu planen. Ein reflektierter Blick in die Hefte der Lernenden kann manchmal schon ausreichen und ein kritischer Blick auf Schulnoten ist nicht nur für Schüler wichtig. Denn diese Blicke liefern wichtige Informationen zum Unterrichtserfolg der Lehrperson.

Hat eine Lehrperson diese Informationen nicht, läuft sie Gefahr, über die Köpfe der Lernenden hinweg zu unterrichten und es dem Zufall zu überlassen, ob ihre Planungen zu den Lernenden passen.

Dass die eigene Einschätzung als Lehrperson zum Ablauf und Erfolg des Unterrichts nicht ausreicht, darauf wurde bereits hingewiesen: Schülerinnen und Schüler haben gelernt, im Unterricht zu funktionieren und das Spiel zu spielen. Sie machen mit, auch wenn sie nicht mitdenken. Der Grund ist einfach: Sie entgehen damit Sanktionen. Insofern kann ein Unterricht aus Sicht der Lehrperson hervorragend laufen. Aus Sicht der Schüler herrschte Langeweile.

Es gibt in der Literatur eine Reihe von Feedbackmethoden, die allesamt Vor- und Nachteile mit sich bringen. Ein Verfahren, das keine hohen Kosten und wenig Aufwand mit sich bringt, ist die so genannte Feedbackzielscheibe: In dieser kann eine Lehrperson Dimensionen, zu der sie Informationen erhalten will, festlegen und die Lernenden um Einschätzung bitten. Im folgenden Beispiel wird dies anhand der Dimensionen „Relevanz des Themas", „Erkenntnisgewinn", „Gruppenarbeit", „Lernmaterialien", „Übertragbarkeit der Inhalte", „Lehrervortrag", „Organisation" und „Atmosphäre" gemacht. Je näher die Bewertung am Mittelpunkt ist, desto besser ist sie.

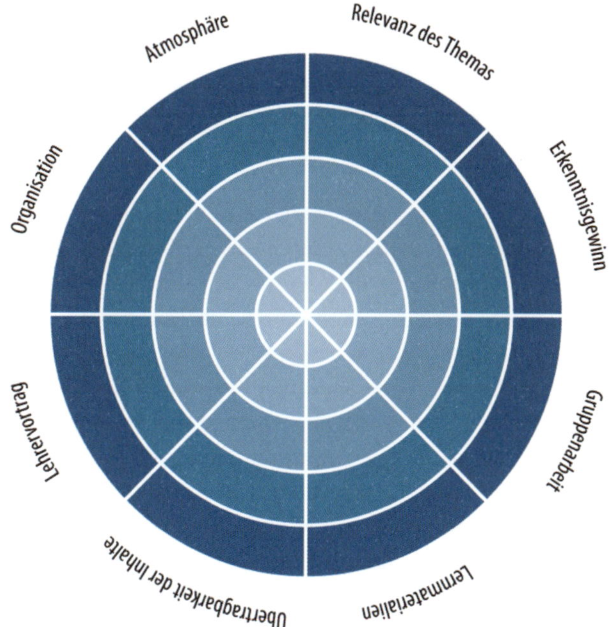

Dieses Verfahren lässt sich beliebig verändern. So können, wie in der folgenden Abbildung, auch nur zwei Dimensionen abgefragt werden: Gruppenarbeit und Erkenntnisgewinn. Damit erhält man ein Feedbackkoordinatensystem, wonach die Bewertung umso besser ist, je weiter außen sie liegt.

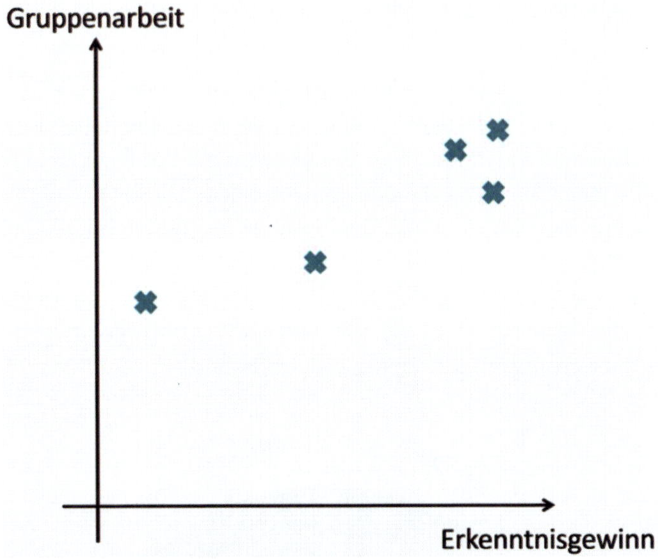

Nicht zu vergessen sind an dieser Stelle Verfahren mit neuen Medien, wie beispielsweise Computer, Tablets & Co. Denn richtig eingesetzt, können sie Erkenntnisse zutage befördern, die ohne sie nur schwer oder gar nicht sichtbar gemacht werden können – was erneut ein Beleg dafür ist, dass neue Medien kein Selbstläufer sind, sondern den Menschen brauchen, um Wirkung erzielen zu können. Abgesehen von möglichen Kosten ist der Vorteil von neuen Medien in diesem Kontext besonders darin zu sehen, dass ihr Einsatz komplexere Rückmeldungen in Verbindung mit geringem Arbeitsaufwand ermöglicht. So ist es beispielsweise schnell und einfach realisierbar, mithilfe einer App einen umfassenden Fragebogen den Lernenden anzubieten und per Mausklick in Sekundenschnelle ausgewertet zu bekommen. Das schafft Zeit und Raum für den entscheidenden Schritt von Feedback: Das Gespräch mit den Lernenden.

Hält man sich vor Augen, dass erfolgreiche Lehrpersonen keine Einzelkämpfer sind, sondern mit anderen Lehrpersonen zusammenarbeiten, so ist an dieser Stelle auf eine dritte Form der Rückmeldung einzugehen: Die

Rückmeldung von der Lehrperson zur Lehrperson. In Untersuchungen hat man festgestellt, dass Lehrpersonen in der Woche über alles mehr reden als über den eigenen Unterricht: über Lernende, über Eltern, über Kolleginnen und Kollegen, aber kaum über das eigene Unterrichten. Dieses Verhalten lässt sich nicht zuletzt auf oberflächliche Beziehungen zurückzuführen, die noch nicht bereit sind für einen intensiven Austausch über das eigene Unterrichten und damit auch über die eigene Persönlichkeit. Insofern ist bei der Einführung von Feedbackverfahren, die bereits ein gewisses Maß an Feedbackkultur erfordern, Vorsicht geboten. Wenn eine Schule beispielsweise versucht, kollegiale Teamhospitationen einzuführen, dann muss im Kollegium dafür eine Haltung entwickelt worden sein und Vertrauen unter den Kolleginnen und Kollegen bestehen. Ist dies nicht der Fall, können wichtige Reformschritte scheitern, bevor sie in Gang kommen.

Infolgedessen lassen sich einige Handlungsempfehlungen aussprechen: Erstens geht das Miteinander-Reden dem Übereinander-Diskutieren voraus. Zweitens erleichtern zustimmende Rückmeldungen kritische Rückmeldungen. Und drittens läuft Feedback auf unterschiedlichen Ebenen (Unterricht, Kollegium, Schulleitung, Schulbehörde) ab. Der Weg von innen (Unterricht) nach außen (Schulbehörde) erscheint im Hinblick auf die Entwicklung einer Feedbackkultur als der wirksamere. Es ist offensichtlich, dass eine Feedbackkultur von einer entsprechenden Haltung abhängt: Fehler werden nicht als Makel gesehen, sondern als Chance. Unterricht wird als Dialog begriffen und nicht als Monolog. Die Lehrer-Schüler-Beziehung wird getragen von gegenseitigem Vertrauen und Zutrauen. Und: Die Entwicklung einer Feedbackkultur benötigt – wie jede andere Kultur auch – Zeit und kann nicht von heute auf morgen eingeführt werden.

10. Mindframe: Ich arbeite mit anderen Lehrpersonen zusammen.

Die Kooperation im Kollegium erscheint für das bisher Gesagte unabdingbar. Denn vieles gelingt nur, wenn Lehrpersonen zusammenarbeiten. Lehrpersonen sind auch Lernende und lernen in der Regel miteinander besser als alleine: Im Team lässt sich über die Planung, die Durchführung und die Evaluation des Unterrichts ins Gespräch kommen und diskutieren. Im Team lassen sich Stärken bündeln und Schwächen ausbügeln. Im Team lässt sich Verantwortung gemeinsam tragen. Im Team lässt sich durch Arbeitsteilung

Zeit einsparen. Im Team lässt sich Erfolg teilen und Misserfolg überwinden. Der Faktor „Kollektive Wirksamkeitserwartung“ untermauert das Gesagte mit einer Effektstärke von 1,34 eindringlich – gerade auch im Vergleich zum Faktor „Individuelle Wirksamkeitserwartung“ mit einer Effektstärke von 0,22. Probieren Sie es aus und planen Sie gemeinsam eine Unterrichtsstunde. Nutzen Sie dafür beispielsweise ein Placemat, um sich über die unterschiedlichen Zielvorstellungen Klarheit zu verschaffen und einen gemeinsamen Nenner zu finden – an den Seiten stehen die Ideen der unterschiedlichen Kolleginnen und Kollegen und in der Mitte wird die Einigung notiert:

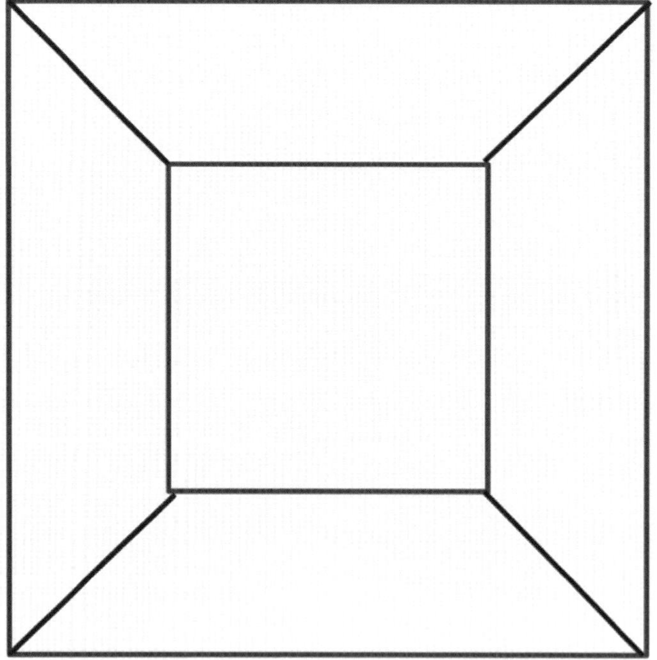

Dass nicht jeder mit jedem kann und auch im Team Konflikte entstehen können, ist unbestritten. Aber keines der Vorurteile gegenüber der Teamarbeit, denen man in Kollegien häufig begegnet, ist deshalb berechtigt. Wichtig hierfür sind sicherlich Teamsitzungen, die einem erfolgreichen Unterricht gleichen und damit durch Klarheit im Hinblick auf Ziele, Inhalte, Methoden und Medien gekennzeichnet sind. Und wichtig ist eine Einsicht in die Wirksamkeit von Kooperation, die Simon Sinek (2009) so formuliert: „Erfolgreiche Kooperation bedeutet nicht, dass man zusammenarbeitet. Erfolgreiche Kooperation bedeutet, dass man einander vertraut."

Die angestellten Überlegungen und angesprochenen Verfahren können wichtige Bausteine für die eigene Haltungsarbeit sein. Ein weiterer wichtiger Schritt ist in der Beurteilung des eigenen Leistungsniveaus zu sehen – diese ist laut „Visible Learning" einer der wirksamsten Faktoren mit einer Effektstärke von 1,10. Sich also bewusst zu machen, wie man darüber denkt, was man tut, warum man das macht, was man tut, und kritisch-konstruktiv sein Handeln reflektiert, sind wesentliche Elemente von Lehrerprofessionalität. Dass diese Prozesse im Team wirksamer werden als wenn sie jeder für sich alleine durchläuft, darauf weist der Faktor „Kollektive Wirksamkeitserwartung" mit der höchsten Effektstärke 1,34 hin. Es lohnt sich infolgedessen, im Kollegium sich der vorherrschenden Haltungen bewusst zu werden und in den Austausch zu kommen. Der nachstehende Fragebogen kann ein erster Einstieg sein:

Fragebogen

Beantworten Sie bitte folgende Fragen mit 0 (stimme gar nicht zu) bis 5 (stimme voll und ganz zu).

Ich rede über Lernen, nicht über Lehren.	1	2	3	4	5
Ich setze die Herausforderung.	1	2	3	4	5
Ich sehe Lernen als harte Arbeit.	1	2	3	4	5
Ich entwickle positive Beziehungen.	1	2	3	4	5
Ich benutze Dialog anstelle von Monolog.	1	2	3	4	5
Ich informiere alle über die Sprache des Lernens.	1	2	3	4	5
Ich bin ein Veränderungsagent.	1	2	3	4	5
Ich bin ein Evaluator.	1	2	3	4	5
Schülerleistungen sind eine Rückmeldung für mich über mich.	1	2	3	4	5
Ich arbeite mit anderen Lehrpersonen zusammen.	1	2	3	4	5

Von hier aus lassen sich die eigenen Haltungen hinterfragen, das eigene Lehrerhandeln sichtbar machen und im Gespräch mit Kolleginnen und Kollegen weiterentwickeln: Kenne deinen Einfluss!

Literatur

Allen, Mike et al. (2020): Is the Pencil Mightier than the Keyboard? A Meta- Analysis Comparing the Method of Notetaking Outcomes. In: Southern Communication Journal, 85:3, 143–154, DOI: 10.1080/1041794X.2020.1764613

Bergmann, Jonathan/Sams, Aaron (2014): Flipped learning. Washington: ISTE.

Blömeke, Sigrid/Kaiser, Gabriele/Lehmann, Rainer (2010): TEDS-M 2008: Professionelle Kompetenz und Lerngelegenheiten angehender Mathematiklehrkräfte für die Sekundarstufe I im internationalen Vergleich. Münster: Waxmann.

Boldebuck, Catrin (2013): Der Harry Potter der Pädagogen. In: Stern, 18. April.

Bolton, Scott/Hattie, John (2017): Cognitive and Brain Development: executive Function, Piaget, and the Prefrontal Cortex. In: Archives of Psychology, V. 1, Issue 3, December 2017.

Bos, Wilfried et al. (2012): TIMSS 2011. Münster: Waxmann.

Brophy, Jere (1999): Teaching. Brussels: International Academy of Education.

Cheng, Li/Ritzhaupt, Albert D./Antonenko, Pavlo (2018): Effects of the flipped classroom instructional strategy on students' learning outcomes: a meta-analysis. In: Educational Technology Research and Development.

Deci, Edward L./Ryan, Richard M. (1993): Die Selbstbestimmungstheorie der Motivation und ihre Bedeutung für die Pädagogik. In: Zeitschrift für Pädagogik, Heft 2, S. 223–238.

Delgado, Pablo/Vargas, Cristina/Ackerman, Rakefet/Salmerón, Ladislao (2018): Don't throw away your printed books: A meta-analysis on the effects of reading media on comprehension. Educational Research Review, Volume 25, November 2018, S. 23–38.

Deutscher Bildungsrat (Hrsg.) (1970): Strukturplan für das Bildungswesen. Stuttgart: Klett.

Fend, Helmut/Berger, Fred/Grob, Urs (2009): Lebensverläufe, Lebensbewältigung, Lebensglück. VS.

Friedmann, Jan (2013): Zurück zum Kerngeschäft. In: Der Spiegel, 15. April.

Gardner, Howard (2013): Intelligenzen. Stuttgart: Klett-Cotta.

Gardner, Howard/Csikszentmihalyi, Mihly/Damon, William (2005): Good Work! Stuttgart: Klett-Cotta.

Green, N./Green, K. (2005): Kooperatives Lernen im Klassenraum und im Kollegium. Das Trainingsbuch. Seelze-Velber: Kallmeyer/Klett.

Habermas, Jürgen (1995): Theorie des kommunikativen Handelns. Frankfurt am Main: Suhrkamp.

Hattie, John (2013): Lernen sichtbar machen. Baltmannsweiler: Schneider.

Hattie, John (2014): Lernen sichtbar machen für Lehrpersonen. Baltmannsweiler: Schneider.

Hattie, John / Zierer, Klaus (2020): Visible Learning Unterrichtsplanung. Baltmannsweiler: Schneider.

Hattie, John / Zierer, Klaus (2023): Kenne deinen Einfluss! Baltmannsweiler: Schneider.

Helmke, Andreas (2014): Unterrichtsqualität und Lehrerprofessionalität: Diagnose, Evaluation und Verbesserung des Unterrichts. 5. Auflage. Seelze-Velber: Klett / Kallmeyer.

Kapur, Manu / Hattie, John / Grossman, Irina / Sinha, Tanmay (2022): Fail, flip, fix, and feed – Rethinking flipped learning: A review of meta-analyses and a subsequent meta-analysis. In: Frontiers of Education. doi: 10.3389/feduc.2022.956416

Kates, Aaron W. / Wu, Huang / Coryn, Chris L. S. (2018): The effects of mobile phone use on academic performance: A meta-analysis. In: Computers & Education 2018.

Kunter, Mareike et al. (2011): Professionelle Kompetenz von Lehrkräften: Ergebnisse des Forschungsprogramms COACTIV. Münster: Waxmann.

Lang, Heinz / Zierer, Klaus (2006): Probearbeiten – nur notwendig oder doch wertvoll? Überlegungen zu einer differenzierten Probenauswertung. In: Grundschulmagazin, Heft 4, S. 27–32.

Mager, Robert (1997): Preparing instructional objectives: A critical tool in the effective performance. London: Kogan Page.

Meyer, Hilbert (2013): Was ist guter Unterricht? 9. Auflage. Berlin: Cornelsen Scriptor.

Mueller, Pam A. / Oppenheimer, Daniel M. (2014): The Pen Is Mightier Than The Keyboard. Psychological Science, S. 1–10.

Nida-Rümelin, Julian (2011): Die Optimierungsfalle. München: Irisiana.

Pant, Hans Anand et al. (2013): IQB-Ländervergleich 2012. Münster: Waxmann.

Prenzel, Manfred et al. (2013): PISA 2012. Münster: Waxmann.

Schatz, Christina (2021): Unterrichtsqualität aus Sicht der Lernenden. Baltmannsweiler: Schneider.

Sinek, Simon (2009): Start with why – How great leaders inspire everyone to take action. New York: Penguin.

Shulman, Lee S. (1986): Those who understand: Knowledge growth in teaching. In: Educational Researcher, Heft 2, S. 4–31.

Spiewak, Martin (2013): Ich bin superwichtig! In: Die Zeit, 14. Januar.

Tan, Cui / Yue, Wei-Gang / Fu, Yu (2017): Effective- ness of flipped classrooms in nursing education: Systematic review and meta-analysis. In: Chinese Nursing Research 4 (4), S. 192–200.

van Alten, David C. D. / Phielix, Chris / Janssen, Jeroen / Kester, Liesbeth (2019): Effects of flipping the classroom on learning outcomes and satisfaction: A meta-analysis. In: Educational Research Review.

Ward, Adrian F. / Duke, Kristen / Gneezy, Ayelet / Bos, Maarten W. (2017): Brain drain: The mere presence of one's own smartphone reduces avail-able cognitive capacity. Journal of the Association for Consumer Research, 2 (2), S. 140–154.

Weckend, Denise (2021): Kompetenzen und Haltungen erfolgreicher Lehrpersonen. Baltmannsweiler: Schneider.

Wilber, Ken (2002): Eros, Kosmos, Logos – Eine Jahrtausend-Vision, 3. Auflage. Frankfurt am Main: Fischer.

Zierer, Klaus (2012a): Conditio Humana. 3. Auflage. Baltmannsweiler: Schneider.

Zierer, Klaus (2012b): Studien zur Allgemeinen Didaktik. Baltmannsweiler: Schneider.

Zierer, Klaus (2013a): Hausaufgaben sind keineswegs sinnlos. In: FAZ, 15. März.

Zierer, Klaus (2013b): Auf die Qualität des Unterrichts kommt es an. In: FAZ, 20. Dezember.

Zierer, Klaus (2019): Lernen 4.0: Pädagogik vor Technik. Baltmannsweiler: Schneider.

Zierer, Klaus (2020): Herausforderung Homeschooling – Theoretische Grundlagen und empirische Ergebnisse zum Fernunterricht. Baltmannsweiler: Schneider.

Anhang A: 360+ Faktorenliste

(Forschungsstand Oktober 2022)

Um sich einen Überblick über alle Bereiche und Faktoren zu verschaffen, die in „Visible Learning“ bis zum Tag der Drucklegung zusammengetragen und ausgewertet worden sind, ist im Folgenden eine entsprechende Reihung nach Wirksamkeit abgedruckt. Sie basiert auf über 2.000 Meta-Analysen und umfasst insgesamt 362 Faktoren. Diese sind den Bereichen „Lernende“, „Elternhaus“, „Schule“, „Klassenzimmer“, „Curricula“, „Lehrperson“, „Lehrstrategien“, „Implementation“ und „Lernstrategien“ zugeordnet. Die Effektstärken sind dem Datensatz vom Oktober 2022 entnommen ebenso die Werte zur Aussagekraft. Angesichts der Gefahr einer verkürzenden Interpretation ist darauf hinzuweisen, dass Faktoren nicht unabhängig voneinander zu sehen sind, sondern sich gegenseitig bedingen und ein weitreichendes Aufwand-Nutzen-Verhältnis aufweisen können. All das ist bei der Betrachtung der Übersicht zu beachten. Sie dient in diesem Sinn in erster Linie der Orientierung.

Rang	Faktor	Bereich	Vertrauens-bereich ±	Anzahl	Alter	Aussagekraft q		Effektstärke d (gewichtet)	
1	Einschätzung des Leistungsniveaus durch die Lehrperson	Lehrperson	0,40	3	2005,67	1,34	akzeptabel	1,46	hervorragend
2	Kollektive Wirksamkeitserwartung	Schule	0,17	3	2015,33	1,46	akzeptabel	1,34	hervorragend
3	Erkenntnisstufen	Lernende	0,00	1	1981,00	1,17	eher gering	1,28	hervorragend
4	Gruppenpuzzle	Implementation	0,00	1	2014,00	1,18	akzeptabel	1,20	hervorragend
5	Leseförderung für besondere Gruppen	Curricula	0,71	6	2013,50	1,36	akzeptabel	1,13	hervorragend
6	Reaktion auf Intervention (Response To Intervention)	Lehrstrategien	0,30	5	2009,40	1,64	hoch	1,12	hervorragend
7	Beurteilung des eigenen Leistungsniveaus	Lernende	0,57	9	2002,89	1,76	hoch	1,10	hervorragend
8	Vorausgehendes Leistungsniveau	Lernende	0,36	7	2003,29	1,84	hoch	1,09	hervorragend
9	Kognitive Aufgabenanalyse (Cognitive Task Analysis)	Lehrstrategien	0,64	2	2008,50	1,15	eher gering	1,09	hervorragend
10	Zusammenhang Lesen - Rechnen	Lernende	0,31	3	2018,67	1,39	akzeptabel	1,02	hervorragend
11	Micro-Teaching	Lehrperson	0,29	4	1986,75	1,52	hoch	1,01	hervorragend
12	Digitalisierung (nicht-westliche Länder)	Implementation	0,19	19	2013,84	3,82	sehr hoch	0,98	hervorragend

13	Lernprogramme zur Veränderung von Konzepten	Curricula	0,25	2	2001,50	1,27	akzeptabel	0,94	hervorragend
14	Strategien zur Berücksichtigung des Vorwissens	Lernstrategien	0,00	1	2008,00	1,18	eher gering	0,93	hervorragend
15	Gruppengröße <=5	Implementation	0,00	1	2019,00	1,19	akzeptabel	0,91	hervorragend
16	Glaubwürdigkeit	Lehrperson	0,00	1	2009,00	1,18	eher gering	0,90	hervorragend
17	Neugier	Lernende	0,00	1	2019,00	1,19	akzeptabel	0,90	hervorragend
18	Strategien zur Zusammenfassung des Lernstoffes	Lernstrategien	0,25	3	2002,00	1,41	akzeptabel	0,90	hervorragend
19	Einsatz von Smartboards	Implementation	0,09	2	2019,50	1,33	akzeptabel	0,89	hervorragend
20	Förderung mathematischer Kompetenzen	Curricula	0,39	3	2018,00	1,35	akzeptabel	0,88	hervorragend
21	Phonologische Bewusstheit	Curricula	0,39	12	2007,25	2,38	hoch	0,88	hervorragend
22	Fluide Intelligenz	Lernende	0,00	1	2019,00	1,19	akzeptabel	0,86	hervorragend
23	Feedback (Selbstregulation)	Lehrstrategien	0,13	10	1994,30	2,57	hoch	0,86	hervorragend
24	Umfangreiches didaktisches Lese-Begleitmaterial	Curricula	0,27	18	2008,61	3,42	sehr hoch	0,85	hervorragend
25	Fremdsprachenlernen	Curricula	0,00	1	2020,00	1,19	akzeptabel	0,85	hervorragend
26	Rhythmisiertes vs. geballtes Üben	Lernstrategien	0,00	1	2018,00	1,18	akzeptabel	0,85	hervorragend

27	Lautier-Methode	Curricula	0,23	19	2005,68	3,67	sehr hoch	0,83	hervorragend
28	Reduzieren von Unterrichtsstörungen	Klassenraum	0,11	2	1991,00	1,31	akzeptabel	0,82	hervorragend
29	Klassendiskussionen	Lehrstrategien	0,00	1	2011,00	1,18	eher gering	0,82	hervorragend
30	Klarheit der Lehrperson	Lehrperson	0,17	3	2007,00	1,45	akzeptabel	0,79	sehr gut
31	Vorausgehende Fähigkeiten	Lernende	0,17	12	2005,08	2,81	hoch	0,78	sehr gut
32	Mnemo-Techniken	Lernstrategien	0,50	4	1999,25	1,38	akzeptabel	0,78	sehr gut
33	Kontrolle der Lernanstrengung	Lernstrategien	0,00	1	2014,00	1,18	akzeptabel	0,77	sehr gut
34	Strategien des Transfers	Lernstrategien	0,31	5	2007,00	1,64	hoch	0,75	sehr gut
35	Strategien zur Evaluation und Reflexion	Lernstrategien	0,00	1	2014,00	1,18	akzeptabel	0,75	sehr gut
36	Strategien des Skizzierens und Übertragens	Lernstrategien	0,26	4	2007,25	1,54	hoch	0,75	sehr gut
37	Konstruktivistisches Lehren	Lehrstrategien	0,66	2	2010,50	1,14	eher gering	0,74	sehr gut
38	ARZZ Modell	Lehrstrategien	0,00	1	2020,00	1,19	akzeptabel	0,74	sehr gut
39	Reziprokes Lehren	Implementation	0,00	2	1998,50	1,35	akzeptabel	0,74	sehr gut
40	Wiederholendes Lesen	Curricula	0,28	4	2008,75	1,53	hoch	0,69	sehr gut
41	Programme bei mathematischem Förderbedarf	Curricula	0,18	3	2014,33	1,45	akzeptabel	0,68	sehr gut

42	Elternerwartungen	Elternhaus	0,10	2	2016,00	1,33	akzeptabel	0,68	sehr gut
43	Effekt der geteilten Aufmerksamkeit (CLT)	Implementation	0,06	2	2012,00	1,34	akzeptabel	0,67	sehr gut
44	Arbeitsgedächtnis	Lernende	0,17	7	2014,71	2,06	hoch	0,66	sehr gut
45	Vokabel- und Wortschatzförderung	Curricula	0,12	13	1998,38	3,06	hoch	0,66	sehr gut
46	Förderung der visuellen Wahrnehmung	Curricula	0,22	7	1990,00	1,99	hoch	0,66	sehr gut
47	Strategien des Hilfesuchens	Lernstrategien	0,18	2	2008,00	1,30	akzeptabel	0,66	sehr gut
48	Kreativitätsförderung	Curricula	0,11	17	2002,41	3,75	sehr hoch	0,65	sehr gut
49	Mastery-Learning	Lehrstrategien	0,13	16	1991,13	3,52	sehr hoch	0,65	sehr gut
50	Erfolgskriterien	Lehrstrategien	0,48	2	2004,50	1,20	akzeptabel	0,64	sehr gut
51	Interventionen für Lernende mit besonderem Förderbedarf	Implementation	0,25	5	2002,80	1,68	hoch	0,64	sehr gut
52	Eltern-Tutoring	Lehrstrategien	0,28	3	2010,33	1,40	akzeptabel	0,63	sehr gut
53	Lehren von Strategien	Implementation	0,14	16	1998,00	3,49	sehr hoch	0,63	sehr gut
54	Kooperatives vs. individuelles Lernen	Implementation	0,21	5	1998,80	1,72	hoch	0,62	sehr gut
55	Digitalisierung bei Förderbedarf	Implementation	0,17	4	1993,25	1,60	hoch	0,62	sehr gut
56	Concept Mapping	Lehrstrategien	0,10	13	2005,62	3,11	hoch	0,62	sehr gut

57	Peer-Tutoring	Lehrstrategien	0,09	24	2002,08	4,94	sehr hoch	0,62	sehr gut
58	Selbstwirksamkeitserwartung	Lernende	0,25	11	2010,27	2,52	hoch	0,62	sehr gut
59	Problemlösen	Implementation	0,11	14	2000,29	3,24	sehr hoch	0,61	sehr gut
60	Lautes Denken	Lernstrategien	0,08	10	2003,60	2,65	hoch	0,61	sehr gut
61	Zusammenhang Lesen - Hochschulleistung	Lernende	0,00	1	2022,00	1,19	akzeptabel	0,61	sehr gut
62	Nichtetikettieren von Lernenden	Lehrperson	0,00	1	1985,00	1,17	eher gering	0,61	sehr gut
63	Lehrer-Schüler-Beziehung	Lehrperson	0,19	7	2009,86	2,03	hoch	0,60	sehr gut
64	Passung des Ziels	Lehrstrategien	0,09	6	1989,67	1,98	hoch	0,60	wirkt gut
65	Beeinflussung von Verhalten in der Klasse	Klassenraum	0,25	5	2004,00	1,69	hoch	0,60	wirkt gut
66	Digitalisierung in anderen Fächern	Implementation	0,27	3	1998,67	1,40	akzeptabel	0,58	wirkt gut
67	Spielförderung	Curricula	0,14	6	2005,67	1,94	hoch	0,58	wirkt gut
68	Feedback (Kollegen)	Lehrstrategien	0,00	1	2004,00	1,18	eher gering	0,58	wirkt gut
69	Taktile Stimulation	Curricula	0,00	1	1987,00	1,17	eher gering	0,58	wirkt gut
70	Klassenzusammenhalt	Klassenraum	0,26	4	1995,75	1,54	hoch	0,58	wirkt gut
71	Hohe Motivation und Tiefenverständnis	Lernende	0,21	3	1999,67	1,43	akzeptabel	0,58	wirkt gut

72	Strategien der Elaboration und Organisation	Lernstrategien	0,15	3	2015,00	1,47	akzeptabel	0,58	wirkt gut
73	Kooperatives vs. kompetitives Lernen	Implementation	0,11	8	1994,38	2,29	hoch	0,58	wirkt gut
74	Induktives Vorgehen	Implementation	0,34	3	2001,33	1,36	akzeptabel	0,58	wirkt gut
75	Selbsteinschätzung des eigenen Lernfortschrittes	Lehrstrategien	0,17	3	2014,67	1,46	akzeptabel	0,58	wirkt gut
76	Strategien des Wiederholens und Einprägens	Lernstrategien	0,58	3	2007,00	1,25	akzeptabel	0,57	wirkt gut
77	Übungstests	Lernstrategien	0,19	15	2005,47	3,21	hoch	0,57	wirkt gut
78	Sozioökonomischer Status	Elternhaus	0,13	16	2008,94	3,52	sehr hoch	0,57	wirkt gut
79	Augmented Reality	Implementation	0,14	3	2019,00	1,47	akzeptabel	0,56	wirkt gut
80	Lehrererwartungen	Lehrperson	0,15	10	1994,30	2,53	hoch	0,56	wirkt gut
81	Freude (am Tun)	Lernende	0,00	1	2019,00	1,19	akzeptabel	0,56	wirkt gut
82	Vorausschauendes Planen	Lehrstrategien	0,30	4	2009,50	1,52	hoch	0,56	wirkt gut
83	Veranschaulichung in Mathematik	Lehrstrategien	0,09	5	2008,80	1,82	hoch	0,55	wirkt gut
84	Lernen durch Engagement (Service Learning)	Implementation	0,25	3	2008,33	1,41	akzeptabel	0,55	wirkt gut
85	Strategien des Visualisierens	Lernstrategien	0,10	2	2013,00	1,33	akzeptabel	0,55	wirkt gut
86	Modalitätseffekt (CLT)	Implementation	0,24	2	2008,50	1,28	akzeptabel	0,55	wirkt gut

87	Interaktive Lernvideos	Implementation	0,11	9	2001,33	2,45	hoch	0,55	wirkt gut
88	Feedback (Timing)	Lehrstrategien	0,11	3	1993,00	1,47	akzeptabel	0,55	wirkt gut
89	Ziele	Lehrstrategien	0,12	19	1997,68	4,04	sehr hoch	0,54	wirkt gut
90	Philosophieren	Implementation	0,08	3	2010,00	1,50	hoch	0,54	wirkt gut
91	Außerunterrichtliche Lehrer-Schüler-Gespräche	Lehrstrategien	0,00	1	2016,00	1,18	akzeptabel	0,54	wirkt gut
92	Strategien der Selbstkontrolle	Lernstrategien	0,19	2	2011,00	1,30	akzeptabel	0,54	wirkt gut
93	ADHS Interventionsprogramme	Klassenraum	0,16	4	2007,50	1,61	hoch	0,54	wirkt gut
94	Glücklichsein	Lernende	0,02	2	2012,00	1,36	akzeptabel	0,54	wirkt gut
95	Zusammenhang Leistungsniveau Sekundarbereich II - Leistung im Tertiärbereich	Lernende	0,28	5	2000,40	1,66	hoch	0,53	wirkt gut
96	Förderung mathematischer Kompetenzen	Curricula	0,15	26	2005,04	5,01	sehr hoch	0,53	wirkt gut
97	Akzeleration	Klassenraum	0,27	4	2005,00	1,54	hoch	0,53	wirkt gut
98	Förderung der Rechtschreibung	Curricula	0,17	3	2011,00	1,45	akzeptabel	0,53	wirkt gut
99	Digitalisierung im Fremdsprachenunterricht	Implementation	0,21	5	2010,80	1,72	hoch	0,53	wirkt gut
100	Virtual Reality	Implementation	0,00	1	2020,00	1,19	akzeptabel	0,53	wirkt gut

101	Ergänzende Materialien	Implementation	0,23	9	2001,78	2,26	hoch	0,53	wirkt gut
102	Peer-Einflüsse	Klassenraum	0,00	1	1980,00	1,17	eher gering	0,53	wirkt gut
103	Feedback (Allgemein)	Lehrstrategien	0,08	47	1998,64	8,84	sehr hoch	0,52	wirkt gut
104	Aufgabenbezogenes Lernen in Kleingruppen	Klassenraum	1,07	8	2013,13	1,00	eher gering	0,52	wirkt gut
105	Feedback (Lehrperson)	Lehrstrategien	0,12	26	1996,35	5,14	sehr hoch	0,52	wirkt gut
106	Vorschule für Risikoschüler	Schule	0,16	9	1989,00	2,37	hoch	0,52	wirkt gut
107	Strategien des Notierens und Mitschreibens	Lernstrategien	0,08	2	2010,50	1,33	akzeptabel	0,52	wirkt gut
108	Differenzierung	Lernstrategien	0,26	4	2018,75	1,55	hoch	0,51	wirkt gut
109	Schreibförderung	Curricula	0,10	15	2008,87	3,44	sehr hoch	0,51	wirkt gut
110	Digitalisierung im Sekundarbereich I	Implementation	0,02	3	2013,67	1,53	hoch	0,51	wirkt gut
111	Selbstkonzept	Lernende	0,10	9	2004,56	2,47	hoch	0,51	wirkt gut
112	Selbstregulationsstrategien	Lernstrategien	0,09	17	2013,24	3,80	sehr hoch	0,51	wirkt gut
113	Meta-kognitive Strategien	Lernstrategien	0,11	12	2010,25	2,94	hoch	0,51	wirkt gut
114	Zusatzangebote für Hochbegabte	Klassenraum	0,27	5	2005,60	1,67	hoch	0,50	wirkt gut
115	Strategien des Unterstreichens	Lernstrategien	0,00	1	2013,00	1,18	eher gering	0,50	wirkt gut
116	Prüfungsarten	Lehrstrategien	0,43	3	2011,67	1,33	akzeptabel	0,50	wirkt gut

117	Scaffolding	Implementation	0,34	4	2015,00	1,50	akzeptabel	0,50	wirkt gut
118	Kooperatives Lernen	Implementation	0,09	27	2005,30	5,43	sehr hoch	0,50	wirkt gut
119	Emotionale Intelligenz	Lernende	0,17	6	2017,33	1,92	hoch	0,50	wirkt gut
120	Bewusstes Üben	Lernstrategien	0,69	3	2003,67	1,19	akzeptabel	0,49	wirkt gut
121	Erlebnispädagogik	Curricula	0,17	4	2000,25	1,60	hoch	0,49	wirkt gut
122	Feedback (Lernende)	Lehrstrategien	0,09	10	1992,30	2,64	hoch	0,49	wirkt gut
123	Gruppengröße >5	Implementation	0,00	1	2019,00	1,19	akzeptabel	0,49	wirkt gut
124	Kreativitätsförderung	Lernende	0,00	1	2017,00	1,18	akzeptabel	0,49	wirkt gut
125	Einstellung zum Fach	Lernende	0,19	5	1999,60	1,73	hoch	0,49	wirkt gut
126	Digitale Tutoren-Systeme (Intelligent Tutoring Systems)	Implementation	0,12	6	2014,67	1,96	hoch	0,49	wirkt gut
127	Lehrerfort- und -weiterbildung	Lehrperson	0,10	19	2006,95	4,11	sehr hoch	0,48	wirkt gut
128	Förderung naturwissenschaftlicher Kompetenzen	Curricula	0,12	19	1997,47	4,01	sehr hoch	0,48	wirkt gut
129	Fremdsprachenlernen	Curricula	0,00	1	2017,00	1,18	akzeptabel	0,48	wirkt gut
130	Schuleffekte	Schule	0,00	1	1997,00	1,17	eher gering	0,48	wirkt gut
131	Lerntechniken	Lernstrategien	0,15	13	2003,23	3,00	hoch	0,48	wirkt gut
132	Rhythmisiertes vs. geballtes Üben	Lernstrategien	0,26	5	2003,60	1,68	hoch	0,48	wirkt gut

133	Lese-Verständnis-Förderung	Curricula	0,09	28	2008,96	5,59	sehr hoch	0,47	wirkt gut
134	Leseförderung	Curricula	0,17	3	2006,67	1,45	akzeptabel	0,47	wirkt gut
135	Programmieren	Implementation	0,14	3	2010,00	1,47	akzeptabel	0,47	wirkt gut
136	Strategien des wiederholenden Lesens	Lernstrategien	0,02	2	2015,50	1,36	akzeptabel	0,47	wirkt gut
137	Fallbeispiele	Lehrstrategien	0,23	3	2011,67	1,42	akzeptabel	0,47	wirkt gut
138	Konzentration, Ausdauer und Engagement	Lernende	0,22	7	2011,86	2,00	hoch	0,47	wirkt gut
139	Feedback (Technikunterstützung)	Lehrstrategien	0,14	5	2001,20	1,78	hoch	0,47	wirkt gut
140	Fächerübergreifende Curricula	Curricula	0,11	4	2003,00	1,64	hoch	0,47	wirkt gut
141	Charaktererziehung	Curricula	0,10	2	2014,00	1,33	akzeptabel	0,47	wirkt gut
142	Schulklima	Schule	0,19	11	2013,73	2,64	hoch	0,46	wirkt gut
143	Aktive Lernzeit	Lernstrategien	0,20	12	2002,50	2,75	hoch	0,46	wirkt gut
144	Fragenstellen	Lehrstrategien	0,16	8	1993,38	2,21	hoch	0,46	wirkt gut
145	Theater- und Kunstprogramme	Curricula	0,15	9	2004,22	2,39	hoch	0,46	wirkt gut
146	Subjektiver Aufgabenwert	Lernstrategien	0,00	1	2010,00	1,18	eher gering	0,46	wirkt gut
147	Schulzugehörigkeit	Lernende	0,09	3	2016,33	1,50	akzeptabel	0,46	wirkt gut
148	Bilingualer Unterricht	Curricula	0,19	11	2000,55	2,62	hoch	0,46	wirkt gut
149	Leseerfahrung	Curricula	0,12	13	2009,00	3,07	hoch	0,46	wirkt gut

150	Zielintention	Lehrstrategien	0,24	9	2004,33	2,25	hoch	0,46	wirkt gut
151	Lebensalter relativ zur Klasse	Lernende	0,00	1	2013,00	1,18	eher gering	0,45	wirkt gut
152	Direkte Instruktion	Implementation	0,19	6	2003,33	1,88	hoch	0,45	wirkt gut
153	Forschendes Lernen	Implementation	0,16	9	2004,56	2,37	hoch	0,45	wirkt gut
154	Beurteilung des Peer-Leistungsniveaus	Lernende	0,21	2	2016,00	1,29	akzeptabel	0,45	wirkt gut
155	Leistungsmotivation und Leistungsorientierung	Lernende	0,20	4	2002,75	1,58	hoch	0,44	wirkt gut
156	Einvernehmen über Ziele (Zielbindung)	Lehrstrategien	0,08	3	2002,67	1,50	akzeptabel	0,44	wirkt gut
157	Strategien des Hervorhebens	Lernstrategien	0,00	1	2018,00	1,18	akzeptabel	0,44	wirkt gut
158	Förderung des Arbeitsgedächtnisses	Lernstrategien	0,24	9	2010,78	2,25	hoch	0,44	wirkt gut
159	Schulfernsehen	Schule	0,15	2	2002,00	1,31	akzeptabel	0,44	wirkt gut
160	Digitalisierung im Primarbereich	Implementation	0,11	14	1999,50	3,26	sehr hoch	0,44	wirkt gut
161	Verschachteltes Üben	Lernstrategien	0,15	3	2016,67	1,47	akzeptabel	0,44	wirkt gut
162	Kollaboratives Lernen	Implementation	0,06	9	2015,44	2,54	hoch	0,43	wirkt gut
163	Digitale Schulbücher	Implementation	0,27	3	2019,00	1,41	akzeptabel	0,43	wirkt gut
164	Schulgröße	Schule	0,00	1	1991,00	1,17	eher gering	0,43	wirkt gut

165	Kommunikationsfähigkeiten und -strategien	Implementation	0,00	1	2011,00	1,18	eher gering	0,43	wirkt gut
166	Schülerlabore	Curricula	0,57	4	1998,00	1,33	akzeptabel	0,43	wirkt gut
167	Problembasiertes Lernen	Implementation	0,14	23	2010,61	4,58	sehr hoch	0,42	wirkt gut
168	Kohärenzprinzip (CLT)	Implementation	0,19	3	2013,67	1,45	akzeptabel	0,42	wirkt gut
169	Computerunterstützte Vermittlung	Implementation	0,08	50	2002,88	9,27	sehr hoch	0,42	wirkt gut
170	Feedback (Formative Evaluation)	Lehrstrategien	0,15	6	2011,17	1,93	hoch	0,42	wirkt gut
171	Personalisierungseffekt (CLT)	Implementation	0,00	1	2013,00	1,18	eher gering	0,42	wirkt gut
172	Strategien des Protokollierens	Lernstrategien	0,18	7	2006,29	2,05	hoch	0,41	wirkt gut
173	Feedback (Aufgabe & Prozess)	Lehrstrategien	0,17	11	2007,55	2,66	hoch	0,41	wirkt gut
174	Signalisierungseffekt (CLT)	Implementation	0,06	2	2017,00	1,34	akzeptabel	0,41	wirkt gut
175	Verhaltensziele/Advance Organizers	Lehrstrategien	0,15	12	1988,42	2,85	hoch	0,41	wirkt gut
176	Feedback (Peers)	Lehrstrategien	0,20	2	2017,00	1,30	akzeptabel	0,41	wirkt gut
177	Feldunabhängigkeit	Lernende	0,40	4	1996,50	1,45	akzeptabel	0,41	wirkt gut
178	Peer Assessment	Lehrstrategien	0,18	2	2019,50	1,31	akzeptabel	0,41	wirkt gut
179	Zusammenhang Lesen und ADHS	Lernende	0,00	1	2020,00	1,19	akzeptabel	0,41	wirkt gut
180	Frühkindliche Förderung	Schule	0,19	5	2003,20	1,73	hoch	0,41	wirkt gut
181	Förderung der Sozialkompetenz	Curricula	0,12	14	2001,50	3,24	hoch	0,41	wirkt gut

182	Häusliches Anregungsniveau	Elternhaus	0,20	4	1998,00	1,58	hoch	0,40	wirkt gut
183	Flipped Classroom	Implementation	0,06	27	2018,81	5,58	sehr hoch	0,40	wirkt gut
184	Außerschulische Angebote	Implementation	0,00	1	2011,00	1,18	eher gering	0,40	wirkt gut
185	Klassenführung	Klassenraum	0,25	2	2009,50	1,28	akzeptabel	0,40	wirkt wenig
186	Subjektives Wohlbefinden	Lernende	0,14	3	2017,33	1,47	akzeptabel	0,39	wirkt wenig
187	Umfassende Unterrichtsreformen	Implementation	0,16	4	2006,00	1,61	hoch	0,39	wirkt wenig
188	Schülerzentrierter Unterricht	Lernstrategien	0,32	4	2012,00	1,51	hoch	0,39	wirkt wenig
189	Zusammenhang Kreativität und Lernleistung	Lernende	0,08	4	2010,75	1,67	hoch	0,39	wirkt wenig
190	Elternunterstützung beim Lernen	Elternhaus	0,10	23	2007,26	4,74	sehr hoch	0,38	wirkt wenig
191	Aktivierung vs. klassische Vorlesung	Lehrstrategien	0,22	2	2016,50	1,29	akzeptabel	0,38	wirkt wenig
192	Medikamente (ADHS)	Lernende	0,11	9	1995,00	2,45	hoch	0,38	wirkt wenig
193	Kompensatorische Erziehungsprogramme	Schule	0,07	5	1991,00	1,83	hoch	0,38	wirkt wenig
194	Gemeinsames Lesen	Curricula	0,21	3	2008,33	1,43	akzeptabel	0,38	wirkt wenig
195	Zusammenhang Leistungsniveau in der Schule - Leistung im Erwachsenenalter	Lernende	0,02	2	1987,00	1,34	akzeptabel	0,37	wirkt wenig
196	Motivation	Lernende	0,09	17	2005,00	3,78	sehr hoch	0,37	wirkt wenig

197	Einsatz von Smartphones und Tablets im Unterricht	Implementation	0,18	11	2016,27	2,65	hoch	0,35	wirkt wenig
198	Blended Learning	Implementation	0,03	3	2017,00	1,53	hoch	0,35	wirkt wenig
199	(Häusliche) mathematische Frühförderung	Curricula	0,09	3	2017,00	1,50	akzeptabel	0,35	wirkt wenig
200	Lehrpersonen-Effekte	Lehrperson	0,06	3	2012,00	1,51	hoch	0,35	wirkt wenig
201	Webbasiertes Lernen	Implementation	0,25	6	2011,67	1,83	hoch	0,34	wirkt wenig
202	Schulleitung	Schule	0,12	27	2010,48	5,31	sehr hoch	0,34	wirkt wenig
203	Segmentierungseffekt (CLT)	Implementation	0,00	1	2019,00	1,19	akzeptabel	0,34	wirkt wenig
204	Mathematisches Anschauungsmaterial	Curricula	0,20	8	1997,63	2,16	hoch	0,34	wirkt wenig
205	Schach	Curricula	0,00	1	2016,00	1,18	akzeptabel	0,34	wirkt wenig
206	Digitalisierung im Tertiärbereich	Implementation	0,12	20	2009,30	4,18	sehr hoch	0,34	wirkt wenig
207	Berufswahlunterricht	Curricula	0,18	3	1987,67	1,44	akzeptabel	0,34	wirkt wenig
208	Simulationen und Simulationsspiele	Implementation	0,08	35	2009,49	6,84	sehr hoch	0,33	wirkt wenig
209	Online Lernen	Implementation	0,10	11	2012,45	2,80	hoch	0,33	wirkt wenig
210	Vorschulprogramme	Schule	0,14	18	2010,06	3,82	sehr hoch	0,33	wirkt wenig
211	Kritisches Denken	Implementation	0,01	3	2012,67	1,54	hoch	0,33	wirkt wenig

212	Digitalisierung in Mathematik	Implementation	0,09	21	2001,95	4,44	sehr hoch	0,33	wirkt wenig
213	Kinderheime	Klassenraum	0,00	1	2018,00	1,18	akzeptabel	0,33	wirkt wenig
214	Passung von Lernmethoden und Lernstilen	Lernstrategien	0,14	14	2003,36	3,19	hoch	0,32	wirkt wenig
215	Unmittelbarkeit der Lehrperson	Lehrstrategien	0,16	2	2005,50	1,31	akzeptabel	0,32	wirkt wenig
216	Hausaufgaben	Implementation	0,08	8	2002,13	2,33	hoch	0,32	wirkt wenig
217	Klassische Familienstruktur	Elternhaus	0,13	6	1996,83	1,95	hoch	0,31	wirkt wenig
218	Erziehungshilfen	Elternhaus	0,06	9	2008,22	2,53	hoch	0,31	wirkt wenig
219	Digitalisierung beim Schreiben	Implementation	0,31	4	2001,75	1,51	hoch	0,31	wirkt wenig
220	Lehrerfort- und -weiterbildung	Curricula	0,20	3	2018,33	1,44	akzeptabel	0,30	wirkt wenig
221	Schriftliche Bewertung vs. Noten	Lehrstrategien	0,00	1	2019,00	1,19	akzeptabel	0,30	wirkt wenig
222	Musikunterstützte Erziehung	Curricula	0,13	9	2008,44	2,42	hoch	0,30	wirkt wenig
223	Digitalisierung im Sekundarbereich II	Implementation	0,10	12	1997,58	2,95	hoch	0,29	wirkt wenig
224	Schulberatung	Klassenraum	0,25	7	2007,43	1,97	hoch	0,29	wirkt wenig
225	Freundschaften	Klassenraum	0,00	1	2018,00	1,18	akzeptabel	0,29	wirkt wenig
226	Kognitive Verhaltenserziehung	Klassenraum	0,00	1	2013,00	1,18	eher gering	0,29	wirkt wenig
227	getrennt - geschieden - wiederverheiratet	Elternhaus	0,10	8	1997,38	2,30	hoch	0,28	wirkt wenig

228	Moralerziehung	Curricula	0,06	3	2001,00	1,50	hoch	0,28	wirkt wenig
229	Entdeckendes Lernen	Implementation	0,16	2	1999,00	1,30	akzeptabel	0,27	wirkt wenig
230	Kompetitives vs. individuelles Lernen	Implementation	0,17	4	1987,75	1,59	hoch	0,27	wirkt wenig
231	Coaching	Lehrperson	0,18	3	2007,33	1,45	akzeptabel	0,27	wirkt wenig
232	Test-Training/-Coaching	Lernstrategien	0,11	12	1990,75	2,93	hoch	0,26	wirkt wenig
233	Inklusive Beschulung	Klassenraum	0,12	11	2004,55	2,75	hoch	0,26	wirkt wenig
234	College-Förderkurse	Implementation	0,14	5	1995,20	1,78	hoch	0,26	wirkt wenig
235	Unterrichtsbezogene Kooperationen zwischen Elternhaus und Schule	Implementation	0,06	3	2013,33	1,51	hoch	0,25	wirkt wenig
236	Unterschiedliche Formen der kindlichen Frühförderung	Schule	0,10	9	2002,00	2,46	hoch	0,25	wirkt wenig
237	Noten vs. kein Feedback	Lehrstrategien	0,00	1	2019,00	1,19	akzeptabel	0,25	wirkt wenig
238	Individualisierung	Lernstrategien	0,08	13	1990,38	3,15	hoch	0,25	wirkt wenig
239	Visuelle und audio-visuelle Medien	Implementation	0,23	8	1992,38	2,12	hoch	0,25	wirkt wenig
240	Achtsamkeit	Lernende	0,05	7	2016,29	2,20	hoch	0,24	wirkt wenig
241	Programmierte Instruktion	Implementation	0,08	8	1984,38	2,31	hoch	0,24	wirkt wenig
242	Qualität des Schulgebäudes	Schule	0,00	1	2016,00	1,18	akzeptabel	0,24	wirkt wenig
243	Systemverantwortlichkeit	Schule	0,15	2	2013,00	1,31	akzeptabel	0,24	wirkt wenig

244	Feedback (Selbst)	Lehrstrategien	0,19	5	1988,40	1,73	hoch	0,24	wirkt wenig
245	Nutzung von Taschenrechnern	Curricula	0,11	5	1997,80	1,80	hoch	0,23	wirkt wenig
246	Kindliche Frühförderung durch Hausbesuche	Schule	0,11	4	2001,75	1,64	hoch	0,23	wirkt wenig
247	Konfessionsschulen	Schule	0,03	3	2006,00	1,52	hoch	0,23	wirkt wenig
248	Sozial-emotionale Lernprogramme	Schule	0,04	4	2014,00	1,70	hoch	0,23	wirkt wenig
249	Desegregation	Schule	0,15	10	1983,00	2,53	hoch	0,23	wirkt wenig
250	Außercurriculare Aktivitäten	Curricula	0,08	13	2007,00	3,15	hoch	0,23	wirkt wenig
251	Väter	Elternhaus	0,10	7	2006,00	2,14	hoch	0,23	wirkt wenig
252	Veränderbarkeitstheorie vs. Stabilitätstheorie (Intelligenz)	Lernende	0,07	6	2015,67	2,01	hoch	0,22	wirkt wenig
253	Lehrerpersönlichkeit	Lehrperson	0,09	4	2008,00	1,66	hoch	0,22	wirkt wenig
254	Individuelle Wirksamkeitserwartung	Lehrperson	0,03	2	2016,00	1,35	akzeptabel	0,22	wirkt wenig
255	Bewegung	Lernende	0,07	20	2014,10	4,36	sehr hoch	0,22	wirkt wenig
256	Sommerschulen	Schule	0,05	3	2000,67	1,51	hoch	0,22	wirkt wenig
257	Hausbesuche durch Lehrperson	Elternhaus	0,17	2	2000,00	1,30	akzeptabel	0,22	wirkt wenig
258	Fernunterricht	Implementation	0,11	19	2005,21	4,05	sehr hoch	0,22	wirkt wenig

259	Passung von Lernmethoden und Schülermerkmalen	Lernstrategien	0,12	2	1988,00	1,31	akzeptabel	0,22	wirkt wenig
260	Sprachkompetenz	Lehrperson	0,00	1	2009,00	1,18	eher gering	0,22	wirkt wenig
261	Clicker	Implementation	0,16	3	2015,33	1,46	akzeptabel	0,21	wirkt wenig
262	Adoption	Elternhaus	0,16	3	2003,00	1,46	akzeptabel	0,21	wirkt wenig
263	Hoffnung	Lernende	0,24	2	2016,50	1,28	akzeptabel	0,20	wirkt wenig
264	Berufsjahre	Lehrperson	0,00	1	2018,00	1,18	akzeptabel	0,20	wirkt wenig
265	Förderung des Wachstumsdenkens	Lernstrategien	0,00	1	2018,00	1,18	akzeptabel	0,20	wirkt wenig
266	Vorschulische nicht-kognitive Fähigkeiten	Lernende	0,00	1	2017,00	1,18	akzeptabel	0,20	wirkt wenig
267	Förderklassen für Hochbegabte	Klassenraum	0,17	5	1989,00	1,75	hoch	0,20	wirkt nicht
268	Finanzielle Ausstattung	Schule	0,18	6	1998,67	1,89	hoch	0,19	wirkt nicht
269	Schülerpersönlichkeit	Lernende	0,10	21	2011,05	4,41	sehr hoch	0,19	wirkt nicht
270	Klassenzimmertemperatur	Klassenraum	0,00	1	2019,00	1,19	akzeptabel	0,19	wirkt nicht
271	Lernzielhierarchisierung	Lehrstrategien	0,00	1	1980,00	1,17	eher gering	0,19	wirkt nicht
272	Digitalisierung beim Lesen	Implementation	0,08	18	2009,56	3,99	sehr hoch	0,19	wirkt nicht
273	Schlafdauer und Schlafqualität	Lernende	0,02	2	2011,50	1,36	akzeptabel	0,19	wirkt nicht

274	Digitalisierung in den Naturwissenschaften	Implementation	0,09	6	1993,67	1,98	hoch	0,18	wirkt nicht
275	Digitalisierung in Kleingruppen	Implementation	0,09	3	2002,00	1,49	akzeptabel	0,17	wirkt nicht
276	Mentoring	Klassenraum	0,09	4	2009,50	1,66	hoch	0,17	wirkt nicht
277	Fehlen von Stress	Lernende	0,00	1	2016,00	1,18	akzeptabel	0,17	wirkt nicht
278	Allgemeines Lernen in Kleingruppen	Klassenraum	0,04	3	1997,00	1,51	hoch	0,16	wirkt nicht
279	Entspannung	Lernende	0,00	1	1985,00	1,17	eher gering	0,16	wirkt nicht
280	Positive Sicht auf die eigene Ethnizität	Lernende	0,19	4	2011,50	1,60	hoch	0,16	wirkt nicht
281	Laptop-Einzelnutzung	Implementation	0,00	1	2016,00	1,18	akzeptabel	0,16	wirkt nicht
282	Programme zur ökonomischen Bildung	Curricula	0,00	1	2018,00	1,18	akzeptabel	0,16	wirkt nicht
283	Andere Familienstrukturen	Elternhaus	0,09	6	2004,67	1,99	hoch	0,15	wirkt nicht
284	Redundanzeffekt (CLT)	Implementation	0,00	1	2012,00	1,18	eher gering	0,15	wirkt nicht
285	Lernziele (Aufgabenziel-Orientierung)	Lernende	0,17	7	2011,86	2,06	hoch	0,15	wirkt nicht
286	Bewegungserziehung	Curricula	0,10	6	2008,50	1,98	hoch	0,14	wirkt nicht
287	Online Seminare	Implementation	0,00	1	2019,00	1,19	akzeptabel	0,14	wirkt nicht
288	Fachkompetenz	Lehrperson	0,12	5	2005,60	1,80	hoch	0,14	wirkt nicht
289	Sätze kombinieren	Curricula	0,08	2	1992,00	1,33	akzeptabel	0,13	wirkt nicht

290	Klassengröße	Klassenraum	0,07	8	2009,38	2,35	hoch	0,13	wirkt nicht
291	Schulwahlfreiheit	Schule	0,00	1	2017,00	1,18	akzeptabel	0,12	wirkt nicht
292	Multilingualismus	Lernende	0,00	1	2016,00	1,18	akzeptabel	0,12	wirkt nicht
293	Programme für jugendliche Straftäter	Curricula	0,00	1	2012,00	1,18	eher gering	0,12	wirkt nicht
294	Elterliche Autonomieunterstützung (Familienhilfe)	Elternhaus	0,16	7	2015,14	2,07	hoch	0,11	wirkt nicht
295	Herstellung von Bildungsgerechtigkeit	Implementation	0,00	1	2019,00	1,19	akzeptabel	0,11	wirkt nicht
296	Nachmittags- und Sommerkurse	Schule	0,09	4	2007,25	1,66	hoch	0,11	wirkt nicht
297	Einsatz von PowerPoint	Implementation	0,15	2	2012,00	1,31	akzeptabel	0,11	wirkt nicht
298	Leistungshomogene Klassenbildung (Tracking)	Klassenraum	0,06	15	1991,60	3,53	sehr hoch	0,10	wirkt nicht
299	Lehrerbildung	Lehrperson	0,03	6	2007,67	2,04	hoch	0,10	wirkt nicht
300	Programme zum Umgang mit Vielfalt	Curricula	0,00	1	2017,00	1,18	akzeptabel	0,09	wirkt nicht
301	Komplexe Lernzielformulierung	Curricula	0,00	1	2013,00	1,18	eher gering	0,09	wirkt nicht
302	Schulkalender / Stundenpläne	Klassenraum	0,00	1	2003,00	1,18	eher gering	0,09	wirkt nicht
303	Ethnische Vielfalt	Schule	0,07	3	2011,00	1,51	hoch	0,09	wirkt nicht
304	Auflösung einer leistungsbezogenen Einteilung in Lerngruppen (Detracking)	Klassenraum	0,00	1	2010,00	1,18	eher gering	0,09	wirkt nicht

305	Co-Teaching/Team-Teaching	Implementation	0,15	3	2002,00	1,46	akzeptabel	0,09	wirkt nicht
306	Morgentypus vs. Abendtypus	Lernende	0,14	3	2012,67	1,47	akzeptabel	0,08	wirkt nicht
307	Hintergrundmusik	Klassenraum	0,19	2	2005,00	1,30	akzeptabel	0,08	wirkt nicht
308	Leistungsziele	Lernende	0,12	9	2011,56	2,43	hoch	0,08	wirkt nicht
309	Monoedukation	Schule	0,00	1	2014,00	1,18	akzeptabel	0,08	wirkt nicht
310	Förderstunden im Sekundarbereich I	Schule	0,00	1	2011,00	1,18	eher gering	0,08	wirkt nicht
311	Ganztagsschule	Schule	0,03	3	2019,00	1,53	hoch	0,07	wirkt nicht
312	Ganzheits-Methoden	Curricula	0,24	9	2005,78	2,26	hoch	0,07	wirkt nicht
313	Frühgeburt	Lernende	0,31	14	2012,57	2,79	hoch	0,07	wirkt nicht
314	Erwerbsstatus Eltern	Elternhaus	0,05	2	2008,50	1,34	akzeptabel	0,05	wirkt nicht
315	Einwanderungsstatus	Elternhaus	0,06	2	2016,00	1,34	akzeptabel	0,05	wirkt nicht
316	Wohnheimunterbringung	Schule	0,00	1	1999,00	1,18	eher gering	0,05	wirkt nicht
317	Leistungsbezogene Bezahlung	Lehrperson	0,00	1	2021,00	1,19	akzeptabel	0,04	wirkt nicht
318	Vertragsschulen/Charter-Schulen	Schule	0,11	7	2011,86	2,13	hoch	0,04	wirkt nicht
319	Stillen	Lernende	0,00	1	2006,00	1,18	eher gering	0,04	wirkt nicht
320	Humor	Implementation	0,00	1	2006,00	1,18	eher gering	0,04	wirkt nicht
321	Jahrgangsübergreifende Klassen	Klassenraum	0,10	3	1996,33	1,48	akzeptabel	0,04	wirkt nicht

322	Stipendien	Lernende	0,00	1	2019,00	1,19	akzeptabel	0,03	wirkt nicht
323	Dauer der Sommerferien	Schule	0,10	3	2006,00	1,49	akzeptabel	0,03	wirkt nicht
324	Offene Klassenzimmer	Klassenraum	0,09	4	1980,50	1,64	hoch	0,02	wirkt nicht
325	Freiarbeit	Lernstrategien	0,04	6	2006,83	2,04	hoch	0,02	wirkt nicht
326	Neuordnung des Schulbezirkes	Schule	0,00	1	2019,00	1,19	akzeptabel	0,02	wirkt nicht
327	Soziale Medien und politische Kompetenz	Lernende	0,00	1	2022,00	1,19	akzeptabel	0,02	wirkt nicht
328	Digitalisierung im Fernunterricht	Implementation	0,02	2	2005,00	1,35	akzeptabel	0,02	wirkt nicht
329	Nicht-kommerzielle vs. kommerzielle Schulbücher	Implementation	0,00	1	2019,00	1,19	akzeptabel	0,01	wirkt nicht
330	Geschlecht	Lernende	0,08	38	1997,39	7,34	sehr hoch	0,00	wirkt nicht
331	Motivationsmangel und Oberflächenverständnis	Lernende	0,30	4	2002,25	1,52	hoch	0,00	wirkt nicht
332	Gekreuzte Lateralität	Lernende	0,00	1	2017,00	1,18	akzeptabel	-0,03	schadet
333	Bezug staatlicher Transferleistungen	Elternhaus	0,00	1	2004,00	1,18	eher gering	-0,12	schadet
334	Soziale Medien	Lernende	0,01	3	2017,33	1,54	hoch	-0,14	schadet
335	Computerspiele	Lernende	0,00	1	2019,00	1,19	akzeptabel	-0,15	schadet
336	Erfolgskriterien	Lernende	0,00	1	1995,00	1,17	eher gering	-0,16	schadet

337	Militärischer Einsatz	Elternhaus	0,00	1	2011,00	1,18	eher gering	-0,16	schadet
338	Pandemiebedingte Schulschließungen	Schule	0,03	2	2021,50	1,36	akzeptabel	-0,17	schadet
339	Bedrohung durch Stereotype	Lernende	0,26	4	2013,25	1,55	hoch	-0,17	schadet
340	Fernsehen	Lernende	0,05	4	1997,00	1,68	hoch	-0,17	schadet
341	Schlafstörungen	Lernende	0,19	3	2015,33	1,45	akzeptabel	-0,20	schadet
342	Schulverweis/Schulausschluss	Schule	0,00	1	2015,00	1,18	akzeptabel	-0,20	schadet
343	BMI	Lernende	0,00	1	2019,00	1,19	akzeptabel	-0,22	schadet
344	Unbeliebtheit in der Klasse	Klassenraum	0,10	2	2009,50	1,33	akzeptabel	-0,23	schadet
345	Smartphone-Sucht	Lernende	0,00	1	2022,00	1,19	akzeptabel	-0,24	schadet
346	(Cyber-)Bullying	Lernende	0,26	4	2016,75	1,55	hoch	-0,26	schadet
347	Spätere Schizophrenie	Lernende	0,00	1	2018,00	1,18	akzeptabel	-0,26	schadet
348	Aggressives Verhalten	Lernende	0,00	1	2017,00	1,18	akzeptabel	-0,29	schadet
349	Dachloser Dialekt	Lernende	0,00	1	2015,00	1,18	akzeptabel	-0,29	schadet
350	Depressionen	Lernende	0,12	3	2014,33	1,48	akzeptabel	-0,30	schadet
351	Nicht-Versetzung	Klassenraum	0,14	9	1993,78	2,40	hoch	-0,30	schadet
352	Smartphones (außerschulisch)	Lernende	0,00	1	2018,00	1,18	akzeptabel	-0,32	schadet
353	Langeweile	Lernende	0,23	3	2016,33	1,43	akzeptabel	-0,34	schadet

354	Schulwechsel	Elternhaus	0,11	4	1996,75	1,64	hoch	-0,38	schadet
355	Prokrastination	Lernende	0,17	3	2014,00	1,46	akzeptabel	-0,40	schadet
356	Autismus	Lernende	0,82	2	2016,00	1,09	eher gering	-0,42	schadet
357	Angst	Lernende	0,10	15	2005,47	3,44	sehr hoch	-0,50	schadet
358	Chronische Krankheiten	Lernende	0,17	13	2009,69	2,96	hoch	-0,52	schadet
359	Misshandlungen	Lernende	0,22	2	2011,00	1,29	akzeptabel	-0,53	schadet
360	Verhaltensstörungen	Lernende	0,00	1	2004,00	1,18	eher gering	-0,69	schadet
361	Wut	Lernende	0,00	1	2019,00	1,19	akzeptabel	-0,82	schadet
362	ADHS	Lernende	0,02	2	2017,00	1,36	akzeptabel	-0,92	schadet